职业教育电力技术类专业培训用书

U0642958

电力法律法规教程

（第二版）

主　编　乔新国

编　写　明玉萍　申淑娥

主　审　吴恒斌　蔡学恩

中国电力出版社
CHINA ELECTRIC POWER PRESS

内 容 提 要

全书共有六章，主要内容包括法的一般知识、电力法概论、电力法规、《合同法》与供用电合同、电力法律法规在反窃电中的应用、侵权的民事责任与触电人身损害等。

本书可作为高职高专院校电力技术类专业电力法律法规必修课的教材，也可作为高职高专、成人教育院校非法律专业的选修课教材，还可作为电力系统在岗职工教育培训用书。

图书在版编目（CIP）数据

电力法律法规教程/乔新国主编 . —2 版 . —北京：中国电力出版社，2009.9（2023.1 重印）
教育部职业教育与成人教育司推荐教材
ISBN 978 - 7 - 5083 - 9361 - 2

Ⅰ. 电… Ⅱ. 乔… Ⅲ. 电力法-中国-职业教育-教材 Ⅳ. D922.292

中国版本图书馆 CIP 数据核字（2009）第 152797 号

出版发行：中国电力出版社
地　　址：北京市东城区北京站西街 19 号（邮政编码 100005）
网　　址：http://www.cepp.sgcc.com.cn
责任编辑：罗晓莉（010-63412547）
责任校对：黄　蓓
装帧设计：赵丽媛
责任印制：吴　迪

印　　刷：北京雁林吉兆印刷有限公司
版　　次：2005 年 8 月第一版　2009 年 9 月第二版
印　　次：2023 年 1 月北京第二十四次印刷
开　　本：787 毫米×1092 毫米　16 开本
印　　张：12.25
字　　数：293 千字
定　　价：36.00 元

前　言

　　本书体现了职业教育的性质、任务和培养目标；符合职业教育的课程教学基本要求和有关岗位资格和技术等级要求；具有思想性、科学性、适合国情的先进性和教学适应性；符合职业教育的特点和规律，具有明显的职业教育特色；符合国家有关部门颁发的技术质量标准。本书既可以作为学历教育教学用书，也可作为职业资格和岗位技能培训教材。该书已先后多次印刷，广泛应用于高职高专的教学和在职职工的岗位培训。

　　本书简明扼要地介绍了法律的一般知识和我国电力法律法规的体系；详细介绍和阐述了电力法、合同法和电力法规等知识；详细介绍了供用电合同和法律法规在反窃电中的应用、触电人身损害中的民事责任及其处理等方面的基本知识和具体规定。这些知识的学习对于将来在电力行业和相关行业工作的同志来讲是必需的。掌握本书中所介绍和阐述的内容，对于将来作为电力行业的员工正确规范自己的职务行为，运用法律法规维护电力企业和自身的合法权益、同违法犯罪行为作斗争，是十分必要的。本书也可作为电力行业在职职工的培训教材或业余的读物，即使是非电力专业的学生或是从事非电力行业工作的人员，了解和掌握本书的内容，也是有益的。电与国家的政治、经济、文化、军事以及其他各行各业都息息相关，与每个人的生活紧密相连，因此每个人都知道有必要了解、遵守、正确运用电力法。

　　该书在附录中选有相应的电力法律法规节选，具有实用性和操作性。

　　本书第一版共分六章，由乔新国副教授担任主编，并编写了第二、四、五章；其中第一章由明玉萍副教授编写，第三、六章由申淑娥讲师、执业律师编写。根据使用情况，此次第二版由乔新国同志对第一版全书各章节进行了调整修订，补充修改了电力法规的有关内容，补充了相关的案例思考，引用了现行最新的数据。第二版第一章由明玉萍副教授编写，第四、六章由申淑娥讲师、执业律师编写，其余各章节由乔新国副教授编写。

　　本书由中共湖北省电力公司党校吴恒斌教授和武汉市律师协会副会长蔡学恩高级律师主审，并提出了很多建设性的意见和建议，在此表示衷心的感谢！

　　本书编写过程中曾得到有关单位和个人的大力支持和帮助，在此一并表示感谢。在修订再版本书的过程中，参阅了部分出版书籍的内容和材料，对原作者也一并致谢。

　　由于编者水平有限，时间仓促，因此本书中不当之处在所难免，诚望使用本书的广大读者批评指正。

编　者

2009 年 5 月

目 录

绪　　论

电，从它被人类发现、利用至今，已成为人类社会生存和发展进步所不可缺少的一种重要能源而受到广泛利用和依赖，人类的所有活动几乎都与电有着密切的关系。电的发现和利用把人类带入了一个崭新的、飞速发展的时代，它作为一种能源不仅给人类带来光明，更重要的是酝酿并推动了现代化大生产和现代科技，为人类创造了辉煌的物质文明和精神文明，使人类进入了现代化时代。

电力是国民经济发展和人民生活所必需的重要能源。最大限度地合理使用电力能源，是全世界都为之探索的重要课题。中国作为发展中国家，在电力生产滞后于经济发展的情况下，更需要采取经济上、技术上、法律上切实可行的手段，不断提高电能利用率。

一、电力法律法规课的性质、任务

电力法律法规课是一门以《中华人民共和国电力法》（以下简称《电力法》）以及配套法律法规为依据，并与电力企业改革的形势和政策相配合，对大学生和在职职工进行电力法制教育的课程。随着电力事业的不断改革与发展，对大学生进行电力法制教育是提高大学生正确认识和保护电力事业及其发展的重要环节。

电力法律法规课的主要任务，是针对当今大学生、电力行业在职职工和非电力行业工作人员对电力的作用及对《电力法》陌生的思想实际，通过讲授必要的电力法知识，使他们充分认识到依法治电、建设强大社会主义国家的重要性、必要性、艰巨性和长期性，懂得电力法的基本观点，了解和认识电力法的体制，掌握其基本内容，树立法制意识，增强电力法制观念和社会责任感，正确行使公民的权利，严格履行公民义务，自觉地遵纪守法，依法办事，依法律己，依法维护国家利益和自身的合法利益，自觉同违法犯罪行为作斗争。简言之，就是通过传授电力法知识，增强大学生、社会在职职工和公民的电力法制观念，提高他们的法治素质。

二、学习电力法律法规课程的重要意义

1. 有助于树立正确的法制观念

学习电力法律法规，有助于大学生深入理解、全面掌握和贯彻执行电力法的指导思想，树立正确的法制观念。《电力法》总则第一条提到，实施电力法律法规是"为了保障和促进电力事业的发展，维护电力投资者、经营者和使用者的合法权益……"这一指导思想充分反映了国家的意志和人民的权利，从而使公民乐于接受而自觉遵纪守法。

2. 有助于增强社会主义道德意识

学习电力法律法规，有助于大学生增强社会主义道德意识，提高合法用电和保护、促进电力发展的道德素质。道德和法律虽然有区别，但又是相互联系的，道德意识和法律意识都是大学生必备的基本素质。大学生在其生活过程中必须学会依法自律，从而做一个有益于社会的人。

3. 是做合格的社会主义公民的重要内容

学习电力法律法规，是有助于大学生做一个合格的社会主义公民的重要内容。党的"十

五大"的一个历史性的贡献就在于，把依法治国、建设社会主义法治国家确定为党领导人民治理国家的基本方略和政治改革的一项重要内容。《电力法》是对国家法律内容的重要充实，会使公民的法律知识更加全面，使大学生的知识更加丰富、人格素质更加提高。

4. 有助于电力行业在职职工以及非电力行业工作人员正确规范自己的职务行为，适用法律法规维护电力企业和自身的合法权益

市场经济就是法治经济，"依法治国，建设社会主义法治国家"是宪法明确规定的基本治国方略，依法治企、依法治电是建立现代化电力企业的重要内涵，因此电力行业在职职工及非电力行业工作人员应该明确掌握相关的电力法律法规知识，做到懂法守法。这也是我们每个公民的责任，是维护国家利益和公民自身合法权益所必须的。

法 的 一 般 知 识

第一节　我国的法律体系

一、法的概念和特征

法是由国家制定或认可并由国家强制力保证实施的、由统治阶级特定物质生活条件决定的、且反映统治阶级意志的行为规则的总和。它通过规定人们在一定社会关系中的权利和义务，确认、保护和发展有利于统治阶级的社会关系和社会秩序，是实现阶级统治的工具。

法同其他表现统治阶级意志的社会意识形态相比，具有以下两个最基本的特征：

（1）法是由国家制定或认可的。法是由国家制定或认可的，是人人都必须遵守的行为规则。制定或认可是统治阶级意志上升为国家意志的两条途径。制定是指有权制定法的国家机关在自己的职权范围内，按法定的程序创制出具有不同法律效力的规范性文件。认可是指国家对社会上已经存在的某些有利于统治阶级统治的社会规范，如风俗习惯、道德、宗教信条、礼仪、司法审判案例等加以确认并赋予法律效力。只有经过国家制定或认可的法律规范，才具有普遍的约束力，成为人人都必须遵守的行为规则。

（2）法是由国家强制力保证实施的。法是统治阶级意志的表现，它绝不可能反映被统治阶级的意志，因而就必然要遭到被统治阶级的抵制和反抗。为了迫使被统治阶级服从统治阶级的意志，法就必须要以国家暴力作后盾，由国家强制力保证实施。

法是统治阶级意志的表现，是统治阶级的国家意志，它的内容是由统治阶级特定的物质生活条件决定的，这就是法的本质。

二、我国社会主义法的本质和作用

（一）我国社会主义法的本质

（1）我国社会主义法是我国工人阶级和广大人民共同意志的表现。

（2）我国社会主义法是我国工人阶级和广大人民的国家意志。

（3）我国社会主义法的内容是由我国工人阶级和广大人民的物质生活条件决定的。

（二）我国社会主义法的作用

我国社会主义法的作用是指我国社会主义法对人们的行为和社会生活所产生的影响。其主要作用有：

（1）确认、维护和发展以公有制为主体、多种所有制经济共同发展的基本经济制度。

（2）确认和保障我国的国体和政体。

（3）保障市场经济的建立和发展，促进经济体制改革的顺利进行。

（4）促进和保障科学技术和教育文化等事业的进步和精神文明建设。

（5）保障实现国家的对外职能，发展对外交往。

三、当代中国法的形式

当代中国法的形式包括宪法、法律、行政法规、地方性法规、自治法规、行政规章、特别行政区法和国际条约。其中，宪法、法律、行政法规在中国法的形式体系中分别居于核心地位和极为重要的地位。

1. 宪法

《中华人民共和国宪法》是由全国人民代表大会制定的、规定国家各项基本制度的国家根本大法，具有最高的、核心的法律地位和效力，是其他一切法的立法依据。其他法的内容或精神必须符合或不得违背它的规定或精神，否则无效。

2. 法律

法律分为基本法律和基本法律以外的法律两种。基本法律由全国人大制定和修改，在全国人大闭会期间，全国人大常委会也有权对其进行部分补充和修改，但不得同其基本原则相抵触。基本法律规定国家、社会和公民生活中具有重大意义的基本问题，如刑法、民法等。基本法律以外的法律由全国人大常委会制定和修改，规定由基本法律调整以外的国家、社会和公民生活中某一方面的基本问题，其调整面相对较窄，内容较具体，如商标法、文物保护法等。

3. 行政法规

行政法规是由国务院根据宪法和法律，为执行法律而在国务院行政管理职权范围内制定的、具有低于法律的法律地位和效力的法规。行政法规在中国法的形式体系中具有承上启下的桥梁作用。它所处的地位低于宪法、法律而高于地方性法规。行政法规须根据宪法、法律制定；而地方性法规除了根据宪法、法律制定外，还不得与行政法规相抵触，否则无效。

4. 地方性法规

地方性法规由特定机关（地方人大）依法制定和修改，效力不超出本行政区域范围，作为地方司法依据之一，是在法的形式体系中具有基础作用的规范性文件的总称。地方性法规是低于宪法、法律、行政法规，但又具有不可或缺作用的基础性法的形式。全国人大常委会有权撤销同宪法、法律、行政法规相抵触的地方性法规。

5. 自治法规

自治法规是民族自治地方的权力机关所制定的自治条例和单行条例的总称。自治条例是民族自治地方根据自治权制定的综合性法律文件；单行条例则是根据自治权制定的调整某一方面事项的规范性文件。各级民族自治地方都有权制定自治条例、单行条例。自治区的自治条例和单行条例报全国人大常委会批准后生效。自治州、自治县的自治条例和单行条例，报省或自治区人大常委会批准后生效，并报全国人大常委会备案。

6. 行政规章

行政规章是有关行政机关依法制定的、事关行政管理的规范性文件的总称。它分为部门规章和政府规章两种。部门规章是国务院所属部委根据法律和国务院行政法规、决定、命令，在本部门的权限内，所发布的各种行政性的规范性法律文件，亦称部委规章。其地位低于宪法、法律、行政法规，不得与它们相抵触。政府规章是有权制定地方性法规的地方人民政府，根据法律、行政法规制定的规范性法律文件，亦称地方政府规章。政府规章除不得与宪法、法律、行政法规相抵触外，还不得与上级和同级地方性法规相抵触。

7. 其他法的形式

除上述法的形式外，在中国还有这样几种成文的法的形式：一是中央军事委员会制定的军事法规和军内有关方面制定的军事规章；二是"一国两制"条件下特别行政区的规范性法律文件；三是有关机关授权别的机关所制定的规范性文件。对于经济特区的规范性文件：如果是根据宪法和地方组织法规定的权限制定的，属于地方性法规；如果是根据有关机关授权制定的，则属于根据授权而制定的规范性文件的范畴。

上述法的形式应注意两点：①下位法服从上位法；②同位法中：后法优于前法，特别法优于一般法。

法院判案的依据是法律和法规，规章只是"参照"。

四、我国社会主义法律体系

我国的社会主义法律体系是以法律为核心的，依法规、规章和规范性文件等不同层次、不同等级、不同方面的有机结合体，是以我国全部现行法律规范按照一定的标准和原则划分为不同的法律部门，并由这些法律部门所构成的具有内在联系的统一整体。它由宪法及宪法相关法、民法商法、行政法、经济法、社会法、刑法、诉讼与非诉讼程序法等法律部门组成。每一法律部门均由一系列调整相同类型社会关系的众多法律、法规所构成。

（一）宪法及宪法相关法

宪法是国家的根本法。宪法规定国家的根本制度和根本任务，具有最高法律效力，是其他法律的立法依据。其他任何法律都不得与宪法相抵触。习惯上把《全国人民代表大会组织法》、《民族区域自治法》、《香港特别行政区基本法》、《澳门特别行政区基本法》、《立法法》、《全国人民代表大会和地方各级人民代表大会选举法》、《全国人民代表大会和地方各级人民代表大会代表法》、《国旗法》、《国徽法》、《国籍法》等作为与宪法相关的法律。

（二）民法商法

民法是调整平等主体的公民、法人之间的财产关系和人身关系的法律规范的总称。我国目前尚无一部较完整的民法典，而是以《民法通则》为基本法律，辅之以其他单行民事法律，包括《物权法》、《合同法》、《担保法》、《拍卖法》、《商标法》、《专利法》、《著作权法》、《婚姻法》、《继承法》、《收养法》等。商法是调整公民、法人之间商事关系和商事行为的法律规范的总和。目前我国商法主要有《公司法》、《保险法》、《票据法》、《证券法》等。

（三）行政法

行政法是调整行政活动的法律规范的总称，分为一般行政法和特别行政法两个部分。一般行政法是指有关行政主体、行政行为、行政程序、行政责任等一般规定的法律法规，如《公务员法》、《行政处罚法》、《行政议法》等。特别行政法则是指适用于各专门行政职能部门管理活动的法律法规，包括国防、外交、人事、民政、公安、国家安全、民族、宗教、侨务、教育、科学技术、文化、体育、医药卫生、城市建设、环境保护等行政管理方面的法律法规。

（四）经济法

经济法是调整国家在监管与协调经济运行过程中发生的经济关系的法律规范的总称。它主要包括两个部分：一是创造平等竞争环境、维护市场秩序方面的法律，我国现已制定《反不正当竞争法》、《消费者权益保护法》、《产品质量法》、《广告法》等；二是国家宏观调控和经济管理方面的法律，我国现已制定《预算法》、《审计法》、《会计法》、《中国人民银行法》、《价格法》、《税收征收管理法》、《个人所得税法》、《城市房地产管理法》、《土地管理法》等。

（五）社会法

社会法是调整劳动关系、社会保障、社会福利和特殊群体权益保障等关系的法律规范的总称，包括劳动保护、劳动合同、就业促进、职业卫生、社会保险、社会救助、慈善事业、安全生产、特殊群体权益保障等方面的法律。我国已制定的社会法有《劳动法》、《劳动合同法》、《工会法》、《未成年人保护法》、《老年人权益保障法》、《妇女权益保障法》、《残疾人保障法》、《矿山安全法》、《红十字会法》、《公益事业捐赠法》等。

（六）刑法

刑法是规定犯罪、刑事责任和刑罚的法律规范的总称。我国目前的刑法法律部门包括1997年3月14日修订后的《刑法》和此后的七次刑法修正案以及全国人民代表大会常务委员会制定的有关惩治犯罪的决定等。

（七）诉讼与非诉讼程序法

程序法是规定保证权利和义务得以实现或职权和权责得以履行的法律规范的总称。我国目前的诉讼与非诉讼程序法主要有《刑事诉讼法》、《民事诉讼法》、《行政诉讼法》、《海事诉讼特别程序法》、《仲裁法》等。

第二节　法的规范作用和法的局限性

一、法的规范作用

作为由国家制定的社会规范，法具有告示、指引、评价、预测、教育和强制等规范作用。这方面的作用可以说是法本身的作用或法的专门作用。

1. 告示作用

法律代表国家关于人们应当如何行为的意见和态度。这种意见和态度以赞成、许可或反对、禁止的形式昭示于天下，向整个社会传达人们可以或必须如何行为的信息，起到告示的作用。在告示的作用下，人们可以通过法律，知道什么是国家赞成的，应当做、可以做的；什么是国家反对的，不得做的；可以知道国家的发展目标、价值取向和政策导向。法的告示作用也可以说是法的意识形态作用，它以对人们的意志、是非观、价值观的影响而为指引作用提供了必要的前提。

2. 指引作用

法是通过规定人们在法律上的权利和义务以及违反法律规定应承担的责任来调整人们的行为的。调整就是指引。指引有两种情况：第一，确定性的指引，即通过规定法律义务，要求人们做出或抑制一定行为；第二，不确定的指引，即通过授予法律权利，给人们创造一种选择的机会。就确定的指引来说，法律的目的是防止人们作出违反法律指明的行为；而就不确定的指引来说，法律的目的是鼓励人们从事法律所容许的行为。法作为规范的指引是一种一般指引，即针对群体和类行为的、复现的指引。这使法的指引作用比个别调整具有更稳定和更持续的影响和效力。一般说来，计划经济体制下的行政命令实质上是个别指引，而市场经济条件下的法律调整则是规范指引。人们说市场经济是法治经济，也包含了这种意义。

3. 评价作用

法律作为一种行为标准和尺度，具有判断、衡量人们的行为的作用。法律不仅具有判断行为合法与否的作用，而且由于法律是建立在道德、理性之上的，所以也能衡量人们的行为是善良的、正确的，还是邪恶的、错误的；是明智的，还是愚蠢的。通过这种评价，影响人们的价值观念和是非标准，从而达到指引人们行为的效果。

4. 预测作用

预测作用是指根据法律规定，人们可以预先知晓或估计到人们相互间将如何行为，特别是国家机关及其工作人员将如何对待人们的行为，进而根据这种预知来做出行动安排和计划。法的预测作用可以减少行动的偶然性和盲目性，提高行动的实际效果。例如，由于《合同法》的存在，经济活动的主体可以预见到什么样的合同是有效的或无效的，违反合同将会产生什么样的法律后果等。由于法律具有预测作用，人们就可以根据法律来合理地做出安排，以便用最小的代价和风险取得最有效的结果。

5. 教育作用

法的教育作用首先表现为，通过把国家或社会的价值观念和价值标准凝结为固定的行为模式（规则、原则等）和法律符号（天平、宝剑、蒙眼布等）而向人们灌输占支配地位的意识形态，使之渗透于或内化在人们的心中，并借助人们的行为进一步广泛传播。由于法律是人们在日常生活、生产、交往中反复实践的东西，人们可以不知不觉地达到对法律认同、被法律同化，从而形成法律习惯。其次，表现为通过法律规范的实施而对本人和一般人今后的行为发生影响。例如，对违法行为的制裁不仅对违法者起到教育作用，而且可以教育人们：今后谁再做出此类行为也将受到同样的惩罚。再如，对合法行为的鼓励、保护可以对一般人的行为起到示范和促进作用。

6. 强制作用

法的强制作用在于制裁违法行为。通过制裁可以加强法的权威性，保护人们的正当权利，增强人们的安全感。制裁的形式是多种多样的，如刑法中的管制、拘役、有期徒刑、无期徒刑、死刑等；民法中的停止侵害，排除妨碍，消除危险，返还财产，恢复原状，修理、重作、更换、赔偿损失，支付违约金，消除影响，赔礼道歉，经济法中的停止供应原材料、停产整顿、停止贷款；行政法中的警告、罚款、拘留、没收、停止营业等；宪法中的对国家和政府领导人的弹劾、罢免等。

二、法的局限性

法以其特有的规范作用对社会生活发生着深刻的影响，是当代社会经济、政治、文化发展和社会全面进步所必不可少的因素。但法也有局限性，主要表现在以下几个方面：

（1）法只是国家用来调整社会关系的方法之一。法是用以调整社会关系的重要方法，但不是唯一的方法。除法律之外，还有政策、纪律、规章、道德、民约、公约、教规及其他社会规范，还有经济、行政、思想教育等。

（2）法的作用范围不是无限的，也并非在任何问题上都是适当的。应当看到，在现代社会不少社会关系、社会生活领域或很多问题上，采用法律手段是不适宜的。例如，涉及人们思想、认识、信仰或一般私人生活方面的问题，就不宜采用法律手段。对人们的思想、认识、信仰或私生活方面的问题采用法律手段强行干预、限制、禁止，不仅不可能起到应有的效果，而且往往导致有害的结果。

（3）法对纷繁复杂且不断变化的社会生活的涵盖性和适应性不可避免地存在一定的限度。法律作为规范，其内容是抽象的、概括的、定型的，制定出来之后有一定的稳定性。法律不能频繁变动，更不能朝令夕改，否则就会失去其权威性和确定性。但是，它要处理的现实社会生活则是具体的、形形色色的、易变的。因而，不可能有天衣无缝、预先包容全部社会生活事实的法典。这就使得法律不可能不存在规则真空和一定的不适应性。

（4）法律的实施也需要有相应的精神条件或文化氛围以及人员素质条件。如在社会生活中，法律要求公民和官员树立法治意识（即有法可依、有法必依、执法必严、违法必究的意识）、权利和义务观念、程序意识等。法律作为国家制定或认可的社会规范体系，其实行必须有人来运作，即使有最良好的法律，假如缺乏具有良好法律素质和职业道德的法律专业人员，这样的法律也难以实施和起到预期的作用。

第三节 民 法

一、民法的调整对象和基本原则

（一）民法的含义和对象

民法是调整平等主体的公民之间、法人之间以及公民与法人之间的财产关系和人身关系的法律规范的总称。

民法是平等民事主体间的财产关系和人身关系。

民法是民事法律规范的总称，既包括民事基本法，又包括民事特别法；既包括国家的法律、法规，也包括最高人民法院的司法解释。

（二）我国民法的基本原则

（1）当事人地位平等的原则；

（2）自愿、公平、等价有偿、诚实信用的原则；

（3）保护公民、法人合法民事权益的原则；

（4）遵守法律和国家政策的原则；

（5）尊重社会公德和维护社会公共利益的原则。

二、民事法律行为及其形式

（一）民事法律行为

1. 民事法律行为的概念

《民法通则》第五十四条规定："民事法律行为是公民或者法人设立、变更、终止民事权利和民事义务的合法行为。"它是最重要、最广泛的法律事实，绝大多数民事法律关系的设立、变更、终止，都是通过民事法律行为来实现的。

2. 民事法律行为的成立要件

《民法通则》规定了民事法律行为成立的三个要件：

（1）行为人须具有相应的民事行为能力；

（2）行为人意思表示真实；

（3）不违反法律和社会公共利益。

3. 无效的民事行为及其法律后果

无效民事行为，是指缺乏法律行为有效条件的民事行为，包括绝对无效的民事行为和相对无效的民事行为。

绝对无效的民事行为，它有以下几种情况：

（1）无民事行为能力的人实施的民事行为；

（2）限制行为能力的人依法不能独立实施的民事行为；

（3）受欺诈实施的民事行为；

（4）受胁迫而实施的民事行为；

（5）因他人趁人之危而被迫实施的民事行为；

（6）违反法律和社会公共利益的行为；

（7）恶意串通，损害国家、集体或第三人利益的民事行为。

相对无效的民事行为，亦称为可变更或可撤销的民事行为，其效力视行为人是否要求变更或撤销而定。它有以下两种情况：

（1）行为人对行为内容有重大误解的民事行为；

（2）有失公平的民事行为。

民事行为一旦被确认为无效或被撤销，从一开始即不产生效力。其法律后果有：一是返还财产，二是赔偿损失，三是追缴财产。

（二）民事法律行为的形式

民事法律行为的形式主要有口头形式、书面形式和默示形式三种。

1. 口头形式

口头形式是指用谈话的方式进行意思表示，包括当面交谈、电话交谈等。其优点是简便、迅速；缺点是缺乏书面记载，一旦发生纠纷，不易确定行为人之间的权利和义务。

2. 书面形式

书面形式是指以书面文字的方式进行意思表示。其优点是证明力强，可以使行为人的权利义务关系明确。书面形式又可以分为一般书面形式和特殊书面形式两种。

（1）一般书面形式。一般书面形式是指用文字来进行意思表示，如书面合同，授权委托书，信件，数据电文（包括电报、电传、传真、电子数据交换和电子邮件），行为人协商同意的有关修改合同的文书、图表等。一般书面形式，或为当事人约定采用，或为法律、法规规定采用。

（2）特殊书面形式。特殊书面形式通常包括公证形式和鉴证形式。

1）公证形式。公证是指行为人将其书面形式的民事法律行为交国家公证机关认证，使法律行为的真实性和合法性得到确认。公证形式可以是法律规定的，也可以是当事人约定的，但多数是当事人之间约定采用的。采用公证形式的民事法律行为具有证据效力、成立效力及生效效力。公证文书具有较强的证明力，根据《民事诉讼法》及有关司法解释，公证债权文书是人民法院据以执行的法律文书，人民法院可以依据公证债权文书直接开始执行程序。有些民事行为法律明文规定须采用公证形式才能成立及生效，如外国人在我国收养子女须采用公证形式。

2）鉴证形式。鉴证形式只适用于合同，是指行为人将其书面的合同提交国家工商行政管理部门或有关机关对该合同的真实性和合法性进行审查后给予证明。鉴证形式是当事人之间约定采用的特殊书面形式，而不是法定书面形式。如果当事人之间约定鉴证才能成立或生效的，鉴证形式就不仅具有证据效力，而且具有成立或生效效力。

3. 默示形式

默示形式是指行为人并不直接表示其内在意思，只是根据他的某种行为（作为或不作为），按照逻辑推理的方法，或者按照其生活习惯推断出行为人内在意思的形式。默示形式可分为推定形式和沉默形式两种。

（1）推定形式。推定形式是指行为人并不直接用口头形式或书面形式进行意思表示，而是通过实施某种行为来进行意思表示，例如，购物人在商场交付货币的行为即可推定为行为人购买物品的意思。推定行为实际上就是通过行为人实施的积极作为，推定出行为人已作出要达到某种法律后果的意思表示。

（2）沉默形式。沉默形式是指行为人既不用语言表示，又不用积极行为表示，而是以消极的不作为方式进行意思表示，即根据行为人的沉默来认定其具有某种意思。《继承法》规定，继承人在继承开始后2个月内未公开表示放弃继承的，就视为其接受继承。不作为的默示只有在法律有规定或者行为人双方有约定的情况下，才可以视为意思表示。

三、民事权利、民事义务与民事责任

（一）民事权利

民事权利是指法律赋予民事主体在具体的民事法律关系中享有的、进行一定活动或要求他人实行一定行为或不实行一定行为的权利。我国民法把民事权利分为财产所有权、债权、人身权、知识产权和继承权五种。

1. 财产所有权

财产所有权是指所有人依法对自己的财产享有占有、使用、收益、处分的权利。在所有权法律关系中，所有权人是权利主体，非所有权人是义务主体。

（1）占有权。占有权即对财产实际控制的权利。占有权可以由所有人享有，也可以由非所有人享有。所有人占有是指所有人实际占有属于自己的财产。非所有人占有是指除所有人以外的人对财产的实际占有。

（2）使用权。使用权是指为了满足生产或生活的需要，按照财产的性能和用途对财产进行利用的权利。使用权的行使必须以对财产占有为前提。

（3）收益权。收益权是指在财产上取得某种经济利益的权利。通常收益权通过对物的使用直接获得利益。但是在某些情况下，所有人并不行使其使用权而直接获取收益。如房屋出租，所有人是通过把房屋租赁给承租人，直接取得收益。

（4）处分权。处分权是财产所有人对财产进行处置，决定财产命运的权利。处分又可分为事实上的处分和法律上的处分。前者是指把财产直接消耗在生产和生活中。后者是依法将财产转让，如赠与、出售等。处分权是所有人最基本的权利，在一般情况下，由所有人直接行使。

以上四项权利构成财产所有权的全部内容。这些权利都可以根据所有人的利益和意志，依法与所有权人发生分离，但这并不意味着所有人因此丧失所有权，相反，这正是所有人行使其所有权的方式。

2. 债权

债权是指一方当事人请求特定的另一方当事人为特定行为的民事权利。债权有以下五个特征：

（1）债权是一种相对的权利，即债权人只能向特定债务人主张权利。

（2）债权是一种请求权，它的实现需借助于义务人为某种行为或不为某种行为。

（3）债权的客体是行为，而所有权的客体是物。

（4）债权可以因合法行为而发生，也可以因非法行为而发生。

（5）债权具有兼容性，即一个标的物上可以设定多个债权。

3. 人身权

（1）人身权的概念和特征。人身权是指民事主体依法享有的与其特定人身不可分离的无直接财产内容的民事权利。人身权具有以下三个特征：

1）与权利主体的人身紧密联系，不可分离。

2）不具有直接的财产内容。但是，人身权与财产关系又有密切的联系，是发生财产关系或带来物质利益的前提或依据。

3）人身权是绝对权，权利主体以外的所有人都是义务主体，都负有不侵犯其人身权的义务。

（2）人身权的种类。人身权分为人格权和身份权两大类。

1）人格权。人格权是指民事主体基于法律人格和保持其独立法律人格而享有的必需的权利。它的特点是人皆有之，基于人的出生而产生，基于人的死亡而终止。人格权可分为：①生命健康权；②姓名权、名称权；③肖像权；④名誉权、荣誉权；⑤隐私。

2）身份权。身份权是指公民、法人基于特定身份所享有的权利。身份权可分为：①配偶权；②亲属权；③监护权。

4. 知识产权

知识产权是民事主体对其创造性智力劳动成果依法享有的专有权利，包括著作权、专利权和商标权等。

5. 继承权

继承权是指继承人依法取得被继承人遗产的权利。

（二）民事义务

1. 民事义务的概念

民事义务是指民事法律规范规定或当事人依法约定，义务人为一定的行为或不为一定行为，以满足权利人的利益的法律要求。

民事义务是由民事法律规范规定的，或者是在不违反法律规定的前提下，由当事人协商决定的。义务人必须按照法律规定或约定，为一定的行为或不行为，以满足权利人的利益需要。义务人不履行或不完全履行义务，权利人有权直接向义务人请求履行，也可以提起诉讼，请求法院强制义务人履行，由义务人承担相应的民事责任。

2. 民事义务的分类

民事权利与民事义务是相对应、相关联的，因此民事权利的分类与民事义务的分类也有相关联、相类似之处。法律专著上的分类较多，比较复杂，本书仅解释以下两种分类：

（1）法定义务与约定义务。以民事义务发生的根据为标准，可分为法定义务与约定义务。

法定义务是指民事法律规范规定的民事主体应负的义务。例如，在《民法通则》、《合同法》、《婚姻法》中规定不同的民事主体应当负有的义务。在物权、人身权、知识产权方面，法律不直接规定义务人的义务，但在法律规定的原则中可以理解义务人的不作为义务。

约定义务是由当事人协商确定的义务。约定的义务不违法即受法律保护。

（2）积极义务与消极义务。以民事义务人行为的方式为标准，可分为积极义务与消极义务。

积极义务是指义务人应做出一定积极行为的义务，又称作为义务，包括给付财物、完成工作、提供劳务等。

消极义务是指义务人必须为消极行为或容忍他人的行为，又称不作为义务。例如，不侵害他人的物权、人身权的义务，容许他人在自己所有或使用的土地上通过或作业的义务等。

（三）民事责任

1. 民事责任及其构成要件

民事责任是指民事违法行为人依法所必须承担的法律后果。民事责任须具备以下要件：

（1）行为具有违法性；

（2）有损害事实存在；

（3）违法行为和损害后果之间有因果关系；

（4）违法行为人主观上有过错，即有故意或过失。

2. 承担民事责任的方式

承担民事责任方式，是指违法行为人通过何种方式对自己的民事违法行为承担民事责任。根据《民法通则》的规定，承担民事责任的方式有以下十种：

（1）停止侵害；

（2）排除妨碍；

（3）消除危险；

（4）返还财产；

（5）恢复原状；

（6）修理、重做、更换；

（7）赔偿损失；

（8）支付违约金；

（9）消除影响；

（10）赔礼道歉。

3. 承担民事责任方式的适用

（1）违反合同的民事责任，是指一方或双方当事人因过错而未能履行或未完全履行合同而应承担的民事责任。根据《民法通则》的规定，对违反合同的行为适用赔偿损失、支付违约金、继续履行和采取补救措施等民事责任方式。

（2）侵权的民事责任，是指侵权行为人对其违法行为造成他人人身或财产的损害应承担的法律责任。

侵权的民事责任分为一般侵权行为的民事责任和特殊侵权行为的民事责任。

一般侵权行为的民事责任，是指行为人因过错不法侵害他人财产或人身权利造成的损害并由本人承担的民事责任。它具备民事责任的四个构成要件，是最常见的侵权民事责任。

特殊侵权行为的民事责任，是指由特殊侵权行为造成损害应承担的法律责任。它并不完全具备一般民事责任的所有要件，也不一定由实施违法行为的人承担。《民法通则》规定的特殊侵权民事责任有：①职务侵权损害的民事责任；②产品瑕疵损害的民事责任；③高度危险作业致人损害的民事责任；④污染环境致人损害的民事责任；⑤施工或建筑物上的悬置物造成损害的民事责任；⑥饲养动物造成他人损害的民事责任；⑦无行为能力的人和限制行为能力的人造成损害的民事责任。

承担侵权民事责任的方式主要有停止损害和赔偿损失，涉及侵害人身权的还可以要求恢复名誉、消除影响、赔礼道歉。

第四节 行 政 法

一、行政法的概念和作用

（一）行政法的概念与分类

1. 行政法的概念

行政法是调整行政主体在行使国家行政权过程中所发生的各种社会关系的法律规范的总称。行政法是我国社会主义法律体系的重要组成部分，是行政机关行政的依据。

2. 行政法的分类

（1）以行政法调整对象内容的不同，可分为内部行政法和外部行政法；

（2）以行政法规范的性质不同，可分为实体行政法和程序行政法；

（3）以行政法的作用不同，可分为行政组织法、行政程序法和行政监督法；

（4）以行政法调整对象范围的不同，可分为一般行政法和特别行政法。

行政法由许多单行法律、法规和规章以及其他规范性文件构成。因此，可根据不同标准，对行政法进行不同的分类。

（二）行政法的作用

行政法在保障和规范国家行政管理，加强社会主义民主法制建设中具有不可替代的作用。

1. 行政法是提高国家行政管理效率和实现行政管理目标的保障

（1）行政法以法律形式将国家管理的规律加以确认，从而确保行政主体依法行政，保障行政目标的实现。

（2）行政法确认了行政机关享有的行政权，并赋予行政权以优益性、强制性等属性。

（3）行政法规定了行政机关的组织体制和内部结构，以及行政管理的基本原则和基本制度，理顺了行政机关之间及其内部的各种关系，明确了各方面的职责权限，规范了行政行为，提高了行政管理效率。

2. 行政法是实现社会主义民主的保障

（1）行政法通过创设以公正、民主为主要价值目标的行政程序制度，为公民参与行政决策和国家管理提供了切实可行的途径。

（2）行政法为维护公民和组织的合法权益提供保障。一方面，行政法通过保证行政权的有效行使，为公民和组织行使合法权利提供行政保障；另一方面，行政法通过创设行政复议和申诉制度、行政诉讼制度和国家赔偿制度等，使公民和组织在与行政机关发生争议时能得到及时处理，在其合法权益受到行政侵害时能得到及时处理。

（3）行政法通过创设行政公开制度、行政法律追究制度和行政监督制度，防止因行政权的滥用对公民和组织的合法权益造成侵害。

3. 行政法是建设社会主义法治国家的重要内容

随着市场经济的确立，与之相适应地把我国建设成为社会主义的法治国家，是党的"十五大"以来，实行政治体制改革的重要目标和内容，并第一次写入党的纲领性文件，是党的领导方式和执政方式的重大完善和发展，而加强行政立法是建设社会主义法治国家的重要内容，这对于合理地设定行政职权、规范行政行为、严格依法行政和加强行政监督，杜绝人治，防治腐败等，把我国建设成为社会主义法治国家具有重要的作用和意义。

二、行政法的基本原则

（一）行政合法性原则

行政合法性原则是指行政主体必须按照法定的授权、形式和程序实施行政行为，并对其不法行政行为承担相应的法律责任。其具体内容是：行政行为必须符合法律规定，即不仅要符合宪法和法律，而且要符合行政法规和规章；不仅要符合实体法，而且要符合程序法；行政相对人必须依法行使权利和履行义务；违反行政法律规范的行为应当受到追究。

（二）行政合理性原则

行政合理性原则是指行政主体所实施的行政行为必须适度、公正，必须符合法律的意图或精神。行政合理性原则作为行政法又一重要的基本原则，是以行政自由裁量权的存在为前提的，不仅是指形式上的合理，更是指内容上的合理。其具体内容是：行政行为要符合客观规律；行政行为要符合立法的意图或精神；行政行为必须具有合理的动机；行政行为应考虑相关的因素；行政行为必须符合公正原则；不合理的行政行为应承担法律责任。

三、行政法律关系

（一）行政法律关系的概念与构成

行政法律关系是指由行政法确认并保护的权利义务关系，由行政法律关系主体、客体和内容三要素构成。

行政法律关系主体是指行政法律关系的参加者或当事人，即在具体行政法律关系中享有权利和承担义务的人或组织。我国行政法律关系的主体通常包括：

（1）国家机关及其机构；

（2）其他国家机关及其机构；

（3）企业、事业单位；

（4）社会团体和其他社会组织；

（5）我国公民；

（6）在我国境内的外国人和外国组织。

行政法律关系的客体是指行政法律关系主体的权利义务所指向的对象，通常可概括为物质财富、精神财富和行为三种。

法律关系的内容是指行政法律关系主体所享有的权利和承担的义务，即行政主体和行政相对人各自权利和义务的总和。

（二）行政法律关系的特征

（1）行政法律关系双方当事人中必有一方为行政主体，而其主体资格是法定的；

（2）行政法律关系主体间的权利和义务具有不对等性；

（3）行政法律关系主体的权利义务是法定的；

（4）行政主体在实体上的权利义务是重合的；

（5）多数行政争议可由行政机关自行解决。

四、行政主体及其行政法律地位

（一）行政主体的概念和特征

行政主体是指在行政法律关系中依法代表国家实施行政管理活动的一方当事人。它享有行政权能，在其职权范围内以自己的名义从事行政管理活动，并能够独立承担因其行政行为所产生的法律后果。构成行政主体的可以是行政机关及其机构，也可以是被授权、被委托而实施行政管理活动的非行政机构。行政主体与行政相对人以及其他法律关系的主体相比较，有如下特征：

（1）行政主体是一种组织性实体；

（2）行政主体是行使国家行政权的组织；

（3）行政主体是能以自己的名义实施行政管理的组织；

（4）行政主体必须是具体实施行政管理行为的组织；

（5）行政主体是能够以自己的名义承担其行为所产生的法律后果的组织。

（二）国家行政机关、被授权的组织和被委托的组织

国家行政机关是指依照宪法和法律规定组成的、依法行使国家行政权、组织和管理国家各项行政事务的机关。我国《宪法》规定："中华人民共和国国务院，即中央人民政府是最高国家权力机关的执行机关，是最高国家行政机关。""地方各级人民政府是地方各级国家权力机关的执行机关，是地方各级国家行政机关。"国家行政机关按照宪法和法律规定的程序，在宪法赋予的职权范围内执行国家的法律和权力机关的决议，依法制定、发布和废止行政法规和行政规章，管理国家事务，它向国家权力机关负责，并接受其监督。

行政法律、法规将行政权力依法授予非行政组织和个人，称为行政授权，该组织和个人则称为被授权组织。行政机关依法将自己的职权部分委托给其他机关、组织或个人行使，称为行政委托，被委托行使行政权的机关、组织或个人称为被委托组织。

（三）国家公务员

国家公务员是指中央和地方各级国家行政机关中除工勤人员以外的工作人员。国家公务员必须按法定方式、经法定程序任用。国家公务员是在各级国家行政机关中的工作人员，不包括国有企事业单位的干部、民主党派、社会团体的工作人员，也不包括立法机关、司法机关的工作人员。国家公务员是依法行使国家的行政权力、执行国家公务的人员，不包括工勤人员。国家公务员是在行政机关编制内的正式工作人员，被授权组织、被委托组织中的工作人员不是国家公务员。国家公务员不是行政主体，而是具体执行国家行政事务的人员，而行政主体则是行政行为效果的承担者，行政主体的行为需要通过公务员的活动来表现。

（四）行政主体的法律地位

行政主体的法律地位是其在国家行政管理中权利义务的综合体现，包括行政职权、行政优益权和行政职责。国家通过宪法赋予行政机关以行政职权，行政机关代表国家管理行政事务，是国家权力的执行者。行政职权不同于一般权力，它具有强制性、单方性、优益性和不得任意处分等特点。行政职权主要有行政立法权、行政决定权、行政决策权、行政司法权、行政命令权、行政执行权、行政强制权、行政处罚权、行政监督检查权和行政奖励权。

行政优益权是为了保证行政主体能够有效地行使行政职权、履行行政责任而赋予其职务上或物质上优益性条件的资格和请求权。行政优益权是行政主体行使职权的保障条件。行政优益权由行政优先权和行政受益权构成。行政优先权是一种职务上的优益条件，而行政受益权是一种物质上的优益条件。行政优先权是指行政主体在行使行政职权时依法所享受的各种优惠条件。我国行政优先权包括先行处置权、获得协助权和推定有效权。行政受益权是指国家为了保证行政主体有物质能力行使行政职权而向其提供的物质条件。行政优益权可以被行

政主体放弃，但行政职权不能被行政主体放弃，否则属于行政失职。

行政主体在行政管理活动中因国家的授权享有行政职权，同时也要承担对国家的义务，即履行行政职责。行政职责是义务，不能放弃，更不得违反，必须依法履行，否则就要承担法律责任。

五、行政行为

（一）行政行为的概念与分类

行政行为，也称行政法律行为，是指行政主体在进行行政管理活动中行使行政权、适用法律法规并产生法律效果的行为。行政行为是相对于立法机关的立法行为、司法机关的司法行为而言的。行政行为的特征主要有：

（1）行政行为是行政主体所采取的行为；

（2）行政行为是行政主体行使行政权力的行为；

（3）行政行为是能够产生法律效果的行为；

（4）行政行为是为了实现行政管理的目的而实施的行为。

行政行为种类繁多，不同的划分标准，可以分为不同的种类。按行政行为的对象是否特定，可以将其分为抽象行政行为和具体行政行为。

（1）抽象行政行为。抽象行政行为即创制规范性文件的行为，它是指行政主体制定具有普遍约束力的规范性文件的行为，如国务院制定的行政法规。创制规范性文件的行为包括两类：一是行政主体的立法行为，即行政主体制定法源性规范文件的行为，如有关行政主体制定行政法规和行政规章；二是行政主体制定非法源性规范文件的行为，即行政主体所制定的除行政法规和行政规章以外的、具有普遍约束力的一般性规范文件的行为，如县人民政府制定的在全县范围内有效的规定或办法。

（2）具体行政行为。具体行政行为即适用规范性文件的行为，它是指行政主体对特定事件或特定人员所作的特定处理。行政主体的行政行为绝大多数都是这类行为，如行政处罚、行政强制执行、行政许可、行政合同、行政奖励、行政裁决和行政复议等。

（二）行政行为的合法要件与效力

行政行为的合法要件是指行政行为合法成立生效所应具备的基本要素，主要包括：

（1）行政行为的主体合法，即行政主体合法、实施行政行为的人员合法、行政委托合法；

（2）行政行为应当符合行政主体的权限范围；

（3）行政行为的内容应当合法、适当；

（4）行政行为应当符合法定程序。

行政行为的效力，主要是指行政行为有效成立、生效后对相对人所产生的法律约束力。合法的行政行为都具有以下效力：

（1）行政行为具有确定力，又称不可变更力，它是指行政行为有效成立生效后，其内容具有不可否认的公定力和不可随意变更的确定力，非依法不得随意变更或撤销；

（2）行政行为具有拘束力，它是指行政行为有效成立生效后，其内容对有关人员和组织所产生的法律上的约束力；

（3）行政行为具有执行力，它是指行政行为成立生效后，行政主体依法有权采取一定的强制手段和措施，使行政行为的目的得以实现。

（三）行政程序的概念和分类

行政程序也称行政手续，广义的行政程序是指行政行为成立的过程；狭义的行政程序是指行政主体采取行政行为的步骤、次序和方式。

行政程序可按不同的标准进行分类：

（1）按程序适用不同种类的行政行为来划分，可分为抽象行政行为程序与具体行政行为程序。

（2）按程序适用的组织和个人的范围来划分，可分为内部行政程序与外部行政程序。

（3）按程序适用的时间和顺序来划分，可分为事前、事中和事后程序。

（四）行政程序的基本原则与基本制度

我国的行政程序应当遵循的原则有法定原则、公正原则、公开原则、便民原则、简便原则、书面为主原则等。

行政程序的基本制度有回避制度、合议制度、听证制度、调查制度、相对方参与的保障制度、效率保障制度等。

六、行政责任与行政赔偿

（一）行政责任的概念及特征

行政责任是行政法主体由于违反行政法律规范而依法应承担的否定性法律后果。

行政责任与民事责任、刑事责任相比较，具有以下特征：

（1）行政责任的承担者是行政法主体；

（2）行政责任是行政违法或行政行为严重失当所引起的法律后果；

（3）行政责任是行政法主体违反行政法律规范所应承担的责任；

（4）行政责任不仅有惩戒行政违法行为的作用，而且还具有对行政受害人的补偿作用。

（二）行政责任的构成要件及行政责任形式

承担行政责任应具备以下要件：

（1）行为人的行为已构成违法或严重失当；

（2）行为人应具有责任能力；

（3）行为人主观上应有过错。

行政责任的形式即违反行政法规范的行为人应承担的行政责任方式。依据违法主体来划分，可分为行政机关违法应承担的行政责任、行政机关工作人员违法失职应承担的行政责任和行政相对人的违法行为应承担的责任；依据行政责任的内容划分，可分为处理性的行政责任和补救性的行政责任等。处理性的行政责任有通报批评、行政处分和行政处罚等；补救性的行政责任有赔礼道歉、承认错误，恢复名誉、消除影响，返还财产，恢复原状，纠正不当，撤销违法行为，履行职责和行政赔偿等。

（三）行政赔偿的概念和特征

行政赔偿是国家赔偿制度的重要组成部分，它是指行政机关及其工作人员的具体行政行为违法或者不当，侵害了公民、法人和其他组织的合法权益，由该行政机关承担损害赔偿责任的法律制度。行政赔偿制度是现代法治国家行政法律制度的重要组成部分。我国行政赔偿制度的基本法律依据主要有：《行政诉讼法》第六十七条规定，公民、法人或其他组织的合法权益受到行政机关或行政机关工作人员作出的具体行政行为侵犯造成损害的，受害人有权请求赔偿；《国家赔偿法》第二条规定，国家机关和国家机关工作人员违法行使职权侵犯公民、法人和其他组织的合法权益造成损害的，受害人有依照本法取得国家赔偿的权利，该法还对行政赔偿作了专门规定。

行政赔偿的特征有：

（1）行政赔偿的主体是行政机关或法律、法规授权的组织；

（2）行政赔偿是由行政机关及其工作人员的具体行政行为违法、失当引起的；

（3）行政赔偿是由于行政机关违法、失当的具体行政行为侵害了行政相对人的人身权和财产权所应承担的责任后果；

（4）行政赔偿的性质是国家赔偿。

第五节　刑　　　法

刑法是一个非常重要的法律部门法、是国家的基本法之一，自产生国家以来就有了刑法。刑法是打击犯罪、维护社会稳定的有力武器。刑法所采取的调整社会关系的方法是刑罚，是最为严厉的。《电力法》中除了包含民事和行政法律关系外，还包括刑事法律关系，主要用于各种盗窃电力设施和窃电等犯罪行为的刑罚。了解刑法的基本概念，可以进一步增强法制观念，自觉约束自己的行为，增强同犯罪行为和犯罪分子作斗争的法律意识，保护人民的生命财产，维护社会稳定。

一、刑法的概念和基本原则

（一）我国刑法的概念

刑法是为了维护国家、社会与人民的利益，根据广大人民的意志，以国家名义颁布的，规定犯罪和刑罚的法律规范的总称。刑法是一个国家法律体系中最重要的部门法之一。

我国刑法有广义、狭义之分。狭义的刑法即《中华人民共和国刑法》，广义的刑法除此之外还包括单行刑法、附属刑法等。我国刑法是同一切犯罪行为作斗争，以保卫国家安全，保卫人民民主专政的政权和社会主义制度，保护国有财产和劳动群众集体所有的财产，保护公民私人所有的财产，保护公民的人身权利、民主权利和其他权利，维护社会秩序、经济秩序，保障社会主义事业顺利进行的有力工具。

我国《刑法》于1979年第五届人大第二次会议通过，于1997年3月14日经第八届全国人民代表大会第五次会议修订，并于1997年10月1日开始实施。新修订的《刑法》共452条。到目前为止，全国人大常委会对1997年新修订的《刑法》已先后八次（1999年12月5日作第一次修订，共8处；2001年8月11日作第二次修订，共1处；2001年12月29日作第三次修订，共8处；2002年12月28日作第四次修订，共8处；2005年2月28日作第五次修订，共3处；2006年6月29日作第六次修订，共20处；2009年2月28日作第七次修订，共14处；2012年2月25日作第八次修订，共50处）通过了刑法修正案，对1997年10月1日开始实施修订的《刑法》一共作了112处修正并施行。

（二）我国刑法的基本原则

1. 罪刑法定原则

罪刑法定原则的基本含义是：只有法律将某种行为明文规定为犯罪的，才能对该行为定罪；反之，如果法律没有对某行为规定为犯罪，那么就不能对该行为定罪。另外，应严格按照法律的规定量刑。这一原则是我国宪法规定的法律面前人人平等原则在刑法领域的具体化。

2. 罪刑相适应原则

罪刑相适应是指刑罚的轻重，应当与犯罪人所犯罪行的性质和情节相适应，要求在立法、量刑方面均做到罚当其罪。在分析罪重罪轻和刑事责任大小时，不仅要看犯罪的客观社会危害性，而且要结合考虑行为人的主观恶性和人身危险性，把握罪行和犯罪人各方面因素综合体现的社会危害性程度，从而确定其刑事责任程度，适用相应轻重的刑罚。

（三）我国刑法的任务

《刑法》第二条规定："我国刑法的任务，是用刑罚同一切犯罪行为作斗争，保护国家和人民的利益，保障社会主义建设事业的顺利进行。"刑罚包括惩罚与保护两个方面。只有用刑罚惩罚各种犯罪，才能保护国家利益和人民的合法权益；为了保护国家利益和人民的合法权益，必须运用刑罚有效地惩罚各种犯罪。具体包括以下内容：

（1）我国刑法的首要任务是运用刑法同一切危害我国人民民主专政的政权和社会主义制度，以及危害国家安全的犯罪行为作斗争。

（2）我国刑法的根本任务是运用刑法同一切破坏社会主义市场经济秩序和财产的犯罪行为作斗争，保护社会主义经济基础。

（3）我国刑法的重要任务是运用刑罚同一切侵犯公民的人身权利、民主权利和其他权利的犯罪行为作斗争，保护公民的合法权益不受侵犯。

（4）我国刑法的中心任务是运用刑罚同一切破坏社会秩序、经济秩序的犯罪行为作斗争，创造一个稳定的社会环境，保障社会主义建设事业顺利进行。

二、刑法的适用范围

刑法的适用范围，是指刑法在什么地域、什么时间及对什么人有效的问题。根据《刑法》规定，可以把我国刑法的适用范围具体分为以下三方面。

（一）刑法的地域效力

《刑法》第六条规定："凡在中华人民共和国领域内犯罪的，除法律有特别规定的以外都适用本法。凡在中华人民共和国船舶或者航空器内犯罪的，也适用本法。犯罪的行为或者结果有一项发生在中华人民共和国领域内的，就认为是在中华人民共和国领域内犯罪。"

"法律有特别规定的"情形主要是指：①《刑法》第十一条规定："享有外交特权和豁免权的外国人的刑事责任，通过外交途径解决。"②《刑法》第九十条规定："民族自治地方不能全部适用本法规定的，可以由自治区或者省的人民代表大会根据当地民族的政治、经济、文化的特点和本法规定的基本原则，制定变通或者补充的规定，报请全国人民代表大会常务委员会批准施行。"③《刑法》颁布实施后国家立法机关制定的特别刑法的不同规定。④我国香港特别行政区和澳门特别行政区以及台湾地区适用本地法。

（二）刑法对人的效力

根据《刑法》规定，刑法对人的效力有以下三种不同情况：①我国公民在我国领域内犯罪，自然一律适用我国刑法。我国公民在我国领域外犯《刑法》规定的罪的，也适用我国《刑法》，但是按《刑法》规定的最高刑为3年以下有期徒刑的，可以不予追究。但我国的国家工作人员和军人在我国领域外犯《刑法》规定之罪的，适用我国《刑法》。②外国人在我国领域内犯罪的，除享有外交特权和豁免权者外，一律适用我国《刑法》。外国人在我国领域外对我国国家或者公民犯罪，而按《刑法》规定的最低刑为3年以上有期徒刑的，可以适用我国《刑法》，但是按照犯罪地的法律不受处罚的除外。③对于我国缔结或者参加的国际条约所规定的罪行，我国在所承担条约义务的范围内行使刑事管辖权的，适用我国《刑法》。

如何看待外国的刑事裁判的效力，我国《刑法》第十条规定，凡在我国领域外犯罪，依照我国《刑法》应当负刑事责任的，虽然经过外国审判，仍然可以依照我国《刑法》追究，但是在外国已经受过刑罚处罚的，可以免除或者减轻处罚。这一规定既体现了国家主权原则，又显示了对国际上通行的"一事不再理"原则的灵活运用。

（三）刑法的时间效力

刑法的时间效力，是指刑法的生效和失效以及刑法是否具有溯及力的问题。

三、刑罚及其种类

（一）刑罚的概念及目的

1. 刑罚的概念

刑罚是执政阶级规定的由人民法院依法对犯罪人适用的惩罚的一种制裁方法。刑罚具有以下特点：

（1）适用刑罚的机关——只能由人民法院依法定程序来实行惩罚；

（2）刑罚只能对犯罪人实行惩罚；

（3）刑罚具有强制性，且最为严厉。刑罚可以强制剥夺犯罪人的财产、自由、政治权利直至生命。

2. 刑罚的目的

我国对犯罪人适用刑罚，通过惩罚与教育相结合来达到改造罪犯、预防犯罪的目的。

我国《刑法》规定的刑种，除死刑是剥夺犯罪人的生命外，其他大都是采取劳动改造的办法，使犯罪人通过劳动改造重新做人，不再以身试法，从而预防他们再次犯罪。另外，法院通过对犯罪人适用刑罚，将犯罪与刑罚紧密联系起来，不仅直接惩罚了犯罪人，同时对社会上的不稳定分子也起到了警戒、威慑作用，使之不敢轻举妄动，以身试法。

（二）刑罚的种类

《刑法》规定刑罚有主刑和附加刑两大类。

1. 主刑

主刑是指对犯罪人适用的主要刑罚。主刑适用于每一个具体的犯罪，一个罪只能适用一个主刑。主刑有以下五种：

（1）管制。管制是指对犯罪人不予关押，只限制一定自由，由公安机关管辖和群众监督改造的一种刑罚。管制期限为3个月以上，2年以下。

（2）拘役。拘役是指对犯罪人实行短期关押，由公安机关就近执行劳动改造的一种刑罚。拘役的期限为1个月以上，6个月以下。

（3）有期徒刑。有期徒刑是指对犯罪人剥夺一定期限的人身自由，并实行强迫劳动改造的一种刑罚。有期徒刑的刑期为6个月以上，19年以下。但是死刑缓期执行减为有期徒刑或者在数罪并罚时，有期徒刑的最高刑期可以超过15年，但不能超过20年。

（4）无期徒刑。无期徒刑是指剥夺犯罪人终身自由，并强制其劳动改造的一种刑罚。无期徒刑适用危害很大、情节恶劣、需要永久与社会隔离的严重犯罪人。

（5）死刑。死刑是指剥夺犯罪人生命的一种刑罚。我国刑法规定：①死刑只适用于罪行极其严重的犯罪人；②犯罪的时候不满18周岁的人和审判的时候怀孕的妇女，不适用死刑；

③死刑除由最高人民法院判决的以外，都应报请最高人民法院核准；④对于应当判处死刑的犯罪人，如果不是必须立即执行的，可以判处死刑同时宣告缓期 2 年执行，实行强迫劳动，以观后效。

2. 附加刑

附加刑是补充主刑适用的刑罚。附加刑一般附加在主刑后面适用，也可以独立适用，附加刑只能剥夺犯罪人的政治权利和财产权利。

（1）罚金。罚金是指强迫犯罪人向国家缴纳一定数额金钱的一种刑罚。罚金主要适用于贪财图利或者与财产有关的犯罪。

（2）剥夺政治权利。剥夺政治权利是剥夺犯罪人参加国家管理和政治活动权利的一种刑罚。被剥夺的政治权利有以下几种：①选举权和被选举权；②言论、出版、集会、结社、游行、示威自由的权利；③担任国家机关职务的权利；④担任国有公司、企业、事业单位和人民团体领导职务的权利。剥夺政治权利的期限为 1 年以上、5 年以下，对判处死刑和无期徒刑的犯罪人剥夺政治权利终身。

（3）没收财产。没收财产是将犯罪人个人所有财产的一部分或者全部强制无偿地收归国有的一种刑罚。

四、刑法的溯及力

根据《刑法》第四百五十二条的规定，我国修订后的《刑法》自 1997 年 10 月 1 日起生效施行。与此同时，全国人民代表大会及其常委会此前颁行的单行刑事法律及其他法律中的刑事条款即自行失效。

刑法的溯及力问题，是指某个新刑法对其生效前发生的未经审判或判决未确定的犯罪行为是否适用的问题。如果适用，则称该刑事法律有溯及力；如果不适用，则称该刑事法律没有溯及力。

我国《刑法》对此问题规定，中华人民共和国成立以后新《刑法》施行以前的行为，如果当时的法律不认为是犯罪的，适用当时的法律；如果当时的法律认为是犯罪的，依照《刑法》的规定应当追诉的，按照当时的法律追究刑事责任，但是如果新《刑法》不认为是犯罪或者处刑较轻的以及已过追诉时效的，适用新《刑法》。新《刑法》施行以前，依照当时的法律已经作出的生效判决，继续有效。可见，《刑法》在溯及力问题上确立的是"从旧兼从轻"的原则。

本 章 小 结

本章主要有五节内容，主要概括介绍了我国的法律体系，法律的基本功能，法的规范作用和法的局限性，民事法律行为的特征和民事权利、民事义务、民事责任，行政法的相关知识，简要介绍了刑法的原则与效力范围和类型。目的是基本了解法律基本知识，在电力企业的生产经营过程中，树立掌握电力生产经营有关的民事特征，熟悉电力监督检查有关工作中行政执法的相关法律知识。对与有关的供用电合同联系紧密的合同法知识和电力设施保护及窃电等涉及的刑事法律关系，将在第四、五章进行阐述。本章第一节介绍了中国的法律体系，第二节介绍了法的规范作用和法的局限性，第三节介绍了民事法律行为的特征和形式，第四节介绍了行政法的特征和形式，第五节介绍了刑法的一般原则、适用范围和类型。

思 考 与 练 习 题

1. 我国的法律法规体系是如何组成的？
2. 法的规范作用和法的局限性体现在哪些方面？
3. 简述民事法律行为的概念。
4. 简述民事义务、民事责任的概念。
5. 什么是行政责任和行政赔偿？
6. 简述刑法的基本原则和适用范围。

第 二 章

电 力 法 概 论

第一节 电 力 法 体 系

一、电力法的概念

电力法是调整人们在电力建设、电力生产、电力供应、电力使用和电力管理过程中所发生的社会经济关系的法律规范的总称。电力法有广义和狭义两种含义。

广义的电力法是指国家在调整电力建设、生产、供应与使用及管理等活动中所发生的各种社会经济关系的一系列法律规范的总称。它包括国家管理电力的法律、行政法规、部门规章条例和地方法规等，均属于广义电力法的范畴。狭义的电力法是指《电力法》本身，是电力法律法规的核心内容。

二、电力法体系的概念

法律体系是指由一个国家的全部现行法律规范分类组合为不同的法律部门而形成的有机联系的统一体。

电力法体系是指以《电力法》为核心，以有关电力开发建设、生产、供应与使用及保护方面的法律、行政法规、地方性法规以及规章、规范性文件为补充，所形成的不同层次、不同等级、不同方面的有机结合体。

我国的电力法体系分为电力法律、电力行政法规、电力行政规章和地方性行政法规、规章四个层次。

根据我国《宪法》和有关法律的规定，电力法律法规体系出自以下制定机关：

(1) 根据《宪法》第六十二条、第六十七条规定，由全国人民代表大会及其常务委员会制定的《电力法》，它的表现形式属法律类。

(2) 根据《宪法》第八十九条规定，由国务院行政主管部门制定供用电法规。

(3) 根据《宪法》第九十条、《国务院组织法》第十条规定，由各部、委、办等制定供用电规章。

(4) 根据《宪法》第一百零七条规定，由地方人民政府及其工作部门制定的供用电法规，属于地方政府规章类，如《江西省反窃电办法》、《云南省查处窃电行为条例》、《湖北省预防和查处窃电行为条例》等。

上述电力法律法规，构成了一系列适合我国国情和电力工业特点的电力法体系，对加速我国现代电力工业的发展和电力法制建设起到了巨大的推进作用。

目前，我国电力法体系框架基本形成，但还不够健全，电力市场需要的重要规则和电价法规尚未出台，已有的尚需修改。

《电力法》的颁布和正式实施，标志着我国电力法律法规建设进入了一个新的历史时期。它对保护电力投资者、经营者、使用者的合法权益，确立正常的供用电秩序，保证安全、经济、合理地使用电力起着极其重要的作用。

《电力法》自1996年4月1日起施行。与《电力法》相配套，国务院颁布的法规《电力供应与使用条例》、《电力设施保护条例》、《电网调度管理条例》和《电网监管条例》，原国务院有关部委颁布的规章《供用电监督管理办法》、《用电检查管理办法》、《供电营业规则》、《供电营业区划分及管理办法》、《居民用户家用电器损坏处理办法》、《电力行业标准化管理办法》等陆续实施，初步形成了以《电力法》为龙头、电力行政法规、电力规章和电力地方性法规等相配套的电力法律法规体系。电力法律法规体系的初步建立和逐步完善，为保证电力安全运行，维护正常的供用电秩序，维护电力投资者、经营者和使用者的合法权益，保障和促进电力工业的改革和发展，促进国民经济发展和满足人民生活需要，产生了积极而深远的影响。

三、电力法体系的构成

我国的电力法体系可分四个层次，即电力法、电力行政法规、电力行政规章和电力地方性行政法规和规章。电力规章包括国务院电力管理部门颁布的规章和省、自治区、直辖市人民政府制定的规章。电力规章有依法授权制定和依职权制定两大类。依法制定的电力规章是电力法律法规体系中的重要组成部分。

（一）《电力法》

《电力法》是我国电力法规体系的核心部分。《电力法（草案）》经国务院第 36 次常务会议讨论通过，于 1995 年 9 月由国务院向全国人民代表大会常务委员会（简称全国人大常委会）提交法律草案，1995 年 12 月 28 日第八届全国人大常委会第十七次会议通过了《电力法》，并由江泽民主席签署中华人民共和国主席令第 60 号发布，于 1996 年 4 月 1 日起施行。

（二）电力行政法规

《电力法》的贯彻实施，需要制定相应的行政法规来支持。国务院根据电力发展需要和《电力法》的授权，目前已经先后颁布施行了《电力设施保护条例》、《电网调度管理条例》、《电力供应与使用条例》和《电网监管条例》四个条例，初步搭建起了中国电力法规体系的主要支撑部分，并已发挥了巨大作用。

（1）《电力设施保护条例》的制定和实施。该条例由国务院于 1987 年 9 月 15 日以第 239 号国务院令的形式发布实施。随着《电力法》的制定、实施，针对在电力设施保护方面所面临的新情况、新问题，1998 年国务院通过了《国务院关于修改〈电力设施保护条例〉的决定》，对原《电力设施保护条例》进行了修正，并于 1998 年 1 月 7 日发布实施。

（2）《电网调度管理条例》的制定和实施。该条例由国务院于 1993 年 6 月发布并于 1993 年 11 月 1 日起实行。

（3）《电力供应与使用条例》的制定和实施。《电力法》第二十四条规定："国家对电力供应和使用，实行安全用电、节约用电、计划用电的管理原则。""电力供应与使用办法由国务院依照本法的规定制定。"根据《电力法》的授权，国务院于 1996 年 4 月 17 日以第 196 号国务院令的形式发布了《电力供应与使用条例》，并已于 1996 年 9 月 1 日起施行。

（4）《电力监管条例》的施行。2005 年 2 月 15 日以国务院令的形式发布，于 2005 年 5 月 1 日施行。

《电力法》还授权国务院制定《电价管理办法》和《农业和农村用电管理办法》。《电力法》第四十五条规定："电价的管理办法，由国务院依照本法的规定制定。"第五十一条规定："农业和农村用电管理办法，由国务院依照本法的规定制定。"

除了上述《电力法》中已明确要求制定的有关管理办法外，国务院可以根据电力体制改革的需要，制定电力市场运营规则方面、电力环保方面等的行政法规，或者出台其他一些电力管理的具体规定。

（三）电力行政规章

多年来，国务院有关电力行政主管部门制定实施了一大批电力行政规章，主要有《电网调度管理条例实施办法》（电力工业部令第3号）、《供用电监督管理办法》（电力工业部令第4号）、《供电营业区划分及管理办法》（电力工业部令第5号）、《用电检查管理办法》（电力工业部令第6号）、《居民用户家用电器损坏处理办法》（电力工业部令第7号）、《供电营业规则》（电力工业部令第8号）、《电力工业环境保护管理办法》（电力工业部令第9号）、《电力知识产权管理暂行规定》（电力工业部令第10号）、《进网作业电工管理办法》（能源部第9号）、《电力设施保护条例实施细则》（国家经贸委、公安部第8号令）等。这些规章的公布实施，标志着全方位、多层次的电力法规体系全面健全，为我国依法治电工作的开展提供了全方位的法律保障。

（四）地方性电力法规和政府规章

近年来，许多省、市、自治区针对本地方在实施国家电力法律、法规中遇到的情况和问题，尤其是针对电力设施保护和打击盗窃电能违法行为的新情况、新问题，纷纷出台了地方性法规或地方政府规章，大大发展了我国电力法规体系，构成了我国电力法规体系中最具活力的重要部分。

省、市、自治区级人民代表大会及其常务委员会制定发布的有关电力的地方性法规，如《江西省反窃电办法》、《云南省查处窃电行为条例》、《湖北省预防和查处窃电行为条例》等。

省级人民政府、省会所在市的市政府及国务院批准的较大的市的市政府制定公布的有关电力的地方政府规章，如《河北省电力设施保护实施办法》、《河北省农村电价管理办法》。

另外，许多地方还以省经贸委、省公安厅、省法院、省检察院等机关联合下文的形式，制定发布了一批有关打击窃电和电力设施保护的行政文件。如湖北省经济委员会、湖北省高级人民法院、湖北省人民检察院、湖北省公安厅四部门联合下发的鄂经电力（2003）8号《关于办理盗窃电能案件有关意见的通知》这些行政文件，对促进本地区范围内电力事业的发展发挥了很大作用。

本章将着重对以《电力法》为核心的电力法体系进行讲解，其中供用电合同内容在第三章单独作专题讲解。

第二节 电力法概述

一、电力法的立法宗旨

《电力法》是为了保障和促进电力事业的发展需要而建立的基本的电力法律制度，对电力建设、生产、供应和使用作出基本的规范。

在电力供应方面，《电力法》规定了供电营业许可制度和实行供用电合同制度。实行供电营业许可制度主要是为了防止重复建设电网、电站，避免资源的浪费。实行供用电合同制度，规定电力供应与使用各方遵循平等、自愿、协商一致的原则签订供用电合同，确定双方的权利和义务。

在电力使用方面，《电力法》规定用户享有得到电力使用的权利。同时，《电力法》规定，用户用电不得危害供电、用电的安全和扰乱供电用电的次序。

《电力法》还要求用户对供电企业工作人员依法履行职责提供方便。

1. 维护电力投资者的合法权益

电力投资者有国家、地方人民政府、各种经济组织和个人。国外来我国投资办电的经济组织和个人也不少。投资办电的形式多种多样，有的采取合资形式，有的采取合作经营的形式，也有的通过购买电力股票、债券的形式进行电力投资。

电力建设需要投资的数额很大，政府能够投入到电力建设中的资金是有限的，如何吸引国内外经济组织和个人的闲置资金投入于电力建设，是电力发展中亟待解决的一个问题。为了吸引投资，从法律上讲，就要保护电力投资者的合法权益。

投资者的合法权益的内容是多方面的，包括收益权、管理权、用电权等。一方面，法律要保护电力投资者得到合理的利润回报，即收益权；另一方面，投资者其他合法权益也必须得到法律保障。就利润而言，利润的大小与电价的构成密切相关。《电力法》在电价构成上作了原则规定，强调制定电价应当合理补偿成本，合理确定收益，依法计入税金，坚持公平负担，从而使电力投资者可以得到比较稳定的、合理的投资收益。

2. 维护电力经营者的合法权益

电力经营者包括发电企业、电网企业以及供配电企业。电力经营者的合法权益的保护主要有两个方面：一是电力经营者能够取得合理的利润；二是电力经营者的经营权确实得到法律的保障。《电力法》确立了制定和管理电价的基本原则，并对电力企业的上网电价、互供电价、销售电价的构成及审批程序作了原则规定，对电力经营者能够取得合理的利润给予强有力的法律保障。

此外，拖欠电费、违章用电、盗窃电能、盗窃电力设施等行为也严重损害了电力经营者的合法权益，《电力法》赋予电力经营者若干特定的权利，以维护电力经营者自身的合法权益。

3. 维护电力使用者的合法权益

电力使用者被称为电力客户。电力客户与电力供应企业在法律上是一种合同关系，同时它又不同于一般的合同关系。当事人意愿是合同法的基本原则。但是，因为我国实行供电营业许可证制度，在一个供电营业区内只设一个供电企业，所以，如果完全由供用电双方自愿签订供电合同，就有可能因供电企业不愿意供电而使客户无电可用。

4. 保证电力安全运行

保证电力安全运行，有两个方面的要求，一是电力生产、电力供应、电力使用等各个环节的设备、设施要符合电力安全运行的要求，各种投运的电气设备要符合国家标准或者电力行业标准；二是电力生产、电力供应和使用的各个环节要严格遵守操作规程。由于电力具有整体性和联动性的特点，因此，必须保证发、输、供、用电等各个环节的安全，才能保证电力运行整体的安全。《电力法》从电力建设、电力供应、电力使用、电网调度监督检查等各个方面都有明确的规定。

二、《电力法》的适用范围

《电力法》适用于中华人民共和国境内的电力建设、电力生产、电力供应和使用活动。

地域效力：凡在中华人民共和国境内从事电力建设、电力生产、电力供应和使用活动，都必须遵守《电力法》。

对人的权益保证和行为制约方面：无论是自然人还是法人，也无论是中国人还是外国人，只要在中华人民共和国境内从事电力建设、电力生产、电力供应和使用活动，都必须遵守《电力法》。不允许任何组织、任何个人有超越法律的特权。

行为的权限方面：《电力法》只适用于电力建设活动、电力生产活动、电力供应活动、电力使用活动、电力监督管理活动和电力设施保护活动等。或者说，只有在电力建设、生产、供应、使用、经营、管理、保护活动中产生的法律关系才由《电力法》调整。这些法律关系除了受《电力法》调整外，还受到其他相关法律的调整。

三、制定电力法的必要性

制定电力法的必要性，主要表现为下列几点：

（1）电力事业是国民经济中有普遍影响的基础产业，它所输送的是基本动力，涉及千家万户的生产、生活，牵动着全社会的方方面面。所以，采用法律的形式，为其制定行为规范，将其纳入法制的轨道，支持其发展，保护其权利，明确其责任尤其必要。

（2）电力行业与国民经济各行业，以至社会的各方面，都有广泛的联系。这些联系实质上是反映了各种利益关系的错综复杂和多种多样，这些利益关系难以由电力行业自订规章来调整，而应当由国家制定法律来调整，或者是确立调整这种利益关系的法律原则，这样有利于正确地协调处理电力行业与其他方方面面的利益关系。

（3）电力事业属于先进生产力范畴，所生产的电能是一种特殊形式的商品。电能的生产、输送和使用必须连续不断地进行；电能作为商品，其生产、销售、消费同时完成。由于这些重要特点，要求电力行业内部层次分明，职责清楚，指挥有效，联系紧密，运行安全。建立这种秩序的目的是向社会提供优质、可靠的电能，满足社会的需要。因而，建立并维护这种严格的秩序，除了电力企业本身的从严管理外，更重要的是要以法律为依托，采用法律的形式，需要制定《电力法》作为法律上的保障。

（4）电力事业具有公用事业的属性，面对众多的电力使用者承担提供服务的义务；同时，电网环节又具有自然垄断的特点，而且有利用这种垄断地位获取垄断利益的可能。因此，必须依法规范各方行为，一是通过制定法律，确定电力企业对众多的电力使用者或者说是社会公众所承担的提供服务的义务，并使这种义务在法律的轨道上加以履行；二是从法律上认可电网经营和管理的垄断地位，在一定的范围内限制竞争；三是从法律上防止电力企业利用其垄断地位获取不正当利益，保护使用者的权益；四是考虑电力事业的特点，确定电力监管的基本规则。制定《电力法》体现出电力事业的特殊性。

四、发展电力事业的基本原则

1. 电力事业应当根据国民经济和社会发展的需要，适当超前发展的原则

电力事业应根据国民经济和社会发展的需要，适当超前发展。适当超前发展，就是要使电力发展速度适当高于国民经济的发展速度，只有这样才能不断满足客户的用电需要，使电力行业真正发挥其在国民经济中的先行作用。因此，我国电力事业的发展必须坚持统筹规划、合理布局，并根据社会经济发展的需求，适当超前发展。

2. 国家鼓励国内外经济组织和个人依法投资办电，实行谁投资、谁收益的原则

电力工业是规模经济最显著的行业之一，是资金和技术密集型的装备性产业。我国长期以来主要是靠国家投资进行电力开发与建设，但由于资金不足，制约了电力工业的发展。因此，国家以立法形式鼓励社会各方利用多种形式集资办电，在鼓励和引导外资办电的同时，切实贯彻谁投资、谁受益的原则，保护电力投资者的合法权益，这是符合我国国情的。

《电力法》规定，制定电价应当合理补偿成本、合理确定收益，这正是谁投资、谁受益原则的体现。作为电力投资者的收益还包括间接收益。在我国每千瓦电能所创造的利润可由几元至几十元不等。从这个角度讲，投资者拥有了优先用电权，保障了用电，就保障了收益。

3. 电力设施和电能所有权受国家保护的原则

近年来，危害电力设施安全和盗窃电能的现象十分严重。有些地区，这已成为社会危害。为此，《电力法》对电力设施保护和电能所有权作出了明确的原则性规定，并规定电力设施和电能所有权受国家保护。

4. 电力建设和电力生产要依法保护环境、防止公害的原则

煤炭燃烧时会向大气层排放大量的粉尘和有害物质。这些有害物质将会使空气污浊、形成酸雨等，严重危害生态环境和人体健康。世界各国在发展电力的同时，都对保护环境作出了严格的规定。因此，我国的电力法作出了在电力建设和电力生产规程中保护环境的有关规定。

5. 电力企业应当依法自主经营、自负盈亏、接受监督的原则

（1）电力企业对国家授予其管理的财产或者自有财产享有占有、使用和支配的权利；

（2）电力企业可根据国家计划指导和市场需求，自主作出生产经营决策；

（3）电力企业对电价问题有权提出意见和建议，并报请政府主管部门核准；

（4）电力企业的经营权受法律保护，任何单位和个人都不得干预和侵犯。

电力企业必须遵守国家法律，遵守国家财政、税收政策，实行自主经营、自负盈亏，按国有企业的改革进程要求，通过自身的运作，参与社会主义的市场竞争。

政府作为社会管理者，要充分行使其监督管理职能，电力企业必须接受政府电力管理部门的监督管理。同时，电力企业应实行政企分开，既要保证企业内在的利益驱动性，又要有约束机制。

6. 国家帮助和扶持少数民族地区、边远地区和贫困地区发展电力事业的原则

由于历史和自然条件等原因，我国一些革命老区少数民族、边远、贫困（简称老、少、边、贫）地区的经济发展相对落后，投资发展电力建设的财力缺乏，电力发展缓慢，由此又制约了当地经济文化的发展。扶持老、少、边、贫地区尽快脱贫，是我国的一贯方针。特别是 20 世纪 80 年代中期以来，国家开展了有组织、有计划、大规模的扶贫工作，目前已由救济型扶贫向开发型扶贫转变。

帮助和扶持老、少、边、贫地区发展电力事业，包括以下含义：

（1）国家从法律保障和政策引导上，鼓励各方面的资金投入这些地区的电力建设，并搞好电力开发规划；

（2）国家集中一部分资金，专项用于发展这些地区的电力事业；

（3）国家通过为这些地区培养和输送电力方面的人才，提供电力方面的技术指导和帮助，促进这些地区电力事业的发展。

7. 国家鼓励在发展电力事业中采用先进的科学技术和管理方法的原则

随着电力科学技术的运用与发展，可使火电厂的一次能耗降低，提高发电效率并减少环境污染；可不断增加和提高超高压、远距离输电的水平，降低输变电过程中的线损率；可提高发供电设备的可靠性，提高自动化管理水平等。而先进的管理方法的应用，在电力生产、

供应与使用各环节上，都可发挥巨大的节能增效的作用。《电力法》对在发展电力事业中采用先进的科学技术与管理方法作了充分的肯定，并确定为一项基本原则。

五、电力工业体制模式

《电力法》以法律形式规定了我国的电力工业体制模式。一是电力行政管理由国务院电力管理部门和县以上地方人民政府经济综合主管部门管理和监督。《电力法》第六条规定："国务院电力管理部门负责全国电力事业的监督管理。国务院有关部门在各自的职责范围内，负责电力事业的监督管理。县级以上地方人民政府经济综合主管部门，是本行政区域内的电力管理部门，负责电力事业的监督管理。县级以上地方人民政府有关部门在各自的职责范围内负责电力事业的监督管理。"为了保障电力建设、生产、供应的正常进行，保障《电力法》的贯彻实施，按照国务院办公厅（1996）11 号通知，在现行电力工业管理体制改革后，由县级以上地方人民政府指定的经济综合部门履行电力管理部门的职责。二是电力生产企业模式应是发电企业和发电、输电、配电和售电分开的电力企业模式。《电力法》第七条规定："电力建设企业、电力生产企业、电网经营企业依法实行自主经营、自负盈亏，并接受电力管理部门的监督。"全国人大常委会法制工作委员会、中华人民共和国电力工业部编的《中华人民共和国电力法释义》中所作的权威解释是："电力生产企业，又称发电企业，是管理发电设备、生产电能的经济组织。电网经营企业，是管理发电、供电、售电业务的电力经营综合管理经济组织，其中包括具体管理输变电设备、负责经营供电和售电业务的供电企业。"

上述规定综合体现了电力企业的监督管理、电力行政执法问题，电网调度管理的公开、公平、公正问题，电力市场的建立与运行、电价与电费的确定原则，供用电秩序的维护，法律主体的法律责任等问题。

六、电力法调整的相关法律关系

《电力法》主要调整与电力有关的社会经济关系，其中包括纵向关系、横向关系和电力企业内部的管理关系。

（一）纵向监督管理关系

纵向监督管理关系，是指国家电力管理部门和有关部门同电力企业之间的监督管理关系，包括电力建设的监督管理、电网的监督管理、电力供应和使用的监督管理、电价的监督管理以及电力设施保护的监督管理等。《电力法》从政府和企业两个方面来规范这种监督管理体制，也就是从政企合一转变成政企分开。

（二）横向关系

横向关系包括电力企业之间因电力的建设、生产、使用而发生的关系和电力企业与其他民事主体之间因电力的建设、生产、使用而发生的关系。对电力企业内部的管理体制、原则等内容，《电力法》也作出了规定。

（三）《电力法》涉及到的法律关系

《电力法》涉及到的法律关系包括民事法律关系、行政法律关系和刑事法律关系。

《电力法》中所包含的以上三种法律关系，根据不同性质的行为适用不同的部门法，因此实践中应明确自己行为的性质。

七、电力体制改革与《电力法》

电力工业是国民经济的重要的基础产业，又是资金密集、技术密集型和网络性行业，是社会公用事业的重要组成部分。在 2002 年底全国装机总容量为 3.57 亿 kW，到 2007 年底全国装机总容量为 7.13 亿 kW，截至 2008 年底全国装机总容量为 7.93 亿 kW（其中，水电 1.72 亿 kW，火电 6.01 亿 kW；风电 0.89 亿 kW）；我国电网 220kV 级以上输电线路回路长度达到 36.48 万 km，220kV 及以上变电设备容量达到 138 714 万 kVA。

中华人民共和国成立以来，党中央、国务院十分重视电力工业的改革和发展，电力管理体制先后经历了军事管制、燃料工业部、电力工业部、水利电力部、能源部、电力工业部、国家电力公司等变革，其中先后两次成立水利电力部、三次成立电力工业部。在党中央、国务院的直接领导下，2002 年 2 月国务院批准了电力体制改革方案，明确了电力体制改革的总体目标和厂网分开、重组国有电力资产，组建电网、发电公司，以及竞价上网、实行电价新机制的基本原则。根据"总体设计，分步实施，积极稳妥，配套推进"和"先主后辅，先上后下，先易后难"的原则，2002 年底，国家电力监管委员会、两大电网公司（国家电网公司、中国南方电网有限责任公司）、五大发电集团（中国华能集团公司、中国大唐集团公司、中国华电集团公司、中国国电集团公司、中国电力投资集团公司）和四个辅业公司（中国电力工程顾问有限集团公司、中国水电工程有限集团公司、中国葛洲坝集团公司、中国长江三峡工程开发总公司）相继成立，电力体制在中央层面上厂网分开的改革已经完成。2006 年国务院常务会议原则通过了《关于"十一五"深化电力体制改革的实施意见》，输配分家，电网电力由国家控股；作为电力体制改革深入进行的后续工作，按照积极稳妥原则稳步推进，电价体制改革和电力项目审批制度改革也正在积极进行。

（一）目前我国电力企业结构

目前我国电力企业中主要包括发电、输电、供电和电力承装（修、试）企业。

1. 发电企业

如图 2-1 所示，发电环节已实现多元化市场竞争格局。截至 2008 年底，全国有各类发电企业 4300 余家，其中国有和国有控股企业占 90%。中央直属五大发电集团的装机容量约占全国装机容量的 44.9%；国家开发投资公司、神华集团有限责任公司、中国长江三峡工程开发总公司、华润电力控股有限责任公司、中国核电集团公司、中国广东核电集团有限责任公司等 6 家中央发电企业的装机容量约占 10.5%；地方规模较大的国有发电企业，如粤能、浙能、鲁能等 17 家的装机容量约占 13.3%；民营及外资发电企业的装机容量约占 5.7%。

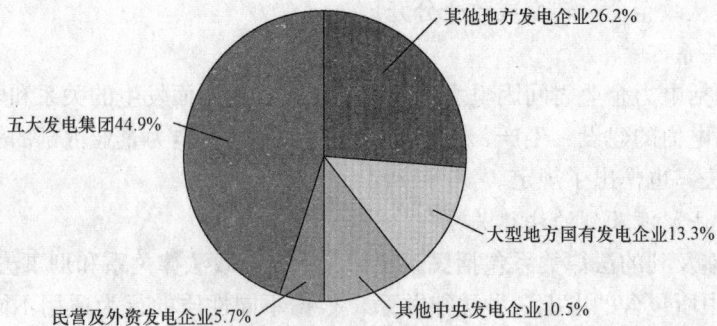

图 2-1　2008 年各类发电企业装机容量占全国总装机容量的比例

2. 输电企业

输电企业具有自然垄断地位。截至 2008 年底，全国省级及以上的输电企业 38 家，其中省级输电企业 31 家。

按照输电的规模分，国家电网公司为跨区域的超大型输电企业，业务范围覆盖 25 个省（自治区、直辖市），是世界上最大的输电企业；中国南方电网有限责任公司为跨省的超区域性的输电企业，业务范围覆盖 5 个省（自治区、直辖市）；内蒙古电力集团有限责任公司等省级电力企业，在一省（自治区）内独立经营。

3. 供电企业

供电企业是指在一个特定的区域内从事配电和售电业务的企业。目前，全国地（市）、县两级供电企业共计 3172 家，其中地（市）级供电企业 431 家，县级供电企业 2741 家（见表 2-1）。企业的经营形态多样，大部分不是独立法人企业，按所有制划分有中央国有、地方国有、民营、股份制等多种类型；按经营形式划分为直管、代管、独立经营等类型，同时还存在"自发自供"以及"转供电"等特殊业务类型。

表 2-1 单位：家

全国供电企业数量统计

单　　位	地　市　级	县　　级	合　　计
国家电网公司	309	1892	2201
南方电网有限责任公司	63	338	401
西藏电力公司	7	32	39
新疆建设兵团	—	30	30
地方水电	—	231	231
内蒙古电力集团有限责任公司	10	73	83
陕西地方电力集团公司	1	66	67
山西国际电力集团公司	2	12	14
广西水利电力集团	—	43	43
其　　他	39	24	63
合　　计	431	2741	3172

注 国家电网公司和南方电网有限责任公司统计数据中含其代管的县级供电企业。

4. 电力承装（修、试）企业

截至 2008 年底，全国已取得电力承装（修、试）许可的企业有 7464 家，这些企业除了包括在电力体制改革中从电力发电、输电和供电等主业剥离的承装（修、试）企业已转为多经产业并得到许可认证的企业外，还包括其他得到许可认证的电力承装（修、试）工作的企业。电力承装（修、试）等工作已从体制上逐步打破了原垄断格局，电力工程的承装（修、试）工作已按照国家有关的规定以招投标的形式优选施工单位的方式进行。

（二）我国电力体制的变革

我国电力体制的变革，大体可分为三个阶段。

新中国成立 60 年以来，中国电力体制的变革，大体可分为三个阶段。第一阶段从 1949～1978 年，电力工业管理实行政企合一、垂直垄断的管理体制；第二阶段，从 1978～1997 年，电力工业对政企分开、市场化管理体制进行了探索；第三阶段自 1997 年至今，逐步实行政企分开、市场化管理的新体制。

随着电力体制改革的逐步深入，《电力法》的立法背景和条件已发生了深刻变化，政企分开，职能转变，新型的电力管理体制正在建立，厂网分开、竞价上网等正稳步推进，如何通过立法加以必要的引导和规范，需要通过修改《电力法》予以界定和确认。如在第二阶段，从1978～1997年，中国电力工业在经历了近20年的改革探索时期，电力工业对政企分开、市场化管理体制进行了探索，终于走上了电力生产企业和电网经营企业并存的道路。由于多渠道、多模式、多元化的集资办电，全国拥有了大批大中小型的独立发电企业，中央电力企业与独立发电企业几乎达到平分秋色的程度；由于这段时期对发电企业给予征收电力建设基金和还本定价的优惠政策，而对输电、配电、售电缺乏相应的政策支持，输配电的发展受到投资的制约，不少省（市、自治区、直辖市）将原来属于直属、直供的供电企业转变为趸售电企业，到1996年全国农村供电企业中，中央电力企业只拥有1/3的县供电企业，2/3成为趸售县和自发自供县。在电源建设上出现了小型燃煤电厂和无调节小水电的迅猛发展，出现了上网电价高，发电能源浪费严重，生态环境遭到破坏的现象；在农电建设和管理上，出现了对农电的投资不足，农电管理体制不顺，农村电网技术装备水平落后、线损高，农村电价电费的管理、检查、监督不到位，乱加价、乱摊派、乱收费和权利电、人情电、关系电等严重现象。这些问题都有待依靠不断健全的电力法制，通过电力体制进一步的改革和发展来解决。第三阶段，1997年至今，逐步实行政企分开、市场化管理的新体制随着电力体制改革的逐步深入，职能正在转变，新型的电力管理体制正在建立，几年来，电力法律、法规及其电力行政执法体系正在逐步完善，这在一定程度上有利于《电力法》的执行效力和严肃性。随着政企分开，电力管理部门将进一步加强行政管理职能，加强执法监督，促进电力行政执法体系的建立和规范，推动电力依法行政。《电力法》确认了电力投资者、经营者和使用者的法律地位，明确了相互的权利义务关系。但在法律责任的承担上，还存在责任不清、可操作性不强等问题，《电力法》的有关规定难以真正落到实处。在今天的改革形势下，如关于电价的规定仍有许多不适应的地方，还需要增加公平接入的规定，增加保护消费者权益的规定等；现行的《电力法》缺少关于电力监管的规定，因此，增加监管机构，对监管原则、监管权力、监管技术与手段、监管程序以及对监管机构的监督等应作出明确规定。

《电力法》自1996年施行以来，在我国电力工业的法制化建设中发挥了重要的作用，增强了全社会依法的意识和自觉性，为促进我国电力工业的改革发展和电力系统的安全稳定运行提供了法律保障。由于《电力法》的起草过程正处在电力紧缺时期，电力供需矛盾十分突出，加上历史的局限性，《电力法》有关法律条款对于目前电力体制改革中的主要问题，如价格形成机制、市场监管体系、电力垄断以及节能减排等方面，已不能适应完善社会主义市场经济和电力体制改革与发展的要求。随着我国现代化进程的不断推进，电力工业经历了政企分开、厂网分开等一系列重大改革，电力发展方式和管理方式由计划向市场、由行政管理向依法监管转变，出现了许多新矛盾和新问题，如现行法律没有对厂网分开、竞价上网等作出规定，电价的制定和审批等已不适应市场经济的需要；有关电力市场的公开、公平、公正调度，电力交易规则，市场定价，电力管制等原则和内容在《电力法》中都没有规定；对电力设施保护的主体、范围，政府部门、执法机构、电力企业在电力设施保护中的职责及打击盗窃、破坏电力设施犯罪的措施等均需要进行适时的修订。修订工作须以邓小平理论和"三个代表"重要思想为指导，坚持科学发展观和依法行政的要求，按照以人为本和统筹兼顾、协调发展的原则，围绕电力改革发展及电力市场化建设的目标。要坚持改革创新，科学民主决策，突出电力事业的公共安全性和公用性，把完善电力行政执法体系与转变政府职能和管理方式结合起来；把建立电力设施保护长效合作机制与完善社会主义市场经济体制结合起来；把调动广大群众依法护电的积极性与保护最广大人民利益结合起来。随着电力工业的迅速发展，目前正在围绕打破垄断，引入竞争，建立统一、开放、竞争、有序的电力市场，提高整个电力行业效率，促进电力工业的可持续发展的目标，进行深层次的体制改革。

按照电力体制改革的总体目标和电力工业加快发展的长远要求，应对电力规划与建设，电力投资与融资；电力市场体系建设，电力监管体系建设；电价与电价机制，鼓励、支持可再生能源、洁净能源、新能源发展；加强资源综合利用，注重开发和节约并重，经济、社会、环境、资源相互协调，有关产业协调配套，相互适应，可持续发展；规范普遍服务，加强电力需求管理等进行相应的规范。1999 年 10 月 1 日实施的《中华人民共和国合同法》（以下简称《合同法》），对电力供用电合同作出了明确的规定，同时为规范电力市场，保证电力市场的统一、开放、竞争、有序起到了作用。根据国务院第 432 号令，于 2005 年 2 月 28 日颁布的《电力监管条例》，2005 年 5 月 1 日起施行。国家电力监管委员会颁布了《电力市场运营基本规则（试行）》，使电力监管机构遵循依法、公正、透明的原则，独立行使电力市场监管职责。以上办法和规则的制定和实施，是国家电力体制改革中对原电力法规体系的补充和完善。

《电力法》中存在着一些与社会主义市场经济要求不相适应的内容和规定，电力事业的监督管理、电力行政执法问题、电网调度管理的公开、公平、公正问题，电力市场的建立与运行、电价与电费的确定原则，供用电秩序的维护，法律主体的法律责任等问题应当以与相关法律的原则、规定相统一。这些问题有些已随着《合同法》和有关的司法解释遵循新原则进行实施，但有的部分还亟待通过《电力法》的修改加以解决，以切实维护电力企业、投资者和电力用户的合法权益，积极稳妥地推进电力体制改革。目前《电力法》修改草案已经完成，但何时能够讨论通过并施行还无法确定。

第三节 《电力法》的基本内容

本节将《电力法》中的供用电合同和电力设施保护两部分内容在第三、四章作专门阐述外，其他部分内容归纳为八个方面进行阐述。

一、关于电力组织的设定及职责

按照民法通则从法人的角度对组织分类，可分为机关法人、事业法人、社会团体法人和企业法人四类。《电力法》第一次从法律上确定了电力行业的政企分开问题。

（一）电力管理部门

电力管理部门主要指电力企业的监督管理部门，是电力行业的行政主体，是机关法人，由国家到地方表现有不同层次，国务院电力管理部门是电力行业的最高管理部门。

《电力法》第六条规定："国务院电力管理部门负责全国电力企业的监督管理。国务院有关部门在各自的职责范围内，负责电力企业的监督管理。县级以上地方人民政府经济综合主管部门，是本行政区域内的电力管理部门，负责电力企业的监督管理。县级以上地方人民政府有关部门在各自的职责范围内负责电力企业的监督管理。"为了保障电力建设、生产、供应的正常进行，保障《电力法》的贯彻实施，按照国务院办公厅（1996）11 号通知，在现行电力工业管理体制改革后，由县级以上地方人民政府指定的经济综合部门履行电力管理部门的职责，不设立电力管制委员会。该条款从性质上明确了行政机关是政府经济综合管理部门，其主要职责是：

（1）协调决定并网协议的签订；

（2）审查批准供电营业许可；

（3）裁决供电人与用电人的停电纠纷；

（4）安排用电指标；

（5）批准进入电力设施保护区作业；

（6）对供电人与用电人进行监督检查。

（二）国家电力监管委员会（简称"电监会"）

1. 性质

电监会是事业单位，是被委托的行政主体，不是法律法规授权的行政主体，是事业法人。"国家电力监管委员会为国务院直属事业单位，根据国务院授权（委托），行使行政执法职能，依照法律、法规统一履行全国电力监管职责。"它不是一个政府的行政主管部门，而是政府授权对这个产业进行监管的一个独立的事业机构，它的运行方式跟政府的不同，是基于规则来的，如它没有价格、项目、供电专营许可审批权。

2. 职责

根据2003年2月24日国务院办公厅文件国办发〔2003〕7号发布的《国家电力监管委员会职能配置内设机构和人员编制规定》，其主要职责为：

（1）负责全国电力监管工作，建立统一的电力监管体系，对国家电力监管委员会的派出机构实行垂直领导。

（2）研究提出电力监管法律法规的制定或修改建议，制定电力监管规章，制定电力市场运行规则。

（3）参与国家电力发展规划的制定，拟定电力市场发展规划和区域电力市场设置方案，审定电力市场运营模式和电力调度交易机构设立方案。

（4）监管电力市场运行，规范电力市场秩序，维护公平竞争；监管输电、供电和非竞争性发电业务。

（5）参与电力技术、安全、定额和质量标准的制定并监督检查，颁发和管理电力业务许可证，协同环保部门对电力行业执行环保政策、法规和标准的情况进行监督检查。

（6）根据市场情况，向政府价格主管部门提出调整电价建议；监督检查有关电价；监管各项辅助服务收费标准。

（7）依法对电力市场、电力企业的违法、违规行为进行调查，处理电力市场纠纷。

（8）负责监督电力企业普遍服务政策的实施，研究提出调整电力企业普遍服务政策的建议；负责电力市场统计和信息发布。

（9）按照国务院的部署，组织实施电力体制改革方案，提出深化改革的建议。

（10）承办国务院交办的其他事项。

（三）中国电力企业联合会（简称中电联）

1. 性质

中电联的性质是社会团体法人，是民间机构、行业自律性的机构。它既不是企业，也不是行政机关和事业单位。

中电联《章程》第三至五条指出，中电联是全国电力企事业单位和电力行业性组织自愿参加的、自律性的全国性行业协会组织，是非营利性的社会团体法人。中电联以服务为宗旨，即接受政府委托，为政府和社会服务；根据行业约规，实行行业管理，为全行业服务；按照会员要求，为企业服务；沟通与政府机关、立法机关的联系，维护公平竞争，促进电力工业发展。中电联遵守宪法、法律、法规和国家政策，遵守社会道德风尚。中电联接受业务主管单位国家经贸委、登记管理机关民政部的业务指导和监督管理。

2. 职责

中电联《章程》第八条指出其职责是：

（1）研究电力行业的改革与发展问题，向政府及有关部门反映会员的要求，提出政策及立法方面的建议；参与行业发展规划和管理体制改革工作。

（2）组织制（修）订行业标准；组织制定自律性行规行约；负责电力行业可靠性管理；组织制定电力建设定额。

（3）负责电力行业的职业技能鉴定；开展电力行业需要的培训；管理中华电力教育基金会。

（4）开展电力行业有关的资质审查、质量认证和企业划型工作。

（5）组织和参与电力行业科技成果的评审与推广应用；开展现代化管理的研究，负责企业管理成果的评审与推广应用工作。

（6）组织和参与行业统计、调查，收集发布行业信息；组织经验交流，开展企业管理及法律事务等咨询服务。

（7）开展国际交流与合作、智力引进工作。

（8）编辑行业出版物，举办展览及技术交流与合作。

（9）维护会员的合法权益，维护电力行业内的公平竞争，协调会员关系。

（10）承办政府和有关部门及会员单位委托的其他有关事项，并受委托代管行业有关协会组织，指导电力行业协会的发展建设。

（四）电力企业

1. 性质

电力企业是严格按《公司法》组建的有限公司和股份公司，是企业法人，不是行政性公司。

2. 职责

《电力法》第七条规定：电力建设企业、电力生产企业、电网经营企业依法实行自主经营、自负盈亏，并接受电力管理部门的监督。

二、关于供电营业区和电网调度问题

（一）政府特许、垄断经营

《电力法》第二十五条规定："供电企业在批准的供电营业区内向用户供电。"供电营业区的划分，应当考虑电网的结构和供电合理性等因素。一个供电营业区内只设立一个供电营业机构。

省、自治区、直辖市范围内的供电营业区的设立、变更，由供电企业提出申请，经省、自治区、直辖市人民政府电力管理部门会同同级有关部门审查批准后，由省、自治区、直辖市人民政府电力管理部门发给《供电营业许可证》。跨省、自治区、直辖市的供电营业区的设立、变更，由国务院电力管理部门审查批准并发给《供电营业许可证》。供电营业机构持《供电营业许可证》向工商行政管理部门申请领取营业执照，方可营业。

这一规定体现了供电营业须经政府特许，电力经营企业具有经营的垄断性。

（二）提供普遍服务的义务

供电企业虽然和用户都是平等的民事主体，但由于是垄断经营，从政府处取得特许，因此其义务要多于一般在竞争中提供服务的企业。

《电力法》第二十六条规定，供电营业区内的供电营业机构，对本营业区内的用户有按照国家规定供电的义务；不得违反国家规定对其营业区内申请用电的单位和个人拒绝供电。

申请新装用电、临时用电、增加用电容量、变更用电和终止用电，应当依照规定的程序办理手续。

供电企业应当在其营业场所公告用电的程序、制度和收费标准，并提供用户须知资料。

三、停电程序问题

如上述同样的理由，供电企业不得借口用户欠费违约而停电。

《电力法》第二十九条规定，供电企业在发电、供电系统正常的情况下，应当连续向用户供电，不得中断。因供电设施检修、依法限电或者用户违法用电等原因，需要中断供电时，供电企业应当按照国家有关规定事先通知用户。

根据《电力供应与使用条例》、《供电营业规则》的规定，中止供电可分为三种不同程序：

（1）因①计划检修，②临时检修，③故障停电、限电或计划停、限电三种情况需要中止供电时，须事先通知用户或公告。

（2）供电企业对用户停止供电时应经有审批权限的领导批准，并在规定时间为将停电通知送达用户，停电前须再次通知。

（3）有不可抗力和紧急避险或确有窃电行为时，可不经批准即刻中止供电，但应事后报告。

四、电力供应与使用

1. 电力运行事故引起家用电器损坏的有关法律责任

（1）承担赔偿的前提是：

1）供电企业负责维护、管理的线路；

2）造成的事故是供电企业的责任。

（2）供电企业负责赔偿的办法按照《居民家用电器损坏处理办法》（见附录）第二～十二条规定。

2. 违章用电的法律责任

（1）违章用电的类型：

1）擅自改变用电类别；

2）擅自超过合同约定的容量用电；

3）擅自超过计划分配的用电指标；

4）擅自使用已经在供电企业办理暂停使用手续的电力设备，或者擅自启用已经被供电企业查封的电力设备；

　　5）擅自迁移、更动或者擅自操作供电企业的用电计量装置、电力负荷控制装置、供电设施以及约定由供电企业调度的用户受电设备；

　　6）未经供电企业许可，擅自引入、供出电源或者将自备电源擅自并网。

　　（2）违章用电的法律责任。

　　对违章用电的处理，《电力法》第六十五条指出，危害供电、用电安全或者扰乱供电、用电秩序的，由电力管理部门责令改正，给予警告；情节严重或者拒绝改正的，可以中止供电，可以并处五万元以下的罚款。

　　（3）用户拖欠电费的法律责任。

　　《供电营业规则》第九十八条指出，用户在供电企业规定的期限内未交清电费时，应承担电费滞纳的违约责任。电费违约金从逾期之日起计算至交纳日止。每日电费违约金按下列规定计算：

　　1）居民用户每日按欠费总额的 1‰ 计算。

　　2）其他用户：

　　①当年欠费部分，每日按欠费总额的 2‰ 计算；

　　②跨年度欠费部分，每日按欠费总额的 3‰ 计算。

　　电费违约金收取总额按日累加计收，总额不足 1 元者按 1 元收取。

五、电网调度问题

　　电网的垄断性和对国家安全的重要性也决定电网企业的经营自主权受到一定的限制。

　　《电力法》第二十一条和第二十二条指出，电网运行实行统一调度、分级管理。任何单位和个人不得非法干预电网调度。

　　国家提倡电力生产企业与电网、电网与电网并网运行。具有独立法人资格的电力生产企业要求将生产的电力并网运行的，电网经营企业应当接受。此处的规定为强制性规定，电力企业的缔约自由受到限制。

　　并网运行必须符合国家标准或者电力行业标准。

　　并网双方应当按照统一调度、分级管理和平等互利、协商一致的原则，签订并网协议，确定双方的权利和义务；并网双方达不成协议的，由省级以上电力管理部门协调决定。此规定说明行政可以干预。

六、关于电价

　　电价由政府定价，法律规定企业不得自主定价。

　　《电力法》第三十五条规定，本法所称电价，是指电力生产企业的上网电价、电网间的互供电价、电网销售电价。电价实行统一政策、统一定价原则，分级管理。

　　《电力法》第三十七～四十三条指出：

　　（1）上网电价实行同网同质同价。具体办法和实施步骤由国务院规定。

　　电力生产企业有特殊情况需另行制定上网电价的，具体办法由国务院规定。

　　（2）跨省、自治区、直辖市电网和省级电网内的上网电价，由电力生产企业和电网经营企业协商提出方案，报国务院物价行政主管部门核准。

　　独立电网内的上网电价，由电力生产企业和电网经营企业协商提出方案，报有管理权的物价行政主管部门核准。

　　地方投资的电力生产企业所生产的电力，属于在省内各地区形成独立电网的或者自发自用的，其电价可以由省、自治区、直辖市人民政府管理。

（3）跨省、自治区、直辖市电网和独立电网之间、省级电网和独立电网之间的互供电价，由双方协商提出方案，报国务院物价行政主管部门或者其授权的部门核准。

独立电网与独立电网之间的互供电价，由双方协商提出方案，报有管理权的物价行政主管部门核准。

（4）跨省、自治区、直辖市电网和省级电网的销售电价，由电网经营企业提出方案，报国务院物价行政主管部门或者其授权的部门核准。

独立电网的销售电价，由电网经营企业提出方案，报有管理权的物价行政主管部门核准。

（5）国家实行分类电价和分时电价。分类标准和分时办法由国务院确定。

对同一电网内的同一电压等级、同一用电类别的用户，执行相同的电价标准。

（6）用户用电增容收费标准，由国务院物价行政主管部门会同国务院电力管理部门制定。

（7）任何单位不得超越电价管理权限制定电价。供电企业不得擅自变更电价。

七、关于电力监督检查

《电力法》第五十六～五十八条指出：

（1）电力管理部门可依法对电力企业和用户执行电力法律、行政法规的情况进行监督检查。

（2）电力管理部门根据工作需要，可以配备电力监督检查人员。电力监督检查人员应当公正廉洁，秉公执法，熟悉电力法律、法规，掌握有关电力专业技术。

（3）电力监督检查人员进行监督检查时，有权向电力企业或者用户了解有关执行电力法律、行政法规的情况，查阅有关资料，并有权进入现场进行检查。

电力企业和用户对执行监督检查任务的电力监督检查人员应当提供方便。

电力监督检查人员进行监督检查时，应当出示证件。

上述监督检查的主体是行政机关，其权力由法律赋予，是典型的行政行为。在《电力法》、《电力供应与使用条例》第三十六条中均有明确规定。

八、关于法律责任

根据电力法律法规的有关规定，违反电力法律、法规行为所应承担的法律责任包括民事责任、行政责任和刑事责任三类。

（一）民事责任

民事责任主要是财产责任，承担责任的主要方式是赔偿损失。

民事责任可分为违反合同责任和侵权责任。违反合同责任是指不履行或者不完全履行合同应当承担的民事责任，包括侵害人身权和物权。如发生电力运行事故给用户或者第三人造成损害应承担的民事责任，则属于侵权责任。侵权责任与违反合同责任是不同的，违反合同责任在签订合同时就可以约定，侵权责任无法事先约定，只能由法律规定。

（1）违反供用电合同的责任详见第三章的阐述。

（2）电力运行事故损害赔偿的民事责任。

《电力法》第六十条第一款规定："电力运行事故给用户或者第三人造成损害的，电力企业应当依法承担赔偿责任。"这是关于侵权责任的规定。如果电力运行事故给用户或第三人造成人身损害的，应当依照《民法通则》的具体规定，赔偿相应的财产损失。

电力运行事故的原因很多，包括电力企业的原因、用户或者第三人的原因，也可能是不可抗力。但并不是在任何情况下电力企业都要承担赔偿责任。《电力法》第六十条第二款规定：①不可抗力；②用户自身的过错的免责条件下，电力企业不承担赔偿责任。

不可抗力是指不能预见、不能避免并不能克服的客观情况，包括地震、台风、泥石流等自然现象，也包括战争等社会现象。

该条第三款规定，因用户或者第三人的过错，给电力企业或者其他用户造成损害的，该用户或者第三人应当依法承担赔偿责任。

（二）行政责任

行政责任是由于行为人违反行政法律义务，由国家行政机关依法给予的一种行政制裁。它包括惩罚性的行政责任和补救性的行政责任。行政责任的形式包括行政处分和行政处罚。

（1）行政处分的形式有警告、记过、记大过、降级、降职、撤职、留用察看、开除等八种。

（2）《电力法》规定的行政处罚的形式有：

1）责令改正，包括责令限期改正，责令停止违法行为，责令停止建设，责令停止作业，责令强制拆除、砍伐等。

2）责令赔偿损失，由行政机关强制赔偿，是行政处罚的一种。

3）没收或责令返还非法财物，包括没收违法所得、没收违法使用的设备，或者是责令返还多收的费用。

4）中止供电。

5）警告。

6）罚款。

7）治安处罚，包括行政拘留、劳动教养。

（3）具体的电力违法行为及其行政责任有：

1）非法占用变电设施用地、输电线路走廊或者电缆通道的，由县级以上地方人民政府责令限期改正；逾期不改正的，强制清除障碍。

2）电力建设项目不符合电力发展规划、产业政策的，由电力管理部门责令其停止建设。

3）电力建设项目使用国家明令淘汰的电力设备和技术，由电力管理部门责令其停止使用，没收国家明令淘汰的电力设备，并处五万元以下罚款。

4）未经许可从事供电或者是变更营业区的，由电力管理部门责令改正，没收违法所得，可以并处违法所得五倍以下的罚款。

5）供电企业拒绝供电或者中断供电的，由电力管理部门责令其改正，并予以警告；情节严重的，对有关主管人员和直接责任人员给予行政处分。

6）危害供电、用电安全或者扰乱供电、用电秩序的，由电力管理部门责令其改正，并给予警告；情节严重或者拒绝改正的，可以中断供电，可以并处五万元以下的罚款。

7）未按照国家核准的电价和用电计量装置的记录向用户计收电费、超越权限制定电价或者在电费中加收其他费用的，由物价行政主管部门给予警告，责令返还违法收取的费用，可以并处违法收取费用五倍以下的罚款；情节严重的，对有关主管人员和直接责任人员给予行政处分。

8）减少农业和农村用电指标的，由电力管理部门责令其改正；情节严重的，对有关主管人员和直接责任人给予行政处分；造成损失的，责令其赔偿损失。

9）未经批准或者未采取安全措施，在电力设施周围或者在依法制定的电力设施保护区域内进行作业，危及电力设施安全的，由电力管理部门责令其停止作业，恢复原状并赔偿损失。

10）在依法划定的电力设施保护区内修建建筑物、构筑物，或者种植物、堆放物品，危及电力设施安全的，由当地人民政府责令其强制拆除、砍伐或者清除。

11）阻碍电力建设或者电力设施抢修的，扰乱电力生产企业、变电站、电力调度机构和供电企业的秩序的，殴打、侮辱履行职责的查电人员或者抄表收费人员的，拒绝、阻碍电力监督和检查人员依法执行公务的，由公安机关依照《治安管理处罚条例》的规定给予治安管理处罚。

12）盗窃电能，尚未构成犯罪的，由电力管理部门责令停止违法行为，追缴电费并处应交电费五倍以下的罚款。

13）电力管理部门的工作人员滥用职权、玩忽职守、徇私舞弊，尚未构成犯罪的，依法给予行政处分。

14）电力企业的管理人员和查电人员、抄表收费人员勒索用户，以电谋私，尚不构成犯罪的，依法给予行政处分。

（三）刑事责任

电力法律、法规主要规定了五类电力违法行为的刑事责任。

1. 盗窃或破坏电力设施的刑事责任

《电力法》第七十二条规定："盗窃电力设施或者以其他方法破坏电力设施，危害公共安全的，依照刑法第一百零九条或者第一百一十条（修定后的《刑法》为第一百一十八条和第一百一十九条。罪名是危害公共安全罪）的规定追究刑事责任。"

2. 盗窃电能构成犯罪的刑事责任

《电力法》第七十一条规定："盗窃电能的，由电力管理部门责令停止违法行为，追缴电费并处应交电费五倍以下的罚款；构成犯罪的，依照刑法第一百五十一条或者第一百五十二条（修定后的《刑法》为第二百六十四条和第二百六十六条。罪名是侵犯财产罪）的规定追究刑事责任。"

3. 滥用职权罪、玩忽职守罪的刑事责任

《电力法》第七十三条规定："电力管理部门的工作人员滥用职权、玩忽职守、徇私舞弊，构成犯罪的，依法追究刑事责任；尚不构成犯罪的，依法给予行政处分。"其法律依据是修订后的《刑法》第三百九十七条，罪名是滥用职权罪或玩忽职守罪。

4. 重大责任事故的刑事责任

《电力法》第七十四条规定："电力企业职工违反规章制度、违章调度或者不服从调度指令，造成重大事故的，比照刑法第一百一十四条（修定后的《刑法》为第一百三十四条。罪名是重大责任事故罪）的规定追究刑事责任。电力企业职工故意延误电力设施抢修或者抢险救灾供电，造成严重后果的，比照刑法第一百一十四条（修定后的《刑法》为第一百三十四条）的规定追究刑事责任。"

5. 妨害公务罪的刑事责任

使用暴力等威胁手段，拒绝、阻碍电力监督检查人员依法执行公务的，构成妨害公务罪，应依照修订后的《刑法》第二百七十七条追究刑事责任，罪名是扰乱公共秩序罪。

本 章 小 结

《电力法》自 1996 年 4 月 1 日起施行，与《电力法》相配套的《电力设施保护条例》、《电网调度管理条例》、《电力供应与使用条例》、《电力监管条例》、《供用电监督管理办法》、《用电检查管理办法》、《供电营业规则》、《供电营业区划分及管理办法》、《居民用户家用电器损坏处理办法》、《电力行业标准化管理办法》等法规、规章陆续颁布实施，初步形成了以《电力法》为龙头，以电力行政法规、电力地方性法规和电力规章等相配套的电力法律、法规体系。

本章介绍了电力法律法规体系的构成，阐述了电力法的立法宗旨、原则及制定《电力法》的必要性、作用和电力法所调整的主要法律关系，并阐述了电力法八个方面的基本内容。

思 考 与 练 习 题

1. 我国电力法律法规体系由哪些部分组成？
2. 简述《电力法》的地位和作用。
3. 《电力法》所调整的纵向和横向法律关系有哪些？
4. 《电力法》设定了哪几种电力组织？它们的职责是什么？
5. 简述《电力法》的基本内容。

第 三 章

电 力 法 规

电力法规作为电力法律体系中的重要组成部分，在电力建设、生产、供应与使用的过程中起着重要的作用。正如第二章所述，我国目前颁布的电力行政法规有《电力设施保护条例》、《电网调度管理条例》、《电力供应与使用条例》和《电力监管条例》，本章重点介绍上述电力法规的主要内容。

第一节 《电力设施保护条例》内容简介

一、电力设施保护概述

（一）电力设施保护的含义

电力设施，作为电力设施保护工作的对象，是指与发、变、输、供、用电以及电力工程建设有关的一切设施的总称。也就是说，凡是发电厂、变电站区域内的发电设施、变电设施、送电设施以及厂、站区域外的供电、输电设施和辅助设施，及在建电力设备等，都属于电力设施。例如，火力发电厂的热力设备锅炉、汽轮机、燃气机等；水力发电厂的水轮机、水工建筑物等；供电企业和变电站的变压器、断路器、隔离开关，以及输变电线路的杆塔、基础和电力电缆及标志牌等。电力设施保护是指为确保电力设施正常运行和安全所采取的一系列保护措施。

（二）电力设施保护的必要性

电力设施保护的对象是电力设施，电力设施保护工作则是通过行政行为、司法行为、企业行为以及个人行为共同完成的，电力设施保护工作除了保障电力企业生产和建设的顺利进行外，更重要的是维护公共安全。

1. 电力事业的性质和电力生产的特点要求必须加强电力设施保护

电力是发展国民经济的动力能源，又是为社会服务的公用事业，关系到各行各业的生产、工作和亿万人民的生活。一旦生产、输送电力的设施遭到破坏，发生突然停电，就会影响社会秩序、生产秩序、工作秩序、教学科研和人民生活秩序，甚至危及人身安全，损害人民健康。

由于电力生产的特点是生产、分配、销售、用电四个环节在同一时间内完成，整体性强，联系紧密，只要某一部位发生问题，都会产生连锁反应，殃及全局。因此，保证电力设施不遭外力破坏，做到不间断地、安全稳定地发供电，在政治上、经济上和人民生活方面，都具有十分重要的意义。

从政治上讲，保护电力设施是为了保证党中央和地方各级党、政、军机关的正常活动，保证国防和军工部门的正常工作，保证海、陆、空交通及通信、广播、外交等要害部门的正常工作。如果电力设施受到破坏、中断电源，就会使各方面的工作受到干扰甚至陷于混乱，在政治上造成严重后果。

从经济上讲，电是各种现代化工业生产的动力。工厂、矿山、乡镇企业生产、抗旱排涝、粮食加工都离不开电。所以，中断供电会给国家造成不可估量的经济损失。电力设施担负着生产、输送、分配电力的重要任务，是电力企业生产经营的物质基础。如果重要输电线路发生事故，还会引起整个电网瓦解，造成大面积停电，使众多的企业和经济部门同电力企业一样同时遭受严重的损失，甚至使现代化大都市的经济、生活陷于瘫痪。

从人民生活来讲，如果电力设施遭到破坏，造成停电，将严重影响人民的正常生活，危及人身安全，损害人民健康。如果矿井突然停电，可能会造成水淹矿井、瓦斯爆炸，进而危及井下作业的千千万万工人的生命；如果医院突然停电，可能会使正在动手术的病人丧失生命；如果城市突然停电，还会造成公共场所秩序混乱，危及社会治安和公共安全。

2. 大量电力设施遭受破坏的事实，说明必须加强电力设施保护

目前，盗窃电力设施器材、威胁电网安全运行的现象已成为各地共同面临的一个突出问题，严重危及到我国电力生产的正常进行和社会公共安全。

根据国家有关部门 2004 年 6 月的不完全统计，自 1998～2002 年，全国盗窃破坏电力设施案件在公安机关立案 32907 起，因盗窃破坏电力设施累计造成停电次数 2.2 万次、停电时间 11 万 h、少送电量 2 亿 kWh，直接经济损失高达 4.4 亿元。虽经各方努力加大打击力度，破坏电力设施的犯罪仍逐年递增，其中，2002 年比 1998 年各项数据上升了 30%～50%。2003 年全国盗窃破坏电力设施案件在公安机关立案 31771 起，造成直接损失 3.15 亿元。2003 年盗窃破坏电力设施案件发案率比 2002 年上升了 12.67%，造成损失比 2002 年增加 2 亿元。2004 年 1～4 月份，国家电网公司系统因盗窃破坏电力设施引发的电网和设备事故同比增加 19.7%。2004 年一季度，南方电网公司系统共发生被盗窃破坏电力设施案件 3286 起，造成经济损失 3378 万元。日益严重、高发的电力设施被盗窃破坏案件，不仅严重影响到电力的安全运行，而且危害到国家经济建设和社会稳定，因此受到国务院的关注。国家电监会成立以后，按照国务院的统一部署，会同公安部等有关部门，加大打击盗窃破坏电力设施犯罪的力度，并取得明显成效。2003 年第四季度，我国有关部门在盗窃破坏电力设施犯罪高发、严重的河北、江苏、山东、四川、甘肃等十五个省、市、自治区开展了打击盗窃破坏电力设施犯罪的专项行动，共破获涉嫌破坏电力设施犯罪案件 9531 起，抓获犯罪嫌疑人 5391 人，对破坏电力设施犯罪起到了震慑作用，使江苏、河南、甘肃、青海等省破坏电力设施犯罪案件率分别下降 30%～50%。

大量的案例说明，加强电力设施保护，用法律手段维护国家利益和公共安全，使全国人民都能自觉地同破坏电力设施的违法犯罪分子作斗争具有重要意义。国家电监会在充分调研论证和广泛征求意见的基础上，向最高人民法院、最高人民检察院发出《关于对盗窃破坏电力设施窃电犯罪适用法律进行司法解释的函》，请其对有关盗窃破坏电力设施的立案、量刑标准及适用刑法条文等进行司法解释。正在修改的《电力法》将进一步明确电力设施保护的有关规定。

加强电力设施的保护，已成为当前一个刻不容缓的社会性问题。电网安全不仅是个生产问题，而且是个重大的政治性问题。保护好电力设施、确保电网安全是维护社会稳定、保证改革和发展顺利进行的一项十分重要的工作。

（三）电力设施保护的根本任务

《电力设施保护条例》（本节以下简称《条例》）第一条规定，电力设施保护的根本任务，是保障电力生产和建设的顺利进行，维护公共安全。

1. 保障电力生产的顺利进行

电力生产是由发、变、输、供、用电设施及其辅助设施相互连接组成的电力系统整体完成的。在这样一个整体系统中，各个环节的生产又是在同一瞬间完成。用多少电，就发多少电。如果一个环节的设施遭到破坏，整个系统都会受到影响。发电是生产电能的第一环节，如果发电机、汽轮机等发电设备遭到破坏，就不能生产出优质的电力能源。输变电设施是将电能从发电厂传递到用户的设施，如果遭到破坏，就会导致电能输送中断；供电设施是将高压输送过来的电能配变后直接送到千家万户的设施，是满足全社会生产、生活用电需要的终端设施，也是发电、输变电的最终目的地，一旦遭到破坏，就不能实现电力系统的正常运行。

在现代社会中，由于社会经济发展和人民日常生活对电力的需求和依赖性越来越强。保护电力设施的安全，是保证电力生产顺利进行的前提和基础，也是保障国民经济持续、稳步发展和人民生活秩序正常进行的前提和基础。

2. 保障电力建设的顺利进行

电力工业是国民经济的先行工业和基础工业，它渗透到国民经济的所有领域之中，国民经济每增长 1%，就要求电力工业增长 1% 以上。改革开放以来，我国电力建设发展很快，装机容量与发电量已居世界前列。但从总量和人均用电量来讲，电力的供应仍然不能满足国民经济和社会发展的需求，因电力短缺制约国民经济和社会发展的局面仍然没有根本解决，电力建设的任务仍然十分艰巨，其中防止不法分子对电力建设的破坏也是一个重要的方面。许多违法犯罪分子为了个人私欲，十分猖狂地盗窃电力建设物资和正在安装或已安装完成的电力设施，使电力建设不能顺利进行，严重地影响电力设施的投入使用。有的地区刚架设的高压输电线路，还在调试或验收、准备投运时，被破坏分子盗割几千米长的输电线，使其不能投入运行，严重地干扰了国民经济的有序发展。

3. 维护公共安全

公共安全就是全社会或大多数人的安全。在现代社会中，由于各种公共设施日益增多，这些设施在给社会带来便捷的同时，也潜伏着极大的危害，如煤气管道、火车铁轨等公共设施，一旦遭到外力破坏，都将带来不堪设想的后果。电力设施作为公共设施同样也具有这样的特点。因此，打击破坏公共设施犯罪，维护公共安全，有着极其重要的意义。

我国《刑法》分则规定的犯罪中，危害公共安全罪是除危害国家安全罪以外客观危险性最大的一类犯罪。危害公共安全罪是指故意或者过失地实施危害，或者足以危害不特定多数人的生命、健康，或者是以危害重大公私财产以及社会生产、工作、生活安全的行为。这类犯罪行为一经实施，往往造成或者可能造成不特定多数人的伤亡，大量公私财产的毁损和社会正常的生产、工作、生活秩序的严重破坏，影响社会的安宁和稳定。近年来，放火，爆炸，投毒，盗窃，抢夺枪支、弹药、爆炸物及交通工具、交通设备，交通肇事，重大责任事故等严重危害公共安全的案件不断发生。表现在破坏电力设备方面同样不容乐观，如 1996 年因野蛮施工，导致吊车将两条 220kV 高压输电线路撞断，引起首都北京大面积停电，致使全国政协主席李瑞环与外宾会谈中断；国家计委与国际联网的计算中心中断；股市行情信息停止传送；国家信息中心的卫星网络中断并丢失大量数据；中央人民广播电台、国际广播电台停播。1998 年，京广线武汉段铁路因 220kV 铁塔被炸，也造成京广铁路大动脉中断近 3h 的重大危害公共安全的案件。1999 年，湖北省鄂州程潮铁矿 110kV 输电线路被剪断，造成 400 余工人井下滞留 9h，险些造成群伤群亡。这些案件给国家和人民造成了极为严重的损失，损害了国家声誉，影响了我国改革开放和社会主义现代化建设的进程。因此，加强电力设施保护，维护社会公共安全，保证社会稳定，具有十分重大的积极意义。

（四）电力设施保护范围和保护区

1. 电力设施保护范围

《条例》规定，凡是发电厂、变电站区域内的发电设施、变电设施、送电设施以及发电厂、所区域外的供电、输电设施和辅助设施（如通信设施、计量设施等），都属于电力设施保护范围，依据使用性能的不同，将电力设施的保护范围分为两大类：第一类是发电设施和变电设施的保护范围；第二类是电力线路设施的保护范围。

（1）发电设施、变电设施的保护范围：①发电厂、变电站、换流站、开关站等厂、站内的设施；②发电厂、变电站外各种专用的管道（沟）、储灰场、水井、泵站、冷却水塔、油库、堤坝、铁路、道路、桥梁、码头、燃料装卸设施、避雷装置、消防设施及有关辅助设施；③水力发电厂使用的水库、大坝、取水口、引水隧洞（含支洞口）、引水渠道、调压井（塔）、露天高压管道、厂房、尾水渠、厂房与大坝间的通信设施及有关辅助设施。

（2）电力线路设施的保护范围：①架空电力线路：杆塔、基础、拉线、接地装置、导线、避雷线、金具、绝缘子、登杆塔的爬梯和脚钉、导线跨越航道的保护设施、巡（保）线站、巡视检修专用道路、船舶和桥梁、标志牌及有关辅助设施；②电力电缆线路：架空、地下、水底电力电缆和电缆连接装置、电缆管道、电缆隧道、电缆沟、电缆桥、电缆井、盖板、人孔、标石、水线标志牌及有关辅助设施；③电力线路上的变压器、电容器、电抗器、断路器、隔离开关、避雷器、互感器、熔断器、计量仪表装置、配电室、箱式变电站及有关辅助设施；④电力调度设施：电力调度场所、电力调度通信设施、电网调度自动化设施、电网运行控制设施。

2. 电力线路保护区

《条例》规定了电力设施的保护区。电力设施保护区可分为架空电力线路保护区和电力电缆线路保护区。

（1）架空电力线路保护区。导线边线向外侧水平延伸并垂直于地面所形成的两平行面内的区域，在一般地区各级电压导线的边线延伸距离如下：

1～10kV	5m
35～110kV	10m
154～330kV	15m
500kV	20m

在厂矿、城镇等人口密集地区，架空电力线路保护区的区域可略小于上述规定。但各级电压导线边线延伸的距离，不应小于导线边线在最大计算弧垂及最大计算风偏后的水平距离和风偏后距建筑物的安全距离之和。

（2）电力电缆线路保护区。地下电缆为电缆线路地面标桩两侧各 0.75m 所形成的两平行线内的区域；海底电缆一般为线路两侧各 2 海里（港内为两侧各 100m），江河电缆一般不小于线路两侧各 100m（中、小河流一般不小于各 50m）所形成的两平行线内的水域。

二、电力设施保护的法律关系

（一）电力设施保护法律关系的概念

电力设施保护法律关系，是指由《电力法》、《条例》等一系列相关法律法规所调整的、人们在维护电力设施安全、处理电力设施与其他设施互相妨碍和打击危害电力设施违法行为过程中所形成的权利和义务关系。它涉及以下关系：①国家各管理部门之间因保护电力设施而发生的关系；②各级人民政府之间因保护电力设施面发生的关系；③各级人民政府各管理部门、电力企业、其他企业、公司、公民之间因保护电力设施而发生的关系。

（二）电力设施保护法律关系的构成要素

电力设施保护法律关系由构成其的主体、客体、内容三要素组成。

1. 电力设施保护法律关系的主体

电力设施保护法律关系的主体是指电力设施保护活动中，行使权利、履行义务的当事人，具体包括各级人民政府有关部门、电力管理部门、司法机关、电力企业、社会组织及自然人。

（1）人民政府。根据《电力法》、《条例》的规定，各级人民政府的职能是通过有关部门实现的，各有关部门应在各自的分工范围内协同电力管理部门把电力设施保护工作做好。

（2）电力管理部门。电力管理部门是执行《电力法》和实施电力建设、生产、供应、管理、保护的主管部门。依照法律、法规的规定，保护电力设施的安全是其不可推卸的法定职责。在电力设施保护过程中具有电力行政执法权，对违法危害、损害、破坏电力设施的行为人有惩罚权，对妨碍电力设施安全的其他设施主管部门具有协调权。

（3）司法机关。它包括公安机关、检察机关和人民法院。公安机关属行政执法机关，又是刑事侦察机关。在电力设施保护中，公安机关负责侦察破坏电力设施的案件，追查构成犯罪的破坏分子。人民检察机关，是监督机关，同时又是检察机关，对损坏电力设施的行为，造成事故的违法犯罪分子进行公诉。人民法院，是对破坏电力设施的犯罪分子、违法分子予以审判，追究刑事责任进行处罚、行政责任或民事责任的机关。

（4）电力企业。电力企业是电力设施的管理者、使用者，是负责电力生产、输送、供应的重要主体，电力企业是电力生产、供应的唯一主体，也是电力设施保护法律关系的重要主体之一。

（5）社会组织。它是指一切社会组织，包括国家机关、社会团体、企事业单位、农村集体组织及个体经营单位等。依据《条例》的规定，一切单位和组织、个人都有保护电力设施的义务。所以，一切社会组织，都是电力设施保护法律关系的重要主体。

（6）自然人。自然人是指具有生存能力的任何人。《条例》规定任何人不得破坏电力设施，危害电力设备安全。自然人是电力设施保护的重要主体之一。因为保护行为是靠具体的自然人进行的，同时，破坏、损害、危害电力设施安全的行为，也是自然人实施的。

2. 电力设施保护法律关系的客体

电力设施保护法律关系的客体是指法律关系主体的权利和义务所指向的对象，即行为、物和一定社会关系。"行为"包括作为和不作为；"物"可以是电力设施也可以是其他物，如树木、竹、房屋等；这里的社会关系是电力设施保护法律法规关系所确认的和加以调整的部门之间、个人之间、部门与个人之间的制约关系。

总之，根据电力设备存在状态的不同，其法律关系的客体也不同。例如，破坏电力设施的行为，作为主体的行为人破坏的是"电力设施"这个物，但这种行为侵犯的社会关系是"公共安全"，因此，"公共安全"是电力设施保护法律关系的客体。

电力设施保护法律关系客体的特征是：

（1）客观性。电力设施保护法律关系的客体，是在法律关系主体行使权利、履行义务时所指向的对象，是客观存在的，是能为人们所感知和认识的。

（2）法律性。法律关系的客体，具有严格的法律性，受法律的保护。《电力法》、《刑法》及《条例》规定所形成的法律关系，就是人们在保护或者是破坏电力设施的活动中形成的权利义务关系。

（3）需求性。它能够满足主体的物质利益和精神需要，是满足权利人利益的各种各样的物质和非物质的财富。当然，法律关系并不直接给人们提供"物"，法律只能赋予人们取得物的一种资格或取消这种资格，或者取得物的行为方式，以保证权利的实现。

3. 电力设施保护法律关系的内容

电力设施保护法律关系的内容是指电力设施保护法律关系的主体享有的权利和承担的义务。权利，是指《电力法》、《条例》等法律法规授予权利人在规定的范围内，根据自己分工，进行各种管理活动，实现保护电力设施的目的。如果有人破坏这种目的，或他人行为使自己的权利不能实现时，有权要求国家机关给予行为人惩罚，保护其权利。例如，在依法制定的电力设施保护区内修建建筑物、构筑物或者种植物、堆放物品，危及电力设施安全的，当地人民政府可依照法律的规定，责令强制拆除、砍伐或者清除，其权利主体是"当地人民政府"，客体是"各类妨碍物"，权利是"责令"强制拆除、砍伐或者清除。义务主体是设置妨碍物者，义务是服从处罚决定，在规定的期限内拆除妨碍物。再如，未经批准或未采取安全措施在电力设施周围或者在依法划定的电力设施保护区内进行作业，危及电力设施安全的，由电力管理部门责令停止作业，恢复原状并赔偿损失。其权利主体是"电力管理部门"，客体是"违章行为"，权利是"责令"停止作业、恢复原状并赔偿损失，义务主体是违章作业者，义务是停止作业并赔偿损失。

（三）电力设施保护法律关系的特点

（1）电力设施保护法律关系是基于电力设施保护法律法规所规定的法律事实的产生而产生的。如因电力设施的被盗、破坏、损害、危及等危害行为以及电力设施新建、改建、扩建而与其他设施相互妨碍等法律事实，产生电力设施保护法律关系。

（2）主体的广泛性。如前所述，电力设施保护法律关系主体的广泛性是由电力设施保护的客观现实决定的。由于电力设施遍布全国各地城市乡村的各个角落，电力设施保护几乎与一切单位和公民都有着这样或那样的联系，所以电力设施保护法律关系的主体也必然涉及到各个方面。

（3）内容的复杂性。电力设施保护法律关系既有纵向的，又有横向的；既有行政的，又有经济的；既有民事的，又有刑事的；既有电力管理部门同级之间、上下级之间的关系，又有电力管理部门与司法机关及其他行政管理部门之间的关系；既有电力管理部门与各个企事业单位、社会组织之间的关系，又有电力管理部门与公民之间的关系，还有司法机关与其他企事业单位、社会组织和公民之间的关系等。

（4）在电力设施保护过程中，双方除存在电力设施保护法律关系外，还可以存在其他法律关系。如电力设备与建筑物的互相妨碍，还存在城市规划法律关系或土地法律关系。

（5）权利与义务的一致性。权利是国家通过法律规定，对法律关系主体作出或不作出某种行为、或要求他人作出或不作出某种行为的许可和保障。权利的实现是以国家强制力为后盾的。权利与职责或职权是有区别的，权利是作为国家许可和保障的行为，权利主体可以享有，也可以放弃。对此，任何国家机关、社会组织和公民均不得干涉。而职权虽然也是国家法律保障的行为，国家机关和公职人员依法行使职权的活动受到国家保护，任何人不得干涉。但是国家机关和公职人员却不得放弃、转让职权，否则就是失职，是一种玩忽职守的行为。因此，与权利不同，职权又具有必须行使的义务性质。在电力设施保护法律规范中，电力管理部门的职责兼有权利与义务的双重性，权利与义务是一致的。那种只认为法律赋予了权利，而看不到义务的认识应该纠正。

（6）在电力设施保护法律关系中，当其权利受到侵犯或未履行义务而造成后果时，不仅涉及电力设施管理者、所有者的利益，而且关系到国家的利益、社会的利益和人民群众的利益。例如，由于违反规定，在电力设施附近施工、开石放炮，损害了电力设施，或者有人拆卸电力设施，造成电力设施破坏等，致使电力供应中断，不仅电力管理部门或电力企业是受害者，而且社会各个部门和所有的用电者都会受到财产或人身危害。所以，电力设施保护法律关系中的权利和义务是特定的，是具有强制性的。

（四）调整电力设施保护法律关系的方法

电力设施遭受外力的破坏或者受到损害，势必造成严重的危害后果，不仅会影响正常的电力生产和供电安全，而且威胁公共安全，甚至造成群伤群亡事故，使国家大量的生产设备、机器遭受损坏，大片地区经济受到影响，使广大人民群众辛勤的劳动成果付诸东流。有的还会造成大批人身伤亡的严重后果，给国家和人民带来严重损失，危害公共安全。所以，法律明确对危害电力设施的行为，依据性质、情节和后果，应分别承担刑事法律责任、民事法律责任和行政法律责任。

法律关系的调整方法，是由调整对象所承担的法律责任的性质决定的。不同的法律调整不同的对象，需要有不同的调整方法。电力设施的保护，涉及社会公共安全，涉及到对设施所有人利益的损害，同时也涉及到社会行政管理秩序。

（1）民事的方法。它是指对损害、危害电力设施，尚未构成犯罪，或者虽已构成犯罪尚需对损害后果予以赔偿的法律调整方法，如排除妨碍等方法。或者对违反法律、法规规定，损坏电力设施的，给予相应的经济制裁，如赔偿、罚款等以金钱方式制裁的办法。反之，则指奖励的办法。

（2）行政的方法。它是指以行政命令、行政管理、行政处罚等方式予以调整的办法。例如，对破坏电力设施的给予治安处罚，责令限期改正其违法的行为等。

（3）刑事的方法。它是指对破坏电力设施构成犯罪的，由司法机关追究其刑事责任，处以刑罚的方法。

（五）危害电力设施行为情节轻重的认定

危害电力设施行为情节轻重的认定是判定法律责任的一个重要因素。情节就是行为人实施违法行为过程中的具体经过。我国《刑法》、《电力法》、《条例》及其实施细则相关章节和条款规定，情节恶劣或轻微分别采取从重、从轻、减轻和免除的法律制裁和行政处罚。可见，"情节"是确定法律责任的一个重要事实根据。因此，正确认定情节，对准确适用法律具有重要意义。情节，有法定情节、酌定情节之分。

1. 法定情节

法定情节是指《电力法》、《条例》及其实施细则中明文规定的情节。如《条例》第二十七条中规定，危害发电设施、变电设施和电力线路设施的，由电力管理部门责令改正；拒不改正的，处 10 000 元以下的罚款。这就是一条法定从重情节。对法定情节，执法者必须严格执行，不得有任何折扣。

2. 酌定情节

酌定情节是指法律、法规没有明确条文规定，赋予审判机关或行政执法机关灵活掌握的情节。酌定情节的轻重，一般可以从以下几方面认定：

（1）实施损害或破坏电力设施行为所造成的危害后果。危害后果包括直接损失和间接损失，经济上的损失和政治上的损害。危害后果对于说明行为人的违法行为对社会的危害性具有关键意义，是酌定情节轻重的一个重要因素。

（2）实施损害或破坏电力设施行为的手段。采用偷盗、拆卸手段破坏电力设施，要比施工开山放炮时炸坏电力设施的情节重。

（3）实施损害或破坏电力设施行为时的环境和条件。损坏正在运行的电力设施，要比损坏正在建设时的电力设施情节重。损坏抗洪救灾的供电设施，比损坏平常时期的供电设施情节重。

（4）实施损害或破坏电力设施行为的动机。犯罪动机如何，往往直接显示出行为人的主观恶性。如故意破坏电力设施，要比因履行公务或生产中的过失破坏电力设施情节恶劣。

（5）实施损害或破坏电力设施行为时电力设施所处的状况，是重要的设施还是一般的设施。损害重要设施或关键部件，要比一般设施或一般零件严重。

（6）实施损害或破坏电力设施行为人的一贯表现。惯犯要比偶犯重。

（7）行为人实施损害或破坏电力设施行为后的态度。故意转移、销赃、毁证的要比坦白、退赃的重。

总之，对上述情节要进行综合分析，区分情节的轻重，正确适用法律。对情节轻微不需要判刑的，可以免予刑事处分，根据情况予以训诫、赔偿损失、罚款或行政处分等处罚。对情节较重或恶劣构成犯罪的，则要依法追究刑事责任。

三、电力设施的保护

（一）电力设施保护的法律规定

电力设施保护在《电力法》中均属强制性规定、特别规定。

《电力法》第五十二条～五十五条指出，在电力设施周围进行爆破及其他可能危及电力设施安全的作业的，应当按照国务院有关电力设施保护的规定，经批准并采取确保电力设施安全的措施后，方可进行作业。

电力管理部门应当按照国务院有关电力设施保护的规定，对电力设施保护区设立标志。

任何单位和个人不得在依法划定的电力设施保护区内修建可能危及电力设施安全的建筑物、构筑物，不得种植可能危及电力设施安全的植物，不得堆放可能危及电力设施安全的物品。

在依法划定电力设施保护区前已经种植的植物妨碍电力设施安全的，应当修剪或者砍伐。

任何单位和个人需要在依法划定的电力设施保护区内进行可能危及电力设施安全的作业时，应当经电力管理部门批准并采取安全措施后，方可进行作业。

电力设施与公用工程、绿化工程和其他工程在新建、改建或者扩建中相互妨碍时，有关单位应当按照国家有关规定协商，达成协议后方可施工。

（二）《条例》中的有关规定

（1）任何单位或个人不得从事下列危害发电设施、变电设施的行为：

1）闯入发电厂、变电站内扰乱生产和工作秩序，移动、损害标志物；

2）危及输水、输油、供热、排灰等管道（沟）的安全运行；

3）影响专用铁路、公路、桥梁、码头的使用；

4）在用于水力发电的水库内，进入距水工建筑物300m区域内炸鱼、捕鱼、游泳、划船及其他可能危及水工建筑物安全的行为；

5）其他危害发电、变电设施的行为。

（2）任何单位或个人，不得从事下列危害电力线路设施的行为：

1）向电力线路设施射击；

2）向导线抛掷物体；

3）在架空电力线路导线两侧各300m的区域内放风筝；

4）擅自在导线上接用电器设备；

5）擅自攀登杆塔或在杆塔上架设电力线、通信线、广播线，安装广播喇叭；

6）利用杆塔、拉线作起重牵引地锚；

7）在杆塔、拉线上拴牲畜、悬挂物体、攀附农作物；

8）在杆塔、拉线基础的规定范围内取土、打桩、钻探、开挖或倾倒酸、碱、盐及其他有害化学物品；

9）在杆塔内（不含杆塔与杆塔之间）或杆塔与拉线之间修筑道路；

10）拆卸杆塔或拉线上的器材，移动、损坏永久性标志或标志牌；

11）其他危害电力线路设施的行为。

（3）任何单位或个人在架空电力线路保护区内，必须遵守下列规定：

1）不得堆放谷物、草料、垃圾、矿渣、易燃物、易爆物及其他影响安全供电的物品；

2）不得烧窑、烧荒；

3）不得兴建建筑物、构筑物；

4）不得种植可能危及电力设施安全的植物。

（4）电力线路保护区内禁止的行为。为了确保线路的安全，在电力线路保护区内禁止任何单位或个人从事危害线路安全的行为，必须遵守下列规定：

1）不得在地下电缆保护区内堆放垃圾、矿渣、易燃物、易爆物，倾倒酸、碱、盐及其他有害化学物品，兴建建筑物、构筑物或种植树木、竹子；

2）不得在海底电缆保护区内抛锚、拖锚；

3）不得在江河电缆保护区内抛锚、拖锚、炸鱼、挖沙。

（5）经县级以上地方电力管理部门批准，并采取安全措施后，方可进行的作业或活动：

1）在架空电力线路保护区内进行农田水利基本建设工程及打桩、钻探、开挖等作业；

2）起重机械的任何部位进入架空电力线路保护区进行施工；

3）小于导线距穿越物体之间的安全距离，通过架空电力线路保护区；

4）在电力电缆线路保护区内进行作业。

（6）电力设施保护区内不得从事下列危害电力设施建设的行为：

1）非法侵占电力设施建设项目依法征用的土地；

2) 涂改、移动、损害、拔除电力设施建设的测量标桩和标记;

3) 破坏、封堵施工道路,截断施工水源或电源。

(7) 禁止非法收购 电力设施器材。

(三)电力设施与其他设施相互妨碍的处理

1. 对电力设施与其他设施互相妨碍的处理原则

(1) 避免或减少损失的原则。电力设施的建设和保护应尽量避免或减少给国家、集体和个人造成的损失。

(2) 协商原则。新建架空电力线路不得跨越储存易燃、易爆物品仓库的区域;一般不得跨越房屋,特殊情况需要跨越房屋时,电力建设企业应采取安全措施,并与有关单位达成协议。

(3) 在先原则。电力设施与其他设施相互妨碍时,优先保护先建者的利益。如果树木、建筑物、构筑物等设施在先,而后建电力设施时,应优先保证在先设施的利益;如果电力设施是先建设的,而树木、建筑物、构筑物是后建的,应优先保护电力设施。

(4) 一次性补偿原则。指电力设施与其他设施在建设中发生相互妨碍,在损坏或迁移相应设施时,应依法给予被损坏或被迁移设施单位一次性补偿。

2. 电力设施与其他相互妨碍的处理

(1) 架空电力线路跨越一般建筑物。

1) 新建架空电力线路不得跨越储存易燃、易爆物品仓库的区域。这是因为:①架空电力线路发生事故时会放电起火,这对易燃、易爆物品的影响极大,是十分明显的不安全因素,一旦发生事故,其后果不堪设想;②易燃、易爆物品仓库如处理不善,或遇到天灾和其他不可预见、不可抗力的情况就会发生失火或爆炸,这无疑将会破坏架空电力线路,使输电中断,引起大面积停电,其后果将十分惨重。

2) 新建架空电力线路一般不得跨越房屋。架空电力线路一般应避开房屋,以免给国家、集体、个人的财产造成损害,给人身安全带来威胁,同时还可以避免对架空电力线路的不法侵害。对架空电力线路通道内的原有房屋,架空电力线路建设单位应当与房屋产权所有者协商搬迁,拆迁费不得超出国家规定标准。但是,因为城镇和村庄的房屋密集,有些地方又是架空电力线路的必经之地,完全避免架空电力线路跨越房屋是不可能的。所以《条例》第二十一条中没有对架空电力线路跨越房屋作硬性规定,即架空电力线路必须跨越房屋时,电力建设单位应采取切实有效的措施,与有关单位达成协议。如增加高度、缩短档距等安全措施,以保证架空电力线路的安全,防止因架空电力线路发生事故而对房屋和屋内设施、财产和人身安全造成危害。同时,还必须同土地、城建等部门达成协议,严禁被跨越的房屋自行增加高度。

(2) 电力设施建设在后与其他在先设施发生妨碍的处理。《条例》第二十四条规定,新建、改建或扩建电力设施,需要损害农作物,砍伐树木、竹子或拆迁建筑物及其他设施时,电力建设单位应按照国家有关规定给予一次性补偿。

1) 赔偿范围只能是因新建、改建、扩建发电厂、变电站、电力线路及其附属设施而对其他行业设施和农作物等造成的损害。除此之外,均不在赔偿范围之内。如未经电力主管部门批准,在已建架空电力线路保护区内种植妨碍架空电力线路安全的树木、竹子,电力主管部门有权砍伐。树木、竹子的种植者,不但得不到经济赔偿,而且还将受到《条例》规定的处罚。

2）发生损害赔偿情况后，赔偿方与受偿方的双方主管部门必须通过充分协商达成协议，不允许任何一方提要求的任意行为。

3）赔偿标准，有国家规定的要按照国家规定的标准赔偿，无国家规定的要本着平等协商、公平合理的原则协商达成一致。

4）一次性赔偿。即对造成的损失，一次赔偿，一次付清。防止发生一朝施工，年年赔偿的不合理现象。

（3）线与树相互妨碍的问题。《电力法》第五十三条中指出，在依法划定电力设施保护区前已经种植的植物妨碍电力设施安全的，应当修剪或者砍伐。

该条款相对于《森林法》是特别法条，在同位法实施过程中应按照"后法优于前法，特别法优于一般法"的原则进行处理。

1）新建、改建、扩建电力设施和架设输电线路时，需征用占用林地和采伐林木的，林业主管部门要协调动作，根据国家和各省的有关规定，及时办理征占用林地和采伐林木的有关审批手续。

2）对输电线路安全范围内的树木、竹子实施砍伐的补偿问题，要遵循"先后"的原则。即架设输电线路在先，林木种植在后的，当林木的生长妨碍电力设施安全时，林木的所有者应按照有关规定实施自行剪伐；如林木种植在先，输电线路架设在后，需伐除安全通道范围内林木的，线路建设单位应按照国家和省有关规定支付林木补偿费和缴纳森林植被恢复费。输电线路架设建成后，原依法享有安全通道区域内林地的所有权或者使用权的单位和个人，可继续种植低矮植物，但不得种植可能危及电力设施安全的植物。

3）对输电线路安全范围以外的林木，因其树枝生长危及电力设施安全时，根据《电力设施保护条例》的规定，林木的所有者要自行修剪，不得危害电力设施安全。

（4）电力管理部门与城市规划部门的协调。电力管理部门与城市规划部门之间的协调配合，是避免电力设施与其他设施互相妨碍的重要保证。

《电力法》第十一条规定："城市电网的建设与改造规划，应当纳入城市总体规划。城市人民政府应当按照规划，安排变电设施用地、输电线路走廊和电缆通道。"《条例》第二十二条规定："电力主管部门应将经批准的电力设施新建、改建或扩建的规划和计划，通知城乡建设规划主管部门，并划定保护区。城乡建设规划主管部门应将发电厂、变电站和电力线路设施及其附属设施的新建、改建、扩建纳入城乡建设规划。"

《电力法》和《条例》规定了电力管理部门和城乡建设规划部门之间的权利和义务。电力管理部门有要求城乡建设规划主管部门将新建、改建、扩建电力设施的规划、计划纳入城乡建设规划之中的权利，同时还有及时将新建、改建、扩建电力设施的规划、计划通知城乡建设规划主管部门的义务。同样，城乡建设规划主管部门有要求电力主管部门及时将新建、改建、扩建电力设施的规划、计划通知自己的权利，也有将电力主管部门通知自己的新建、改建、扩建电力设施的规划、计划纳入城乡建设规划之中的义务。

四、电力设施保护行政执法

电力设施保护行政执法是指国家行政机关为了保护电力设施安全，依照《电力法》、《条例》和其他行业法律法规的规定所开展的行政管理行为。

（一）电力设施保护行政处罚种类和方法

1. 电力设施保护行政处罚种类

行政处罚方式按照《条例》规定所采用的方式大致有以下几类：

（1）人身罚，是限制或剥夺人身自由的处罚。对破坏电力设施、哄抢、盗窃电力设施器材的行为人处以社会治安处罚方式，由公安机关予以拘留、劳教等。根据法律规定，享有人身罚权利的行政机关只能是公安机关。

（2）财产罚，是电力管理部门强迫违反《条例》者交纳一定数额金钱的制裁，如有关罚款的惩罚措施就属此类。这种惩罚是一种剥夺财产权的处罚。

（3）能力罚，是电力管理部门对违反《条例》者，实施限制或剥夺某项行为能力的一种制裁。

（4）申戒罚，是电力管理部门对违反《条例》者发出的警戒，申明其违法行为，避免其再犯，如警告、通报批评等。这种惩罚，主要是对违反《条例》的当事人的声誉产生不良的影响。

（5）救济罚，是电力管理部门为了恢复被侵害的电力设施安全状态、电力设施保护秩序，或者为了使侵害的行为不再继续，而对违反《条例》的行为人采取的补救处罚措施，如责令改正、责令赔偿等。

2. 电力设施保护行政处罚的方法

根据《电力法》和《条例》及其实施细则，电力主管部门依法行使行政处罚权的行政处罚措施有：

（1）警告，即电力管理部门对危害电力设施安全行为人的谴责和告诫，主要适用于违法情节轻微或未构成实际危害后果的违法行为。适用的对象既可以是单位也可以是公民，既可以单处也可以并处。它不是简单、随便的口头批评，应以书面形式作出，并向违法行为人宣布和送达。其内容包括停止侵害、限期改正、恢复原状等。

（2）责令赔偿损失，是电力管理部门责令违法行为人对造成的损失进行赔偿。责令赔偿损失与民事赔偿不同，它是一种单方面主动的行政行为。

（3）罚款，是电力管理部门依法强制违法行为人在一定期限内，向国家缴纳一定数量的金钱的处罚。其适用范围非常广泛，几乎为所有行政机关采用。为了防止滥用罚款这种处罚方式，《条例》及其实施细则规定，罚款最高限额为 10 000 元。

（二）对危害和危及电力设施行为实施行政处罚的措施

根据《条例》及其实施细则规定，电力管理部门对危害和危及电力设施行为实施行政处罚的措施有所不同。危害是指已经造成电力设施的损坏，威胁了电力设施安全的行为。危害的对象是发电设施、变电设施、电力线路设施和电力设施建设。危害的后果是损坏电力设施，侵犯公共安全。危害电力设施行为中未损害的行为称之为危及行为，这是指行为者实施的即将威胁电力设施安全，如不及时制止必然会造成电力设施损坏的行为。

1. 危害电力设施安全的行为的行政处罚措施

《条例》第十三、十四条所规定的 20 种危害发电设施、变电设施和电力线路设施安全的行为，根据《条例》第二十七条的规定，由电力管理部门予以行政处罚的方式有：

（1）责令改正。即强行命令违法当事人在一定期限内改正违反《条例》的违法行为。

（2）处以 10 000 元以下罚款。即对违反《条例》的行为人处以缴纳一定数额金钱的处罚方式。处罚时必须注意几点：

1）处罚顺序不能颠倒，不能先处罚款、后责令改正。

2）罚款只能是在拒不改正的情况下才能实施，改正了不能罚款。

3）罚款最高限额是 10 000 元。

4）根据《电力设施保护条例实施细则》，下列危害电力设施的行为，情节显著轻微的，由电力管理部门责令改正；拒不改正的，处 1000 元以上 10 000 元以下罚款：①损坏使用中的杆塔、基础的；②损坏、拆卸、盗窃使用中或备用塔材、导线等电力设施的；③拆卸、盗窃使用中或备用变压器等电力设备的。

2. 危害电力设施建设的行为及其行政处罚措施

（1）危害电力设施建设的行为有以下四种：

1）非法侵占电力设施建设项目依法征用的土地的行为；

2）涂改、移动、损害、拔除电力设施建设项目的测量标志或标记的行为；

3）破坏、封堵施工道路的行为；

4）截断施工水源或电源的行为。

（2）对危害电力设施建设行为的行政处罚措施。根据《条例》第二十九条规定，由电力管理部门予以行政惩罚的措施是：①责令改正，由电力管理部门制作送达（隐患通知书）；②恢复原状并赔偿损失。

（3）危及电力设施安全的行为及其行政处罚措施。《条例》第十五～十七条所规定的属于危及电力线路设施安全的行为威胁、影响电力设施安全，其行为表现是在电力设施周围法定保护区内进行的。因为这种危及行为尚未造成电力设施损坏，所以《条例》规定电力管理部门处罚的措施要比危害电力设施安全行为轻。其具体处罚办法是：①责令停止作业；②恢复原状并赔偿损失。

（三）由公安机关实施行政处罚的行为

根据《电力法》第七十条和《电力设施保护条例实施细则》第二十一条规定，下列违反《条例》及其实施细则的行为，尚不构成犯罪的，由公安机关依据《中华人民共和国治安管理处罚条例》予以处理：

（1）妨碍电力建设或者电力设施抢修，致使电力建设或者电力设施抢修不能正常进行的；

（2）扰乱电力生产企业、变电站、电力调度机构和企业的秩序，致使生产、工作和营业不能正常进行的；

（3）拒绝、阻碍电力监督检查人员依法执行职务的；

（4）盗窃、哄抢库存或者已废弃、停止使用的电力设施器材的；

（5）盗窃、哄抢尚未安装完毕或尚未交付使用单位验收的电力设施的；

（6）其他违反治安管理处罚条例的行为。

（四）对涉嫌犯罪案件的移送规定

根据《行政执法机关移送涉嫌犯罪案件的规定》，电力管理部门在行政执法过程中，对危害电力设施、涉嫌犯罪的案件，应当立即指定 2 名或者 2 名以上行政执法人员组成专案组，专门负责核实情况后提出移送涉嫌犯罪案件的书面报告。书面报告应当包括：①涉嫌犯罪案件移送书；②涉嫌犯罪案件情况的调查报告；③涉案物品清单；④有关检验报告或者鉴定结论；⑤其他有关涉嫌犯罪的材料。

报告经本机关正职负责人或者主持工作的负责人审批。电力管理部门正职负责人或者主持工作的负责人应当自接到报告之日起 9 日内作出批准移送或者不批准移送的决定。决定批准的，应当在 24h 内向同级公安机关移送；决定不批准的，应当将不予批准的理由记录在案。

公安机关应当自接受行政执法机关移送的涉嫌犯罪案件之日起 3 日内，依照《刑法》、《刑事诉讼法》以及最高人民法院、最高人民检察院关于立案标准和公安部关于公安机关办理刑事案件程序的规定，对所移送的案件进行审查。认为有犯罪事实，需要追究刑事责任，依法决定立案的，应当书面通知移送案件的行政执法机关；认为没有犯罪事实，或者犯罪事实显著轻微，不需要追究刑事责任，依法不予立案的，应当说明理由，并书面通知移送案件的行政执法机关，退回相应案卷材料。

电力管理部门接到公安机关不予立案的通知书后，认为依法应当由公安机关决定立案的，可以自接到不予立案通知书之日起 3 日内，向其上级机关或同级人民政府提起行政复议，也可以向人民检察院依法申请立案监督。

（五）电力设施保护的行政强制措施

1. 电力设施保护行政强制措施的概念与特点

电力设施保护行政强制措施是指电力管理部门或者法律授权的企业和组织，为了预防或制止正在发生或可能发生的危害或危及电力设施安全的违法行为，避免发生严重后果，对行为人予以强行限制的一种具体行政行为。行政强制措施的特点是：

（1）行政强制措施的主体只能是电力管理部门或者法律授权的组织。

（2）行政强制措施是为了预防或制止危害或危及电力设施安全的违法行为以及严重后果的发生和发展，或者为了保全证据、确保行政案件查处工作的顺利进行而采取的。

（3）行政强制措施一般具有临时性、紧急性，一旦采取行政强制措施的法定事由得以排除，行政强制措施即告消灭。

（4）行政强制措施具有强制性，是国家行政机关或法律授权的组织依职权对相对人采取的强制性行为。

2. 电力企业依法行使行政强制措施的法律依据

《条例》第四条规定，电力企业应加强对电力设施的保护工作，对危害电力设施安全的行为，应采取适当措施予以制止。《电力设施保护条例实施细则》第四条规定，电力企业对危害电力设施安全的行为，有权劝其改正、责其恢复原状、强行排除妨害、责令赔偿损失。但是，《电力法》规定行政权只能由电力管理部门行使。可见，《电力法》与《条例》和《电力设施保护条例实施细则》存在法律冲突。依法理，不同渊源法律的效力等级是不同的，依次为宪法、法律、行政法规、规章。

电力企业由此依据《电力设施保护实施细则》行使强制排除妨害权，则违法行为人可以援用《电力法》和《电条例》的相关规定进行拒绝和阻挠，使电力企业无法有效排除妨害；若电力企业未采取有效措施，一旦发生事故，法院可能以电力企业"措施不力"、"监管不力"等为由裁判电力企业承担民事责任。

电力企业解决这一难题较为妥当的办法就是：发现有危及电力设施安全的不法行为时，立即向政府和电力管理部门报告，请有权机关予以解决。如果政府有关部门未采取措施，而不法行为又可能对电力企业造成巨大损失时，电力企业再直接采取强有力的强制措施排除危害，或对因此发生的损害对行政部门的不作为行为提起行政诉讼，申请国家承担行政赔偿责任。对于政府有关部门未采取措施而给用户或第三者造成损害时，电力企业可以以行政机关的不作为应承担行政责任，同时援引《电力法》和《条例》的规定表明电力企业无强制排除妨害权而主张免责，也可防止法院以"监督不力"为由判决由电力企业承担损害赔偿责任。

（六）电力设施保护的行政强制执行措施

1. 电力设施保护行政强制执行的含义

电力设施保护行政强制执行是指公民、法人或其他社会组织逾期不履行行政处罚所规定的义务时，人民政府或电力管理部门申请人民法院依法采取必要的强制性措施，迫使其履行义务或达到与履行义务相同状态的一种具体行政行为。它包含以下几层含义：

（1）行政强制执行以义务人逾期不履行义务为前提。这是行政强制执行的核心条件。

（2）行政强制执行产生的根据是义务人不履行行政处罚规定的义务，而不是其他义务。

（3）义务人无正当理由逾期拒不履行其应当履行的义务，而不是客观上不能履行。如当事人确有经济困难、一时难以缴清罚款的，经申请，电力管理部门应予以批准，可以暂缓或者分期缴纳。

（4）行政强制执行的主体只能是人民政府或者是由电力管理部门申请执行的人民法院。

（5）行政强制执行只能根据法律、法规的明确规定严格依法实施。并不是有行政强制执行权的行政机关，都可以对义务人采取各种行政强制执行措施。何种行政机关享有何种行政强制执行权，也是由法律、法规明确规定的。例如，按照我国法律、法规的规定，对人身的行政强制执行，只能由公安机关依法实施。

2. 电力设施保护行政强制执行的措施

根据《行政处罚法》第五十一条规定，当事人无正当理由逾期不履行行政处罚决定的，行政机关可以采取下列强制执行措施：

（1）到期不缴纳罚款的，每日按罚款数额的3％加处罚款。这种措施属于行政强制执行中的间接强制执行措施，又称执行罚。其目的在于迫使当事人迅速及时履行处罚决定。只要当事人履行了处罚决定所确定的义务，执行罚随即停止。

（2）依法将查封、扣押的财物拍卖或将冻结的存款划拨抵缴罚款。

（3）申请人民法院强制执行。

3. 行政强制执行的程序

行政强制执行的程序是指行政机关在实施行政强制执行措施过程中的方式和步骤。行政强制执行必须严格依照法定程序进行，行政强制执行的程序如下：

（1）制作行政强制执行决定。行政强制执行决定是行政机关实施行政强制执行的根据，也是执行程序中的首要环节。当义务人逾期拒不履行其应当履行的义务时，有强制执行权的行政机关就可以依法作出行政强制执行决定，从而开始执行程序。在作出行政强制执行决定前，应当对义务人不履行义务的情况进行认真的调查，弄清不履行义务的原因。对确实故意不履行义务的，才能决定强制执行。

（2）告诫。告诫从性质上讲是行政机关的一种通知行为，即行政机关在实施行政强制执行前，再次要求义务人自动履行义务，如义务人还不履行，将实施强制执行措施。告诫一般应以书面形式出现。

（3）执行决定的实施步骤。行政机关实施行政强制执行决定应包括如下具体步骤：

1）执行的时间应当合理，除确有必要外，应给义务人一定时间，以便促使其尽可能自行履行。

2）在执行时，应向义务人出示证明身份的证件和执行文书，并说明情况。

3）如义务人不在场时，应邀请有关人员如家属、单位工作人员等到场作执行证明人。

4）执行完毕后，应制作执行笔录。另外，在执行中遇到义务人或其他人的妨碍，执行机关可予以排除，但不得对其打骂、侮辱。需要协助执行的，执行机关可以请求有关单位予以协助。属于代履行的，还应当向义务人收取费用。

4. 电力设施保护行政强制执行的途径

（1）由人民政府强制执行。根据《电力法》第六十一条规定，非法占用变电设施用地、输电线路走廊或者电缆通道的，由县级以上地方人民政府责令改正，逾期不改正的，强制清除障碍。这里主要是涉及到土地的使用问题，根据《土地法》的规定，土地的使用、分配权在县级以上地方人民政府。故这一行政案件由县级以上地方人民政府强制执行。

《电力法》第六十九条规定，在依法划定的电力设施保护区内修建建筑物、构筑物或者种植物、堆放物品，危及电力设施安全的，由当地人民政府责令强制拆除、砍伐或者清除。根据该条规定，当地人民政府对上述妨碍享有责令权，没有强制实施权。根据不同情况，可以是市、县、镇级政府行使责令权。

（2）向人民法院申请强制执行。根据我国现行法律、法规的规定，电力设施保护行政执法需要强制执行的，可以向人民法院提出强制执行申请。经审查后由人民法院按民事诉讼程序实施强制执行。这种强制执行属于司法强制执行，其执行的内容却是行政机关作出的处理决定。其具体方式和程序是：

1）提出申请。行政机关需要人民法院强制执行的，应依法律规定向人民法院提出书面的执行申请，同时交付据以执行的根据，如行政处罚决定书及有关材料。

2）审查。人民法院收到行政机关的强制执行申请及行政处理决定和其他有关材料后，要从申请程序、事实和法律等几个方面进行审查。对执行申请合法、材料齐备的，则立案并及时执行。如认为有问题的，可不予立案并退回行政机关。

3）通知履行。对立案执行的，人民法院要向义务人发出执行通知书，指定履行期限。如仍不履行，则将强制执行。

4）执行。执行由人民法院主持，可以请有关单位予以协助。执行完毕后，人民法院应将执行结果书面通知申请执行的行政机关。

第二节 《电网调度管理条例》内容简介

电网，泛指由发电、供电（输、变、配电）、用电设施和为保证这些设施正常运行所需的保护和安全自动装置、计量装置、电力通信设施、电网调度自动化设施等构成的整体。

电网调度管理，指电网调度机构为确保电网安全、优质、经济运行，依据有关规定对电网生产运行、电网调度系统及其人员职务活动所进行的管理。它一般包括调度运行管理、调度计划管理、继电保护和安全自动装置管理、电网调度自动化管理、电力通信管理、水电厂水库调度管理、调度系统人员培训管理等。

一、总则

1.《电网调度管理条例》的立法目的与原则要求

《电网调度管理条例》（本节以下简称《条例》）的立法目的主要是加强电网调度管理，保障电网安全，保护用户利益，适应经济建设和人民生活用电的需要。

电网调度的原则要求，即电网调度应当符合社会主义市场经济的要求和电网运行的客观规律。电网调度应当符合社会主义市场经济的要求，是与我国要建立社会主义市场经济体制的目标相一致的。其具体要求至少包括以下三个方面：

（1）电网调度工作要依据国家法律和法规进行；

（2）电能作为商品进入市场，以满足社会的用电需要，应遵循价值规律；

（3）按照有关合同或者协议，保证发、供、用电等各有关方面的利益，使电力生产、输送、使用各环节直接或间接地纳入市场经济的体系之中。

电网运行是指在统一指挥下进行的电能的生产、输送和使用。电网的安全运行是指电网按照有关规定连续、稳定、正常运行。电网的优质运行是指电网运行的频率、电压和谐波分量等质量指标符合国家规定的标准。电网的经济运行，是指电网在供电成本最低或发电能源消耗率及电网损率最小的条件下运行。

2.《条例》的适用范围

《条例》的适用范围包括我国境内的发电单位、供电单位、用电单位以及其他有关单位和个人。上述所称有关单位，包括各级人民政府及其经济管理部门、生产调度部门，各级电力行政主管部门、电网管理部门，以及其他与电网调度活动发生关系的任何单位。

3. 电网运行实行统一调度、分级管理的原则

我国电网调度管理的原则是：电网运行实行统一调度、分级管理。《条例》中的有关内容，都是围绕这一原则规定的。其内容一般是指：

（1）由电网调度机构统一组织全网调度计划（或称电网运行方式）的编制和执行，其中包括统一平衡和实施全网发电、供电调度计划，统一平衡和安排全网主要发电、供电设备的检修进度，统一安排全国的主接线方式，统一布置和落实全网安全稳定措施等；

（2）统一指挥全网的运行操作和事故处理；

（3）统一布置和指挥全网的调峰、调频和调压；

（4）统一协调和规定全网继电保护、安全自动装置、调度自动化系统和调度通信系统的运行；

（5）统一协调水电厂水库的合理运用；

（6）按照规章制度统一协调有关电网运行的各种关系。

在形式上，统一调度表现为在调度业务上，下级调度必须服从上级调度的指挥。

分级管理，是指根据电网分层的特点，为了明确各级调度机构的责任和权限，有效地实施统一调度，由各级电网调度机构在其调度管理范围内具体实施电网调度管理的分工。

电网运行的统一调度、分级管理是一个整体，统一调度以分级管理为基础，分级管理是为了有效地实施统一调度。统一调度、分级管理的目的是为了有效地保证电网的安全、优质、经济运行，最终目的是为了维护社会的公共利益。

4. 计划分配和使用电力

《条例》第五条规定，任何单位和个人不得超计划分配电力和电量，不得超计划使用电力和电量；遇有特殊情况，需要变更计划，须经用电计划下达部门批准。

该条规定任何单位和个人在分配和使用电力、电量过程中禁止的行为，以及在特殊情况下需要变更用电计划的批准程序。即任何单位和个人不得超计划分配电力和电量、任何单位和个人不得超计划使用电力和电量。

（1）任何单位和个人不得超计划分配电力和电量，指包括各级人民政府及其经济管理部门、生产调度部门，各级电力行政主管部门、电网管理部门及其他有关单位，以及上述单位的负责人和负责电力、电量分配工作的具体部门工作人员在内的任何单位和个人，在分配电力、电量时，都无权超过上级下达的用电计划指标。

（2）任何单位和个人不得超计划使用电力、电量，指任何电力用户及其有关人员均不得超过调度机构下达的调度计划指标使用电力和电量。

（3）特殊情况，包括季节性特殊用电（如抽水排涝、灌溉抗旱、抢险救灾），重大科研试验新增用电设备以及特殊重要的重大活动等需要增加用电的情况；也包括电力用户由于某种原因调减用电的情况等。

根据《条例》第五条规定，凡由于特殊情况需变更用电计划指标的，必须按法定程序，报经原计划下达部门批准。

5. 电网调度工作的行政主管部门

全国电网调度工作的主管机关是国务院电力行政主管部门。

二、调度系统

调度系统包括各级调度机构和电网内的发电厂、变电站的运行值班单位。下级调度机构必须服从上级调度机构的调度，是统一调度、分级管理原则的具体体现之一。

上述所称变电站，泛指变电站、换流站、变频站、开关站等。所称发电厂，包括火力发电厂、水力发电厂（站）、核发电厂以及利用其他能源进行电力生产的发电厂；包括国家投资建设的发电厂，地方投资建设的发电厂，集资建设的发电厂，外资或合资建设的发电厂；包括中央直属部门管理的发电厂，地方部门管理的发电厂及企业自备的发电厂等。总之，一切并入电网的发电厂，不论其产权归属和管理形式，均在此列。

1. 调度机构的职权及其调度管辖范围的划分原则

国务院电力行政主管部门对调度机构的职权及其调度管辖范围的划分原则的确定权。调度机构的职权，是指调度机构依法取得和电力行政主管部门规定或授予的职务范围内的职责与权力。调度机构的调度管辖范围，是指调度机构对电网调度范围的分工，是根据电网构成情况划分的各级调度机构对电网调度的级别管辖范围与地域管辖范围的总称。

级别管辖范围，是各级调度机构之间对不同的电压等级的电网调度范围的分工。地域管辖范围，是同级调度机构之间对电网调度范围的分工。

2. 国务院电力行政主管部门确定调度机构直接调度的发电厂的划定

国务院电力行政主管部门对调度机构直接调度发电厂的划定原则的确定权。调度机构直接调度的发电厂，主要是指由跨省电网的调度机构直接调度的发电厂，可以包括三种不同管理属性的发电厂：

（1）由跨省电网企业直接管理的发电厂，由跨省电网调度机构直接调度；

（2）由省（自治区、直辖市）电网企业直接管理的发电厂，由跨省电网调度机构直接调度；

（3）非电网企业所属的发电厂，由跨省电网调度机构直接调度。

3. 调度机构分级

调度机构分为国家调度机构，跨省、自治区、直辖市调度机构，省、自治区、直辖市级调度机构，省辖市级调度机构和县级调度机构五级，规定了电网调度的机构设置和层级划分。

4. 调度系统值班人员培训与考核

调度系统值班人员上岗的必要条件是须经培训、考核并取得合格证书。由国务院电力行政主管部门对电网调度系统值班人员培训、考核办法的制定权。

培训是指调度系统值班人员上岗前的业务培训，重点是对电网调度管理法规、规章制度以及有关技术业务知识等的专门培训。

考核，是指上岗考核，重点是对电网调度管理的法规、规章制度、理论知识和实际技能等的业务考核。

合格证书，是指国务院电力行政主管部门统一颁发的调度系统值班人员上岗资格证书。

三、调度计划

1. 发电、供电调度计划编制

调度机构应当编制并下达发电、供电调度计划。跨省电网管理部门和省级电网管理部门应当编制发电、供电计划，并将发电、供电计划报送国务院电力行政主管部门备案。

值班调度人员可以按照有关规定，根据电网运行情况，调整日发电、供电调度计划。值班调度人员调整日发电、供电调度计划时，必须填写调度值班日志。

发电计划，是指电网管理部门编制的本地区或本网内所有发电设备的年、月（季）度发电计划。供电计划，是指跨省电网管理部门编制的包括网损的网内各省的电量供给计划或省电网管理部门编制的包括网损的省内各地区的电量供给计划。发电调度计划，是指调度机构编制和下达的网内各发电设备的发电计划，它是电网运行方式的一部分。电网调度计划，是指调度机构编制和下达的向网内各省及各地区供给电力的计划，也是电网运行方式的一部分。

2. 留有备用容量

跨省电网管理部门和省级电网管理部门编制发电、供电计划，调度机构编制发电、供电调度计划时，应当根据国家下达的计划、有关的供电协议和并网协议、电网的设备能力，并留有备用容量。

对具有综合效益的水电厂（站）的水库，应当根据批准的水电厂（站）的设计文件，并考虑防洪、灌溉、发电、环保、航运等要求，合理运用水库蓄水。

备用容量，包括负荷备用容量、事故备用容量、检修备用容量。国家下达的计划，是指国家计划部门或国务院电力行政主管部门，或经国家授权的主管机构下达的发电、用电计划。

3. 调整发电、供电计划

跨省电网管理部门和省级电网管理部门遇有下列情形之一，需要调整发电、供电计划时，应当通知有关地方人民政府的有关部门：①大中型水电厂（站）入库水量不足；②火电厂的燃料短缺；③其他需要调整发电、供电计划的情形。

地方人民政府的有关部门，是指人民政府的生产调度部门。通知，是形式要件，包括电报、电话、口头和书面通知。即使是口头通知也要有记录或录音。入库水量不足，是指水库实际来水与编制发电计划依据的来水预计相差较大。火电厂燃料短缺，是指火电厂的燃料库存低于规定的火电厂最低燃料库存量。其他需要调整发电、供电计划的情况包括电网重要发电、供电设备损坏，外力破坏，不可抗力，第三方责任以及影响原来的发电、供电计划执行的一切情况如径流式水电厂来水过大等。这是一弹性条款。

四、调度规则

（1）电网调度机构权力限制性规定。

调度机构必须执行国家下达的供电计划，不得克扣电力、电量，并保证供电质量。

1）调度机构必须执行国家下达的计划；

2）调度机构不得克扣用电单位和用电地区的电力、电量。目的是防止电网调度机构滥用职权，侵犯用电单位和用电地区的合法权益。

不得克扣电力、电量，是指不得无故克扣用电地区和用电单位的用电计划指标，包括电力（计量单位通常用 kW）指标和电量（计量单位通常用 kWh）指标。保证供电质量，是指保证电能质量和供电可靠性在国家规定的范围之内。

（2）发电厂、变电站调度承担义务的强制性规定。

发电厂必须按照调度机构下达的调度计划和规定的电压范围运行，并根据调度指令调整功率和电压。主要指凡是并入电网的发电厂、变电站，不论其产权归属，不论其管理形式，也不论其能源利用形式，都必须按照调度机构下达的调度计划和规定的电压范围运行，并根据调度指令调整功率和电压，而不能以任何借口（《条例》另有规定的除外）拒绝或拖延执行调度指令或不执行调度计划等，不能自行任意多发电或少发电。

（3）发电、供电设备的检修安排。

电网的发电、供电设备的检修，应当服从电网调度机构统一安排的检修进度。

检修，包括发电、供电设备的计划大修、中修、小修和临时性检修等。

（4）电网调度机构值班调度人员的特殊权限。

电网调度机构值班调度人员的特殊权限，即在下列紧急情况下，为防止事故扩大、重大设备损坏，可以调整日发电、供电调度计划，发布限电、调整发电厂功率、开或停发电机组等一系列指令。必要时，可以越级向电网内下级调度机构管辖的发电厂、变电站等运行值班单位发布调度指令：

1）发电、供电设备发生重大事故或者电网发生事故；

2）电网频率或者电压超过规定范围；

3）输变电设备负载超过规定值；

4）主干线路功率值超过规定的稳定限额；

5）其他威胁电网安全运行的紧急情况。

（5）事故及超计划用电的限电序位表。

省级电网管理部门、省辖市级电网管理部门、县级电网管理部门应当根据本级人民政府的生产调度部门的要求、用户的特点和电网安全运行的需要，提出事故及超计划用电的限电序位表，经本级人民政府的生产调度部门审核，报本级人民政府批准后，由调度机构执行。

限电序位表包括事故限电序位表和超计划用电限电序位表，限电序位表是调度机构发布限电指令的依据。

限电序位表，是指电网发生事故或用电地区、用电单位严重超计划用电后，为保证电网正常运行，调度机构据以操作的、事先经本级人民政府批准的拉闸限电的线路顺序排列表。事故限电序位表，是在电网发生事故时，为保证电网安全或减少事故损失，防止事故扩大而供值班调度人员拉闸限电时使用的、事先批准的限电线路的顺序排列表。

超计划用电限电序位表，是对超计划用电地区或单位进行限电的、事先批准的限电线路的顺序排列表。这是针对我国当前和今后相当长时期电力供应仍然紧张的情况，和电网自动化管理水平的状况而制定的，是由国家通过法定程序认可的一种特殊处理办法。其目的是牺牲局部利益以保全整体利益。对此类问题的处理应通过技术进步达到自动化管理，逐步实现"谁超限，谁限电到户"，以逐渐减少并最终避免由于地区超计划用电而本身未超计划用电用户，因排序在前而无故受到限电。

根据这种规定，制定限电序位表的主体是省、省直辖市级、县级电网的电网管理部门。批准限电序位表的权力主体是制定限电序位表的电网管理部门的本级人民政府，批准前经本级人民政府的生产调度部门审核，执行限电序位表的实施主体是电网调度机构。

(6) 未经值班调度人员许可，任何人不得操作调度机构调度管辖范围内的设备。

五、调度指令

1. 值班调度人员必须按照规定发布各种调度指令

值班调度人员发布各种调度指令的法定依据和基本要求是"必须按照规定"。必须，是指一定要按规定发布指令，不能有任何变通、变相或不完全的作为。规定，是指《条例》的规定，国家其他有关法律、行政法规和规定、规程、规范、标准或电力行政主管部门对调度管理的规定等。调度指令，是指上级值班调度人员对调度系统下级值班人员发布的必须强制执行的决定，电网调度系统惯例称调度命令。各种调度指令，包括调度机构值班调度人员有权发布的一切正常操作、调整和事故处理的指令，如电网送变电设备的倒闸操作指令，开停发电机、调相机或增减出力的指令，加用或停用继电保护或安全自动装置，更改继电保护整定值的指令，拉闸限电指令等；指令形式可以是单项令、逐项令或综合令。

2. 值班调度人员必须执行调度指令

调度系统值班人员必须执行调度指令。在执行调度指令过程中或者值班人员接到上级调度机构值班调度人员发布的调度指令时，认为执行调度指令会危及人身及设备安全的，应立即向发布调度指令的值班调度人员报告，由发布指令的值班调度人员决定调度指令的执行或者撤销。

电网管理部门负责人或者调度机构的负责人或发电厂、变电站的负责人对上级值班调度人员发布的指令有不同意见，只能向上级电网电力行政主管部门、电网管理部门或者调度机构提出，但是，在其未作出答复前，上述有关负责人，不得因此要求其调度系统值班人员拒绝或拖延执行该调度指令；调度系统的值班人员仍然必须按照上级调度机构的值班调度人员发布的调度指令执行。

任何单位和个人不得违反《条例》干预调度系统的值班人员发布或者执行调度指令；调度系统的值班人员依法执行公务，有权拒绝各种非法干预。

任何单位，包括政府机构、司法机构，也包括电网管理部门或电力行政主管部门和其他管理机关、企事业单位等。任何人，包括各级政府机构、司法机构、电网管理部门或电力行政主管部门、其他管理机关、企事业单位的公职人员、工作人员，也包括调度机构的非值班调度人员及其他公民。非法干预，是指一切违反《条例》规定、违反国家有关电网管理的法律、行政法规、部门规章制度、规程、规范的规定，以限制、阻挠、威胁等办法干预调度系统值班人员履行职务的行为。

六、并网与调度

并网运行的发电厂或者电网，必须服从调度机构的统一调度。

并网运行的发电厂或者电网，必须纳入调度管辖范围。发电厂或者电网并网运行的前提条件是必须服从调度机构的统一调度。需要并网运行的发电厂与电网之间以及电网与电网之间，应当在并网前根据平等互利、协商一致的原则签订并网协议并严格执行。

七、法律责任

1. 违反《条例》规定的处罚

有下列违反《条例》规定行为之一的，对主管人员和直接责任人员由其所在单位或者上级机关给予行政处分：

(1) 未经上级调度机构许可，不按照上级调度机构下达的发电、供电调度计划执行的；

(2) 不执行有关调度机构批准的检修计划的；

(3) 不执行调度指令和调度机构下达的保证电网安全的措施的；

(4) 不如实反映电网运行情况的；

(5) 不如实反映执行调度指令情况的；

(6) 调度系统的值班人员玩忽职守、徇私舞弊，尚不构成犯罪的。

2. 对于超计划用电用户的处理

调度机构对于超计划用电的用户应当予以警告；经警告，仍未按照计划用电的，调度机构可以发布限电指令，并可以强行扣还电力、电量；当超计划用电威胁电网安全运行时，调度机构可以部分或者全部暂时停止供电。

超计划用电，特指超过调度机构下达的调度计划指标使用电力、电量行为。用户，包括用电地区和用电单位。警告，包括口头警告、电话警告或书面警告。限电指令，是指调度机构对用电地区或用电单位下达的在一定时间内必须减少用电的一种调度指令。强制扣还电力、电量，是指用电的地区和用电单位用电已经超过用电计划指标，调度机构为了维护按计划用电的地区和单位的合法权益而对超计划用电的地区和单位采取的一种强制措施。扣还的方式可以是在计划分配用电指标时扣还，也可以采取限电措施扣还。部分和全部暂时停止供电，是指超计划用电严重、不听警告、态度恶劣、强行超计划用电数额较大或者使用不正当手段等超计划用电，危害了其他用户利益，威胁着电网运行的安全，调度机构对其采用的一种中止供电的制裁。所谓部分暂时停止供电，是指对其一部分用电在一定时间内停止供电；所谓全部暂时停止供电，是指对其所有用电设施在不确定时间内停止供电。

调度机构依照《条例》采取的惩罚措施，其造成的后果由责任者承担，调度机构不负后果责任。

调度机构未按照计划供电或者无故调整供电计划的，电网应当根据用户的需要补给少供的电力、电量。

3. 严重违反《条例》的法律责任

违反《条例》规定，构成违反治安管理行为的，依照《中华人民共和国治安管理处罚条例》的有关规定给予处罚；构成犯罪的，依法追究刑事责任。

第三节　《电力供应与使用条例》内容简介

《电力供应与使用条例》（本节以下简称《条例》）自 1996 年 9 月 1 日起正式施行，是根据改革开放的实际需要和社会主义市场经济的要求，结合我国长期以来在供用电管理中行之有效的有关规定制定的。它的发布施行，使电力供应与使用过程中的各种行为符合电力生产、供应和使用的特点与规律，规范供用电行为，依此调整供用电双方及国家在管理电力供应与使用过程中发生的各种关系的重要法律依据。

一、总则

1. 立法目的

安全、经济、合理地供用电，保证国民经济和人民生活用电，促进社会主义现代化建设，是制定《条例》的根本目的。《条例》的立法目的主要有以下几个方面：

（1）维护供用电双方的合法权益。这是制定条例的主要目的。电力供应与使用是供电企业和用电单位、供电企业和用电个人之间所进行的一种经济活动。供电企业和广大用电户的合法权益都应当受到法律保护。

（2）加强电力供应与使用的管理。通过管理实现安全供用电，创造社会效益和经济效益。没有管理，电力供应与使用就不可能正常进行。

（3）维护供电、用电秩序。没有正常的供电秩序，就不可能保证正常的供电和用电进行。电力是生产、供应、使用在瞬间同时完成的一种特殊性商品，如果有一方不按规定或不按规律进行，就会对其他方造成不利影响，甚至对安全造成威胁。所以，确立正常的供用电秩序是《条例》的一项重要立法目的。

（4）安全、经济、合理地供用电。这是《条例》的根本目的。电力是无形商品，又是危险商品，用得好，为民造福，用得不当或违反规定使用，危害极大。所以安全供用电是非常重要的。电力又是资金技术密集型商品，如何经济地供用电，关系到供用电双方的经济效益和社会效益。电力是二次能源，是一次能源转化的，所以，资源的合理配置和电力的合理供应与使用是解决我国电力紧张的一项重要措施。

2. 基本原则

（1）实事求是的原则。《条例》是规定电力供应与使用方面的行为规范，调整着复杂的社会关系，其中有经济关系、管理关系；有横向关系、纵向关系。《条例》是解决供用电中发生的实际问题的行为规范，因此必须尊重我国客观存在的历史惯例，对待国外的经验和做法采取分析态度，凡是适合我国国情又对我国立法有价值的内容就应吸取，不符合我国国情的则不能照抄照搬。

（2）以政策为基础的原则。几十年来，国家在供用电方面制定了一系列的政策，通过长期实践证明是行之有效的、科学的。因此，在制定条例中就应将其具体化、条文化、规范化、定型化、法律化，如计划用电、节约用电、安全用电等问题。国务院曾有一系列政策规定，应当结合实际在条例中作出相应的规定。

（3）民主原则。电力作为商品，既是生产资料，又是生活资料，它的供应与使用涉及各行各业、千家万户，与人民生活和经济活动有着密不可分的关系。因此，制定条例必须坚持民主原则，走群众路线，广泛听取各方面的意见。不但要听电力部门的意见，也要听广大用户的意见；不但要听电力专家的意见，也要听法律专家的意见。集思广益、集中群众智慧，把人民群众的意志上升为国家的意志。

（4）法制统一原则。《条例》应和国家已颁布的法律相统一。我国是一个多民族的国家，各地情况千差万别，各地经济发展很不平衡，电网能力也不尽相同。虽然供用电情况各地存在着不同差异，但是，法制作为一个国家衡量事物的标准，必须是统一的，统一立法思想，统一立法权，统一法律效力。而且各项法律法规应相互衔接、不应冲突。

（5）遵循自然规律和客观经济规律的原则。遵循自然规律和客观经济规律，这是人们一切主观活动，一切上层建筑都必须遵循的原则，是相互联系、综合发挥作用的。因此，制定《条例》必须坚持遵循这一原则。

（6）以社会主义市场经济思想和理论为指导的原则。建立社会主义市场经济体制，作为我国经济体制改革的目标，已经写入宪法，成为我国根本大法的内容，它为各项法律制度的确立指出了目标。经济体制的巨大变革，给法制建设提出了更高的要求。《条例》的制定过程正是我国建立社会主义市场经济体制的过程，因此，《条例》的制定体现了以社会主义市场经济思想和理论为指导的原则。

制定《条例》正是为了建立强有力的供用电法律制度，保证供用电行为人在法律上具有行为能力、责任能力，并对自己的行为结果承担责任，使行为主体的财产得到尊重和保护。避免一些人将自己的意志强加于人，迫使他人接受自己的交易条件，避免不平等交易。同时，能够使国家行政机关依法加强供用电管理，保证电力这一商品有秩序地供应和使用。

3. 适用范围

《条例》第二条规定，在中华人民共和国境内，电力供应企业（以下称供电企业）和电力使用者（以下称用户）以及与电力供应、使用有关的单位和个人，必须遵守本条例。

（1）《条例》的空间效力。

1）《条例》适用的地域。按照属地原则是中华人民共和国的境内，凡是在我国境内从事于供用电活动及其有关的行为都适用该条例。

2）对人的效力。在中华人民共和国境内，凡是与供用电活动有关的一切组织、个人，都必须遵守该条例。根据《条例》的规定，条例对下述人具有效力：①供电单位：包括其职工和所有工作人员；②用户：包括用电单位和个人；③国务院有关部门、各级人民政府及其有关部门：包括其工作人员；④各级电力管理部门：包括其工作人员；⑤侵害供电企业或个人合法权益的其他单位或个人；⑥遭受供用电行为侵害的单位或个人。

3）行为的效力。《条例》只对与供用电活动有关的行为具有效力，与供用电活动无关的行为不受条例的约束。如不服从电网调度机构的统一调度行为，要依照《电网调度管理条例》处理；破坏电力设施的行为，要依照《电力设施保护条例》处理。同理，其他违法行为要依照有关法律、法规处理。

（2）条例的时间效力。条例于1996年4月17日发布，1996年9月1日开始生效。

4.《条例》的特点

《条例》对调整电力的供应与使用以及与此相关的各种社会关系和经济关系起着重要的作用，诸如维护供电、用电双方合法权益，加强电力供应与使用的管理，确立正常的供用电秩序，安全、经济、合理地供电和用电，进而维护社会公共安全，等等。

《条例》有如下特点：①条例是国家按照供用电客观规律制定的，保障供用电正常秩序的法律武器；②条例具有明显的保证社会效益和社会经济效益的作用；③条例调整的社会关系，是独特的供用电关系；④条例具有明显的社会性和科学技术性，不仅反映了经济规律，而且反映了自然科学规律；⑤条例的内容繁杂，涉及面广，调整所有权、经营权、管理权、使用权等多种权利；⑥条例具体体现了社会主义市场经济的原则；⑦条例规定了供用电法律关系主体的责、权、利；⑧条例采用了行政、经济、民事和刑事相结合的方法，调整供用电法律关系；⑨条例的结构特点是行为规范和授权规范同时存在，互相作用，形成一套完整的供用电法规体系。

二、供电营业区

供电营业区是供电企业进行电力供应和经销活动的地域。该部分共有4条，分别规定了划分供电营业区的权利机关和法定程序，划分供电营业区的基本原则，权益的保护以及例外事项。在社会主义市场经济体制下，作为供电企业，有在其法定的营业区域内完善供电设施，满足供电营业区域内各行各业、企事业单位和居民生活用电需要等义务，同时享有供电企业在法定供电营业区内获取经济利益等权利。

1. 供电企业在批准的供电营业区内向用户供电

供电营业区的划分，应当考虑电网的结构和供电合理性等因素。一个供电营业区内只设立一个供电营业机构。设立供电营业区应遵循以下几项基本原则：

（1）一个供电营业区域内只准设一个供电营业机构。设立供电营业区，原则上应以行政区域为基础，一般情况下应当相一致，便于各级人民政府有关部门监督管理和协调本地经济关系和生产用电关系等问题。但是，这条原则不是绝对的，不是必须按照行政区域划定营业区，如京津唐电网，就不是按照行政区域划分的，它是与电网状况以及经济合理相结合进行设立的。对于供电营业区的设立，还要考虑历史形成的区域电网和供电状态以及其他有关因素。

（2）供电营业区设立要考虑电网的结构和供电合理性等因素。因为供电营业区的设立应从社会整体经济效益出发，避免多次变压、近电远送、迂回供电而增加环节，增大资金投入和送电线路损耗，降低电能质量。

（3）设立供电营业区应当考虑的其他因素。

2. 电网电力、电量的经销

《条例》第十条规定，并网运行的电力生产企业按照并网协议运行后，送入电网的电力、电量由供电营业机构统一经销。

对于并网运行的电力生产企业，不能从事供电营业活动，而要按照并网协议，由供电营业机构统一经销送入电网的电力、电量。

用户用电容量超过其所在的供电营业区内供电企业供电能力的，由省级以上电力管理部门指定的其他供电企业供电。

三、供电设施

供电设施包括变电设施、送电设施和辅助设施等。供电设施在供电活动中处于十分重要的地位。所以，供电设施的建设、维护、管理的好坏关系到社会共同利益。条例的第三章共7条，分别对供电设施建设规划、施工建设、标准、维护、管理、相邻关系等方面作出了规定。

1. 电网的建设与规划

县级以上各级人民政府应当将城乡电网的建设与改造规划，纳入城市建设和乡村建设的总体规划。各级电力管理部门应当会同有关行政主管部门和电网经营企业做好城乡电网建设和改造的规划。供电企业应当按照规划做好供电设施建设和运行管理工作。

在城乡供电电力网的建设规划实施中，下属行为主体的行为范围和职责是：

（1）各级人民政府的职责，是将城乡电力网的建设与改造规划，纳入城市和乡镇建设的总体规划。

（2）各级电力管理部门的职责，是会同有关主管部门和电网经营企业做好城乡电网建设和改造规划。

（3）供电企业的职责，是按照规划做好供电设施建设和运行管理工作；其权利是可以在依法规划的线路走廊、电缆通道等用地上，架空、敷设电缆和建设公用供电设施。

2. 政府部门应统筹供电企业用地

地方各级人民政府应当按照城市建设和乡村建设的总体规划统筹安排城乡供电线路走廊、电缆通道、区域变电站、区域配电站和营业网点的用地。

供电企业可以按照国家有关规定在规划的线路走廊、电缆通道、区域变电站、区域配电站和营业网点的用地上，架线、敷设电缆和建设公用供电设施。

因为城乡电力电网的建设与改造规划，是城镇和乡村建设总体规划的重要组成部分，它关系到该地区的经济发展和人民生活，如果城镇和农村建设的总体规划未能或不把供电电网规划安排的城乡供电线路走廊、电缆、通道、区域变电站和营业网点等用地统筹考虑，则供电设施就无法顺利进行，从而势必制约该地区的经济发展和人民生活水平的提高。

"供电线路走廊"，是指在地面以下敷设输、配电线路的走径及其防护区的位置。

"电缆通道"，是指在地面以下敷设输、配电线路的沟道及其防护区的位置。

"区域变、配电站"，是指为地区供电服务的各级电源引进后电压变换、送出线控制以及为送、变、配电电路运行、维护设施的场所。

"营业网点"，是指在地区用户办理用电申请、变更用电、交付电费、查询用电事宜和电能计量管理的服务场所。

3. 公用设施的维护管理

公用路灯由乡、民族乡、镇人民政府或者县级以上地方人民政府有关部门负责建设，并负责运行维护和交付电费，也可以委托供电企业代为有偿设计、施工和维护管理。

"公用路灯"，是指为社会公众服务的道路、桥梁、涵洞、岗亭、公厕等服务的照明用电设施，不包括用电单位内部场区道路的照明设施。

4. 供用电设施的标准

供电设施、受电设施的设计、施工、试验和运行，应当符合国家标准或者电力行业标准。

"供电设施"包括公用供电设施、共用供电设施和用户专用的供电设施。

公用供电设施，是指供电企业向用电户提供用电的输电设备，为保证安全、经济、合理运行所需要的调度、通信、运行维护、计量、计算、收费等设施。

共用供电设施，是指两个以上用电户为了保证正常共用电，自己建设的供电设施，如变电设施、输送电设施、配电设施等。

用户专用的供电设施，是指某用电户为了保证本单位正常用电，自己建设自用的供电设施，如变电设施、输送电设施等，但不包括用户内部的供电设施。

"受电设施"是指用电户为了达到用电目的，建设的电气装置及相应的建筑物，用于接受供电企业供给的电能。

5. 供用电设施建设与维护

供电企业和用户对供电设施、受电设施进行建设和维护时，作业区域内的有关单位和个人应当给予协助，提供方便；因作业对建筑物或者农作物造成损坏的，应当依照有关法律、行政法规的规定负责修复或者给予合理的补偿。

"建设和维护"，是供电企业和用户为了实现供电和用电目的，为新建供电和受电端进行检修而进行勘察、设计、施工，对已建运行的供电和受电设施进行检修、巡视等工作的总称。

"作业区"，是指供电和受电设施进行建设、维护时所需要永久占用和临时使用的区域。

"有关法律、行政法规"，是指有关经济补偿和民事赔偿方面的法律、行政法规的总称。

作为公用供电设施建成投产后，由供电单位统一维护管理。经电力管理部门批准，供电企业可以使用、改造、扩建该供电设施。

共用供电设施的维护管理，由产权单位协商确定，产权单位可自行维护管理，也可以委托供电企业维护管理。

用户专用的供电设施建成投产后，由用户维护管理或者委托供电企业维护管理。

四、电力供应

《条例》第四章共 10 条，主要规定了电力供应活动中供电企业的权利和义务以及用户的权利和义务，包括供电质量、供电方式、紧急供电、特殊供电、申请用电、变更用电、终止供电的程序；供电企业的权利，电价、电费收取；计量办法；停止供电条件和供电企业义务等内容。

1. 供电质量

《条例》第十九条规定，用户受电端的供电质量应当符合国家标准或者电力行业标准。根据该条规定，衡量供电质量的基准点是用户的受电端；衡量供电质量的标准是国家标准或者电力行业标准。

"用户受电端"，是指供用电双方设施管理分界处。具体讲，高压用电是指用户受电变压器输入侧。低压用电是指用户进户线引入用电计量装置电源侧。

"供电质量"，是指供电频率质量、电压质量和供电可靠性三项指标。频率（周波）质量以频率允许偏差来衡量。电压质量，是以电压的闪变、偏离额定值的幅度和电压正弦波畸变程度衡量。供电可靠性，是以供电企业对用户停电的时间及次数来衡量。

"国家标准"，是指国家标准管理专门机关按法定程序颁发的标准。

"电力行业标准"，是指国务院电力管理部门依法制定颁发的标准。

"国家标准或者电力行业标准"，是讲两者关系，优先适用国家标准。没有国家标准的，适用电力行业标准。

2. 供电方式

（1）正常情况。供电方式应当按照安全、可靠、经济、合理和便于管理的原则，由电力供应与使用双方根据国家有关规定以及电网规划、用电需求和当地供电条件等因素协商确定。

在公用供电设施未到达的地区，供电企业可以委托有供电能力的单位就近供电。

非经供电企业委托，任何单位不得擅自向外供电。

"供电方式"，是指供电企业向用户提供电源的形式。例如，按电压等级可分为高电压供电方式和低电压供电方式；按相数可分为单相供电方式和三相供电方式；按供电可靠程度可分为单回路供电方式和多回路供电方式；按供电时间长短可分为临时供电方式和正式供电方式；按供电数量计量方式可分为装表供电方式和定额供电方式；另外，还可分为直接供电方式和非直接供电方式等。

（2）抢险救灾紧急情况。因抢险救灾需要紧急供电时，供电企业必须尽速安排供电。所需工程费用和应付电费由有关地方人民政府有关部门从抢险救灾经费中支出，但是抗旱用电应当由用户交付电费。

提出抢险救灾紧急供电的权利主体是县级（含县级）以上人民政府某部门或企事业单位。

县级以上人民政府有提出抢险救灾紧急供电的权利，同时也具有交纳所需工程费用和应付电费的义务。电费来源是从抢险救灾费用中支出。

抗旱用电不属于救灾费用范围，其电费应由用户支付。

（3）特殊供电要求。用户对供电质量有特殊要求的，供电企业应当根据其必要性和电网的可能，提供相应的电力。

1）特殊供电是因为用户对供电质量有特殊要求，即用户对电能频率稳定程度、电压稳定程度的特殊要求和供电可靠性方面对间断供电的时限有特殊的要求等。

2）根据用户用电的必要性和电网的可能，提供相应的电源是供电企业的义务。但这种义务的承担条件是用户用电性质确实有必要，并且电网也具有满足其特殊要求的供电能力。

3）对于特殊供电，供电企业与特殊用户双方具体的权利和义务，应按照供用电合同约定。

3. 建立、变更、终止供电关系

《条例》第二十三条规定，申请新装用电、临时用电、增加用电容量、变更用电和终止用电，均应到当地供电企业办理手续，并按照国家有关规定交付费用；供电企业没有不予供电的合理理由的，应当供电。供电企业应当在其营业场所公告用电的程序、制度和收费标准。

这里规定了新申请用电者或者原有用电户要求建立、变更、终止供电关系时所需要办理手续以及供电企业所具有的义务。

（1）新申请用电者包括申请新装用电者、申请临时用电者、申请增加用电容量者。

"新装用电"，是指要求用电的申请者就所需用容量申请与供电企业建立长期供用电关系。

"临时用电"，是指要求用电的申请者，为了某种短期用电所需容量，申请与供电企业建立临时供用电关系。

"增加用电"，是指原有用电户由于原协议的约定的用电容量或注册容量，不能满足用电需要时，申请在原约定用电容量的基础上一些新的用电容量。

"变更用电"，是指用电户向供电企业提出减少用电容量、暂时停止用电、变更用电性质、变更用电名称、移动用电计量表位、拆换电能表、迁移用电地址以及改变供电方式、供电电压、用电店家类别、计费方式等行为的统称。

"终止用电"，是指用电户供电企业提出申请停止用电，解除供用电关系。

"国家有关规定交付费用"，是指国务院或国务院授权的部门规定应交付的费用，如增容费俗称供电工程贴费、电能保证金、电能表保证金等。

"不予供电的合理理由"，是指供电企业不予供电时应当给予的法定理由或技术方面的理由。例如，用户未按规定办理用电手续，供受电设施不符合标准；用户未履行供用电合同（协议）规定的义务；申请用电项目属于明令禁止的项目；申请用电容量超出供电企业的供电能力；申请特殊用电供电企业无法满足等情况，就属于不予供电的合理理由。

（2）供电企业应当在营业场所公告办理用电的程序、制度和收费标准，这是供电企业应当履行的法定义务。

4. 用户受电装置的检查监督

供电企业应当按照国家标准或者电力行业标准参与用户受送电装置设计图纸的审核，对用户受送电装置隐蔽工程的施工过程实施监督，并在该受送电装置工程竣工后进行检验；检验合格的，方可投入使用。

（1）供电企业有权也有责任参与对用户受电装置的设计图纸的审核。

"用户受电装置"，是指用户主要是为了生产用电而从电网接受电能，具有控制、转换、分配电力功能的设施。其中也包括上述设施与供电企业的供电与用户受电的电气连接处，如高压用户的变电站或配电站或不经变电直接用的设备，低压用户的配电室、居民用户的电能表等。用户的受点装置是否符合国家标准或电力行业标准，直接影响电网的公共安全；所以，供电企业参与用户的受电装置的设计图纸的审核，是一项重要的权利和责任。

"设计图纸"，是指受电装置的重要施工设计图纸，不是全部设计图纸。

（2）供电企业有权按照国家标准和电力行业标准检查供用电隐蔽工程，并对施工进行监督。这里所指的"隐蔽工程"，通常是指埋在地下或墙体中、工程竣工后不能直接看到的电器设施。

（3）供电企业有权对用户受电装置竣工工程进行检查。检验合格的方可投入使用。

"竣工工程"是指用户电气设施工程完工后，由用户依法提出竣工申请报告验收的工程。

5. 电价与计量装置

《条例》第二十五条规定，供电企业应当按照国家有关规定实行分类电价、分时电价。根据该条规定，供电企业可以根据用户不同的用电类别制定不同的电价标准。

"分类电价"，是指国家物价行政主管部门根据不同用电类别制定的不同电价标准。

"分时电价"，是指水、电、丰枯期差别电价，电网年用电高峰低谷季节差别电价，法定休息日与正常工作日差别电价，每日用电高峰低谷时间差别电价等的总称。

《条例》第二十六条规定，用户应当安装用电计量装置。用户使用的电力、电量，以计量检定机构依法认可的用电计量装置的记录为准。用电计量装置，应当安装在供电设施与受电设施的产权分界处。安装在用户处的用电计量装置，由用户负责保护。

根据该条规定，用户必须使用由计量检定机构依法认可的用电计量装置，并以其记录为准。这条所称"计量检定机构依法认可"包括以下几种情况：

（1）计量检定机构依计量法和职权认可。

（2）计量检定机构依法和约定，指定授权单位的认可。

（3）由供电企业直接检定安装的计量装置。

（4）非经计量检定机构依法认可或计量检定机构指定、约定、授权单位认可的计量装置，不应使用；尤其是不能以其记录为准。

用电计量装置的位置原则上应当装在供电设施与受电设施的产权分界处。

供电企业应当按照国家核准的电价和用电计量装置的记录，向用户计收电费。

用户应当按照国家批准的电价，并按照规定的期限、方式或者合同约定的办法，交付电费。

6. 停电通知义务

在发、供电系统正常运行的情况下，供电企业应当连续向用户供电；因故需要停止供电时，应当按照下列要求事先通知用户或者进行公告：

（1）因供电设施计划检修需要停电时，供电企业应当提前7天通知用户或者进行公告；

（2）因供电设施临时检修需要停止供电时，供电企业应当提前24h通知重要用户；

（3）因发、供电系统发生故障需要停电、限电时，供电企业应当按照事先确定的限电序位进行停电或者限电。引起停电或者限电的原因消除后，供电企业应当尽快恢复供电。

"供电设施计划检修"，是指周期性检修以及按照事先计划安排进行检修。

"通知"，是书面通知、电话通知、布告通知等形式的统称。

"公告"，是指向公众公开发布的告示，包括张贴布告、无线电通信公告、报纸公告、电视公告、广播公告等。

"供电设施临时检修"，是指供电企业通过对在公用供电设施的正常巡视检查中发现重大故障或事故隐患，如果不及时停电检修消除隐患将会造成重大事故的情况下，而安排的紧急检修。

"重要用户"，是指事先准备，一旦突然中断供电将会造成重大的财产损失或人身伤亡的用户。

"发、供电系统发生故障"，是指影响大量用户或较大面积地区用户的发供电设施发生故障，例如发电厂向电网送电设施发生故障、地区型电源故障、电网的输变电设施发生故障等。

"停电"，是指对一个用户或一个供电区的部分或全部用户中断供电。

"限电"，是指对一个地区（或用电大户）中的部分地区、部分用户、用电大户的部分用电设施中断供电，使其用电总量减少的一种措施行为。

"事先确定的限电序位"，是指各地人民政府批准的停电、限电顺序的排列。限电序位的确定，《电网制度管理条例》已作出明确规定，包括事故限电序位、计划限电序位。供电企业必须按照"限电序位"进行停电、限电。

停电或者限电的原因消除后，供电企业应当尽快恢复供电。目的是减少用户的经济损失，或是为了创造更多的产品。

五、电力使用

《条例》第五章共3条，主要规定了计划用电、安全用电、节约用电、严禁违章用电和窃电行为等原则，规定了供电企业、用户、各级人民政府、电力管理部门等主体及其权利、义务、责任等。在世界能源缺乏的今天，节排减能是我国的一项长期的国策。因此，节约用电、安全用电、计划用电是电力使用中必须加强管理的措施。所以《条例》对用电过程中作出的应当鼓励和禁止的行为的规定是非常必要的。

1. 计划用电

县级以上人民政府电力管理部门应当遵照国家产业政策，按照统筹兼顾、保证重点、择优供应的原则，做好计划用电工作。

供电企业和用户应当制定节约用电计划，推广和采用节约用电的新技术、新材料、新工艺、新设备，降低电能消耗。

2. 禁止性规定

《条例》第三十条规定，用户不得有下列危害供电、用电安全，扰乱正常供电、用电秩序的行为：①擅自改变用电类别；②擅自超过合同约定的容量用电；③擅自超过计划分配的用电指标的；④擅自使用已经在供电企业办理暂停使用手续的电力设备，或者擅自启用已经被供电企业查封的电力设备；⑤擅自迁移、更动或者擅自操作供电企业的用电计量装置、电力负荷控制装置、供电设施以及约定由供电企业调度的用户受电设备；⑥未经供电企业许可，擅自引入、供出电源或者将自备电源擅自并网。

"擅自"，是指用户未按国家规定的程序办理手续，未经供电企业同意或允许而自行进行的行为。

"改变用电类别"，是指违反电价分类属性用电。例如，把属于较高电价类别的用电，私自更改为较低电价类别的用电，以达到少交电费的目的，就是改变了用电类别。

"合同约定的容量"，是指供电企业依据供电可能性认可的用户用电量，是供用电双方协商一致以合同方式确认的容量。

"计划分配"的用电指标，是指用电指标分配部门，依照国家发、供、用电总计划，分配到各用户允许使用的电力、电量指标，包括日、月、季、年用电指标。

"在供电企业办理暂停使用手续的电力设备"、"已经被供电企业查封的电力设备"，是指用户因违反国家规定用电、违章用电、窃电、超计划用电或者不安全用电，供电企业依法封存或不许用户继续使用的电器设备。

用户不得擅自迁移、更动或者擅自操作供电设备的用电计量装置、电力负荷控制装置、供电设施以及约定由供电企业调度的用户受电设备。擅自迁移、更动、擅自操作供电企业的计量装置，尽管没有损坏封印、接线、计量装置本体，但可能引起计量装置产生误差，使电力负荷装置失灵。

"更动"是指用户私自更改、变动、改换计量装置的行为。

"供电设施"是指由供电企业负责维护管理的供电设施。

"用户受电设备"是指用户从供电企业购电使用、接受电力的设备，通常有变电设备、配电设备或直接用电的设备等。

用户未经供电单位许可，不得擅自引入、供出电源或者将自备电源擅自并网等。

"擅自引入电源"，是指用户把第三者的电源引入，供本用户使用；或私自送出，将电供给其他用户。

"将自备电源擅自并网"，是指用户不经电网经营企业允许，也未签订并网协议，而私自把自备电源接到电网中运行的行为。

《条例》第三十一条规定的禁止窃电行为包括：①在供电企业的供电设施上，擅自接线用电；②绕越供电企业的用电计量装置用电；③伪造或者开启法定的或者授权的计量检定机构加封的用电计量装置封印用电；④故意损坏供电企业用电计量装置；⑤故意使供电企业的用电计量装置计量不准或者失效；⑥采用其他方法窃电。

"窃电"，是指以非法占用电能，达到不交或者少交电费为目的，采用秘密手段不计量或少计量用电的行为。窃电，属于盗窃公私财物的违法行为。

"擅自接线用电"，是指私自将用电设备搭接在属于供电企业维护的供电设施上，或者搭接在其他用户的供电设施上用电。

"绕越供电企业的用电计量装置用电"，是指用户为了避免计量电费，将用电设施直接与输入线路搭接用电，使供电企业检验认可的计量装置不计量或少计量的行为。

"伪造"、"开启"、"封印"，是指以非法侵占使用电能为目的，破坏或伪造假封印用电，私自开启法定或授权计量检定的机构专用封钳加封的用电计量装置封印的行为。

"故意损坏供电企业用电计量装置"，是指故意（包括直接故意和间接故意）毁灭或者损坏供电企业安装或检验认可的计量装置，使其失去计量的作用或准确程度的行为。

"故意使供电企业的用电计量装置计量不准或者失效"，是指故意在计量装置内外加放异物以及采用其他技术手段，使供电企业安装或检验认可的计量装置失去计量效能或计量准确程度的行为。

"采用其他方法窃电"，是指该条所列举之外的行为。随着科学的发展，违法者窃电的手段也越来越多，在条例中不可能把所有窃电手段和行为都列举清楚，所以凡是以非法侵占电能，不交或少交电费为目的使用电力所采取的任何手段或实施的行为，均属于窃电行为。

六、供用电合同

供用电合同是我国《中华人民共和国合同法》中规定的重要合同之一，在社会主义市场经济体制下，电力供应与使用是一种商品交换关系，供用电双方用合同形式确定各方的权利和义务，是一项重要的法律形式。由于《条例》在 1996 年颁布并施行，而《中华人民共和国合同法》于 1999 年 10 月 1 日起施行，因此，有关供用电合同部分的内容在第四章第四节中阐述。

七、监督和管理

《条例》第七章共 2 条，主要规定了各级电力管理部门加强供用电监督与管理的权限、范围、事项等。

1. 对供用电的监督和管理

（1）电力管理部门的职责。《条例》第三十六条规定，电力管理部门应当加强对供用电的监督和管理。供用电监督检查工作人员必须具备相应的条件。供用电监督检查工作人员执行公务时，应当出示证件。

供用电监督检查管理的具体办法，由国务院电力管理部门另行制定。

根据该条规定，各级电力管理部门应加强对供用电的监督和管理。"监督"是指电力行政执法监督行为。"管理"是指电力行政执法行为。

各级电力管理部门，是实施用电监督管理权的主体，包括国务院电力管理部门、省级经济综合部门。

对用电实施监督管理，是各级电力管理部门的法定职责。

（2）供用电监督检查工作人员须具备的条件。供用电监督检查人员是各级电力管理部门实施用电监督管理权的具体工作人员，必须具备包括电力管理知识、法律知识水平、执法能力等，各种条件要与履行的职务相适应。

供用电监督检查人员执行公务时，应出示证件，向监督检查主体对象告示，这是一项执法形式法定要件。

2. 进网电工和承装、承修、承试企业的管理

《条例》第三十七条规定，在用户受送电装置上作业的电工，必须经电力管理部门考核合格，取得电力管理部门颁发的《电工进网作业许可证》，方可上岗作业。

承装、承修、承试供电设施和受电设施的单位，必须经电力管理部门审核合格，取得电力管理部门颁发的《承装（修）电力设施许可证》后，方可向工商行政管理部门申请领取营业执照。

（1）进网电工作业许可的管理。为了加强进网作业电工的管理，规范电工进网作业许可行为，保障供用电安全，根据《中华人民共和国行政许可法》、《电力供应与使用条例》和国家有关规定，在用户的受电装置或者送电装置上，从事电气安装、试验、检修、运行等作业的人员，必须取得电工进网作业许可证。未取得电工进网作业许可证或者电工进网作业许可证未注册的人员，不得进网作业。

根据该规定，在用户受电装置上作业的电工，须经电力管理部门考核合格，取得电力管理部门颁发的《电工进网作业许可证》，方可上岗作业。

"用户受电装置上作业的电工"，是指用户受电装置上从事电气安装、检修、试验、操作等工作的技术工人、工程技术人员及管理人员。

"考核合格"的含义是广义的，包括培训考试、电工知识考试、实际操作考核等均要符合电力管理部门制定的标准、条件等规定。

"电工进网作业许可证"，是指国务院电力管理部门统一制作、由各级电力管理部门考核颁发的进网电工作业资格证明。

现在由国家电力监管委员会负责组织全国电工进网作业许可考试，指导、监督全国电工进网作业许可证的颁发和管理。

（2）承装、承修、承试电力设施许可证管理。为维护承装、承修、承试电力设施的市场秩序，根据《中华人民共和国行政许可法》、《条例》和国家有关规定，在中华人民共和国境内从事承装、承修、承试电力设施业务应当按照《承装（修、试）电力设施许可管理办法》的规定取得承装（修、试）电力设施许可证。

根据该规定，承装（修、试）电力设施的单位，须经电力管理部门审核合格，取得电力管理部门颁发的《承装（修）电力设施许可证》后，方可向工商行政管理部门申请领取营业执照。

《承装（修）电力设施许可证》现由国家电力监管委员会负责颁发和管理。

该条所称《承装（修）电力设施许可证》与《电工进网作业许可证》相同之处是，两者都是作业许可的最低技术水平资格证明。电工作业许可证，是个人允许进网作业的最低技术水平资格证明，承装（修）许可证则是一个单位许可承担该项工作的最低技术水平资格证明，包括一定数量、等级的技术人员和技术工人，也包括必要的操作、试验、防护等的技术人员和技术装备，上述条件均属于进行作业的门槛条件。《电工进网作业许可证》是个人上岗作业许可的必备证明，而《承装（修）电力设施许可证》是企业向工商行政管理部门申请

营业执照的前提条件和资格证明，取得营业执照后方可进行作业。

对于进网作业电工的和承装（修）电力设施企业的资质评级由中国电力企业联合会负责考核评级和发证工作。

八、法律责任

《条例》第八章共7条，主要规定了违反条例规定应当承担的行政法律责任、民事法律责任、经济法律责任、刑事法律责任的形式、种类及应当受到的处罚等内容。

1. 行政处罚

《条例》第三十八条规定，违反本条例规定，有下列行为之一的，由电力管理部门责令改正，没收违法所得，可以并处违法所得5倍以下的罚款：

（1）未按照规定取得《供电营业许可证》，从事电力供应业务的；

（2）擅自伸入或者跨越供电营业区供电的；

（3）擅自向外转供电的。

"责令改正"，是指对违反条例的行为人，电力管理部门可以命令其在一定时间内改正。责令改正，具有具体行政行为的特性，是一种行政惩罚形式。

"没收非法所得"，是指电力管理部门依法对违反条例的行为人非法获取的财产收归公有的处罚形式。

"罚款"，是指电力管理部门依法对违反条例的行为人，限其在一定期限内缴纳一定数量的货币的处罚形式。

电力管理部门对违反条例的行为人，除责令改正和没收非法所得外，可对违反所得处以5倍以下罚款，具体倍数可根据违反条例行为情况和条例实施办法规定的原则确定。

电力管理部门，对未按规定取得《供电营业许可证》而从事电力供应业务的行为人，可以责令其改正、没收非法所得，并可处以违法所得5倍以下的罚款。

"未按照规定"是指未按国家有关法律、《条例》及实施办法和有关配套规定办理。

电力管理部门，对擅自伸入或者跨越其他供电机构供电营业区供电的行为人，可以责令其改正，没收非法所得，并可处以违反所得5倍以下的罚款。

"伸入"是指未经有关主管部门批准，擅自把供电设施延伸到相邻其他供电机构营业区供电机构营业区供电的行为。

"跨越"是指未经有关主管部门批准，擅自把供电设施穿过相邻供电机构营业区而到其他供电企业的营业区供电的行为。

电力管理部门对擅自向外转供电的，可以责令改正，没收非法所得，并可处以违法所得5倍以下的罚款。

"擅自向外转供电"是指发电厂、用户未经批准或供电企业同意私自向其他用户供电的行为。

2. 逾期交付电费的处理

逾期未交付电费的，供电企业可以从逾期之日起，每日按照电费总额的1‰～3‰加收违约金，具体比例由供用电双方在供用电合同中约定；自逾期之日起计算超过30日，经催交仍未交付电费的，供电企业可以按照国家规定的程序停止供电。

"经催交仍未交付电费"，是指用户逾期未交纳电费，供电企业或电费收缴人员通知（包括书面通知、电话通知）后，未交纳电费的用户在一定限期内仍未交纳电费的行为。

"可以停止供电"，是指对未交纳电费的用户，经供电企业催交通知后，仍然未在通知限定期内交纳电费的，供电企业应当按照规定的程序可部分或全部中断电源，停止对欠交电费的用户供电，使用户受到一定经济损失的惩罚。

3. 盗窃电能的处罚

《条例》第四十一条规定，……，盗窃电能的，由电力管理部门责令停止违法行为，追缴电费并处应交电费 5 倍以下的罚款；构成犯罪的，依法追究刑事责任。

窃电行为的性质是违法行为，电力管理部门对窃电行为要按照私接容量及实际窃电时间追缴电费，并处应交电费 5 倍以下的罚款。

"实际窃电时间"，是指可查时间或依法推定时间。可查时间，是指可以查清楚也有证据证明的具体窃电总量、总时间；依法推定时间，是指查出窃电事实，但无法查清窃电总时间和窃电总量时，依照有关规定，以推定窃电时间乘以窃用电容量，等于窃电数量，并以此为基础按规定收费，加收电费和其他费用。追缴电费应返还给供电企业。

窃电构成犯罪的，由司法机关依法追究刑事责任。

"构成犯罪的"，是指窃电数额较大，或造成严重危害后果的窃电行为。

4. 合同违约责任

合同违约责任见第四章第四节的阐述。

5. 渎职行为

《条例》第四十四条规定，供电企业职工违反规章制度造成供电事故的，或者滥用职权、利用职务之便牟取私利的，依法给予行政处分；构成犯罪的，依法追究刑事责任。

"违反规章制度"，是指供电职工违反国家或电力管理部门、供电企业自行制定的规章制度的行为。

"滥用职权"，是指供电职工超出职权范围行使非法权利（包括越权和弃权）。

"利用职务之便牟取私利"，是指供电职工利用管电的职权，获取自己非法利益的行为。

"行政处分"，是指行为人违反了行政法律法规而应受到的处分，包括警告、记过、记大过、降级、撤职、开除等。

供电职工违反该条规定构成犯罪的，由司法机关依法追究刑事责任。

"构成犯罪"，是指供电职工违反规章制度造成供电事故的行为，滥用职权、利用职务之便牟取私利的行为，构成我国刑法规定的犯罪要件、应当处以刑罚的行为。

第四节　《电力监管条例》内容简介

电力监管是我国电力市场化改革的产物，是建立适应社会主义市场经济要求的电力管理体制的重大举措。实施电力监管，就是改革原来政府部门对电力行业多头、分级、分散管理的状况，由原来主要依靠政府行政管理转变为主要依据公开透明的法律、法规实施专业化的行业监管，最终形成"政府部门适时调控，监管机构独立监管，市场主体自主经营，中介机构自律服务"的电力工业管理体制。

2002 年，以国务院《电力体制改革方案》出台为标志，我国全面启动了电力市场化改革，设立了国家电力监管委员会（简称电监会），由国务院授权电监会统一履行全国电力监管职责，对电力行业行业实行统一、垂直的监管。于 2005 年 2 月 15 日由温家宝总理签署颁发的《电力监管条例》（本节以下简称《条例》），为我国开展电力监管工作提供了法律依据。

一、总则

《条例》本章共5条，分别对立法目的、电力监管任务、电力监管原则、电力监管体制作了原则规定。

1. 制定《条例》目的、任务和原则

（1）制定《条例》的目的。条例是在我国电力工业加快发展和深化改革的大背景下制定的。制定条例的直接目的就是通过明确电力监管原则、监管体制、监管机构、监管职责、监管措施和法律责任，加强电力监管、规范电力监管行为、完善电力监管制度，以进一步促进我国电力工业的健康发展、巩固电力体制改革成果、完善改革措施。

（2）电力监管的任务。电力监管的任务是维护电力市场秩序，依法保护电力投资者、经营者、使用者的合法权益和社会公共利益，保障电力系统安全稳定运行，促进电力事业健康发展。

电力监管的任务包括经济性监管和社会性监管两个方面。其中，经济性监管的任务包括：①维护电力市场秩序、防止操纵市场；②保证输电网的公平接入；③必要的价格监管等。社会性监管的任务包括：①电力系统的安全可靠性和高效率；②消费者利益（包括普遍服务）；③环境保护等。

（3）电力监管的原则。电力监管的原则是：①依法监督原则；②公开原则；③公正原则；④效率原则。

2. 监管体制

国务院电力监管机构依照本条例和国务院有关规定，履行电力监管和行政执法职能；国务院有关部门依照有关法律、行政法规和国务院有关规定，履行相关的监管职能和行政执法职能。

任何单位和个人对违反本条例和国家有关电力监管规定的行为有权向电力监管机构和政府有关部门举报，电力监管机构和政府有关部门应当及时处理，并依照有关规定对举报有功人员给予奖励。

二、电力监管机构

《条例》第二章共有6个条款，分别对电力监管机构的设立，从事电力监管工作人员的总体要求，电力监管制度的建立以及对电力监管机构的监督提出了规范性上的规定。

1. 电力监管机构的设立

《条例》第六条规定，国务院电力监管机构根据履行职责的需要，经国务院批准，设立派出机构。国务院电力监管机构对派出机构实行统一领导和管理。

国务院电力监管机构的任务是维护电力市场秩序，依法保护电力投资者、经营者、使用者的合法权益和社会公共利益，保障电力系统安全运行，促进电力事业健康发展。

我国目前的国务院电力监管机构，是根据国务院《电力体制改革方案》的规定设立的国家电力监管委员会。电监会为国务院直属事业单位，按国务院授权履行电力监管职责。

电力监管机构按现行法律法规，采用的是双监管机构体制，即在电力监管机构履行电力监管和行政执法职能的同时，国务院有关部门也履行相关的监管职能和行政执法职能；与监管机构双监管机构体制相对应，对违反条例和规定的行为，其受理举报权也是双受理制，即任何单位和个人对违反条例和规定的行为，不仅可以向电力监管机构举报，而且也可以向政府有关部门举报。

2. 从事电力监管工作人员的总体要求

电力监管机构从事监管工作的人员，应当具备与电力监管工作相适应的专业知识和业务工作经验。

（1）应当具有较高的政治素质和政策理论水平，自觉贯彻执行党的路线方针政策。

（2）应当具有较高的电力专业知识水平，熟悉现代监管理论，掌握先进的监管方法。

（3）应当掌握必要的法律、经济和管理等方面的知识，坚持依法监管。

（4）对从事专项监管工作的人员，还应掌握相应的专门知识。比如，从事电力价格与财务监管工作的人员，应熟悉价格和财务知识。

对从事电力监管工作人员的职业道德要求是"忠于职守，依法办事，公正廉洁，不得利用职务便利牟取不正当利益，不得在电力企业、电力调度交易机构兼任职务"。

《条例》中还要求电力监管机构建立监管责任制度和监管信息公开制度，接受国务院财政、监察、审计等部门的监督。

三、电力监管职责

《条例》第三章共有 9 条，其基本职责概括起来有以下七个方面。

（1）制定和颁发电力监管规章。健全监管规章和规则，既是实施监管的基础，也是监管机构的重要职责。这方面职责主要包括制定电力监管规章、规则，如制定电力市场基本运营规则、电力市场监管办法、电力调度监管办法、电力安全监管办法、供电服务监管办法，制定和参与制定电力准入管理、定价、技术、安全、环保和普遍服务等相关的法规、规则和规章，对相关法律、法规提出修改建议。

（2）颁发和管理电力业务许可证。《条例》第十三条规定，电力监管机构依照有关法律和国务院有关规定，颁发和管理电力业务许可证。

电力业务许可证制度是对政企分开、厂网分开、建立电力市场新体制格局下的电力业务进行有效监管的重要手段。通过颁发和管理电力业务许可证，明确并监督落实持证人的权利、责任和义务，对电力企业相关生产经营行为进行有效监管，有利于维护电力企业的合法权益和电力市场秩序，规范电力企业生产、经营、服务行为，保障电力系统安全、优质、经济运行。

（3）对发电企业、输电企业的监管。主要包括对发电企业在各电力市场中所占份额的比例实施监管，对输电企业公平开放电网的情况实施监管。

（4）对电力系统运行实施监管。主要对电力调度交易机构执行电力调度规则的情况实施监管；对发电厂并网、电网互联以及发电厂与电网协调运行的情况实施监管。

（5）对供电企业提供供电服务情况的监管。电力监管机构对供电企业按照国家规定的电能质量和供电服务标准向用户提供供电服务的情况实施监管。供电企业应当依照国家法律法规标准及有关规定，向用户提供质量合格、价格合理、行为规范的供电服务，明确了电力监管机构对供电企业服务行为和产品质量实施监管的权力。其包含电能质量标准、供电服务标准和相关监管措施三个基本内容。

（6）对电力市场交易过程实施全方位监管。主要包括对电力市场向从事电力交易的主体公平、无歧视开放的情况实施监管；对电力企业、电力调度交易机构执行电力市场运行规则的情况实施监管；实施电价监管。

（7）负责全国电力安全监督管理工作。如制定重大电力生产安全事故处理预案，建立重大电力生产安全事故应急处理制度。

四、电力监管措施

《条例》第四章共有 8 条，是关于电力监管机构履行监管职责的具体方法和程序的规定。必要的监管措施是电力监管机构有效行使监管权的重要保证。其主要措施是要求电力企业、电力调度交易机构报送文件、资料，提供信息；进入电力企业、调度机构进行检查、询问、查阅、复制与检查事项有关的文件、资料；进行电力交易协调和裁决；电力安全事故调查、处理；披露电力企业和电力调度机构违反电力监管的法律、法规的行为。基本措施概括起来有以下六个方面。

1. 文件、资料的监管

电力监管机构根据履行监管职责的需要，有权要求电力企业、电力调度交易机构报送与监管事项相关的文件、资料。通过企业报送的信息，掌握企业的情况，是监管机构常用的一种非现场监管措施。

2. 电力监管信息系统

建立电力监管信息系统，要求电力企业、电力调度机构将与监管相关的信息系统接入电力监管信息系统。同时规定，电力监管机构有权责令电力企业、电力调度交易机构按照国家有关电力监管规章、规则的规定如实披露有关信息。

3. 现场监管措施

电力监管机构依法履行职责，可以采取下列措施，进行现场检查：①进入电力企业、电力调度交易机构进行检查；②询问电力企业、电力调度交易机构的工作人员，要求其对有关检查事项作出说明；③查阅、复制与检查事项有关的文件、资料，对可能被转移、隐匿、损毁的文件、资料予以封存；④对检查中发现的违法行为，有权当场予以纠正或者要求限期改正。

依法从事电力监管工作的人员在进行现场检查时，应当出示有效执法证件；未出示有效执法证件的，电力企业、电力调度交易机构有权拒绝检查。

4. 并网、互联争议解决

对发电厂与电网并网、电网与电网互联，并网双方或者互联双方达不成协议，影响电力交易正常进行的，电力监管机构应当进行协调；经协调仍不能达成协议的，由电力监管机构作出裁决。

5. 电力安全生产事故

电力企业发生电力生产安全事故，应当及时采取措施，防止事故扩大，并向电力监管机构和其他有关部门报告。电力监管机构接到发生重大电力生产安全事故报告后，应当按照重大电力生产安全事故处置预案，及时采取处置措施。

电力监管机构按照国家有关规定组织或者参加电力生产安全事故的调查处理。

6. 违法行为及处理结果的公布

电力监管机构对电力企业、电力调度交易机构违反有关电力监管的法律、行政法规或者有关电力监管规章、规则，损害社会公共利益的行为及其处理情况，可以向社会公布。

五、法律责任

《条例》第五章共 7 条，主要规定了电力监管机构从事监管工作的人员、电力企业、电力调度交易机构以及其他有关人员，违反《条例》应承担的法律责任，主要包括行政责任和刑事责任。

1. 从事电力监管工作的人员应承担的法律责任

《条例》第二十九条规定，电力监管机构从事监管工作的人员有下列情形之一的，依法给予行政处分；构成犯罪的，依法追究刑事责任：①反有关法律和国务院有关规定颁发电力业务许可证的；②发现未经许可擅自经营电力业务的行为，不依法进行处理的；③发现违法行为或者接到对违法行为的举报后，不及时进行处理的；④利用职务便利牟取不正当利益的。

电力监管机构从事监管工作的人员在电力企业、电力调度交易机构兼任职务的，由电力监管机构责令改正，没收兼职所得；拒不改正的，予以辞退或者开除。

2. 擅自经营电力业务者应承担的法律责任

《条例》第三十条规定，违反规定未取得电力业务许可证擅自经营电力业务的，由电力监管机构责令改正，没收违法所得，可以并处违法所得5倍以下的罚款；构成犯罪的，依法追究刑事责任。

3. 电力企业直接负责的主管人员和其他直接责任人员违反《条例》应承担的法律责任

《条例》第三十一条规定，电力企业违反条例规定，有下列情形之一的，由电力监管机构责令改正；拒不改正的，处10万元以上100万元以下的罚款；对直接负责的主管人员和其他直接责任人员，依法给予处分；情节严重的，可以吊销电力业务许可证：①不遵守电力市场运行规则的；②发电厂并网、电网互联不遵守有关规章、规则的；③不向从事电力交易的主体公平、无歧视开放电力市场或者不按照规定公平开放电网的。

4. 供电企业违反《条例》应承担的法律责任

《条例》第三十二条规定，供电企业未按照国家规定的电能质量和供电服务质量标准向用户提供供电服务的，由电力监管机构责令改正，给予警告；情节严重的，对直接负责的主管人员和其他直接责任人员，依法给予处分。

5. 电力调度交易机构违反《条例》应承担的法律责任

《条例》第三十三条规定，电力调度交易机构违反条例规定，不按照电力市场运行规则组织交易的，由电力监管机构责令改正；拒不改正的，处10万元以上100万元以下的罚款；对直接负责的主管人员和其他直接责任人员，依法给予处分。

电力调度交易机构工作人员泄露电力交易内幕信息的，由电力监管机构责令改正，并依法给予处分。

6. 电力企业、电力调度交易机构违反《条例》应承担的刑事责任

《条例》第三十四条规定，电力企业、电力调度交易机构有下列情形之一的，由电力监管机构责令改正；拒不改正的，处5万元以上50万元以下的罚款，对直接负责的主管人员和其他直接责任人员，依法给予处分；构成犯罪的，依法追究刑事责任：①拒绝或者阻碍电力监管机构及其从事监管工作的人员依法履行监管职责的；②提供虚假或者隐瞒重要事实的文件、资料的；③未按照国家有关电力监管规章、规则的规定披露有关信息的。

本 章 小 结

本章共有四节内容，分别对我国目前的电力行政法规《电力设施保护条例》、《电网调度

管理条例》、《电力供应与使用条例》和《电力监管条例》的主要内容进行了阐述。

《电网调度管理条例》的主要内容包括调度系统、调度计划、调度规则、调度指令、并网与调度及相关处罚规定条款。《电力设施保护条例》重点介绍了电力设施保护工作的对象，电力设施保护的法律关系与特点，电力设施与其他设施互相妨碍的处理原则和有关电力设施保护的行政处罚与执法问题。《电力供应与使用条例》的主要内容包括供电营业区域、供电设施、电力供应、电力使用、监督和管理及法律责任。《电力监管条例》的主要内容包括电力监管机构、监管职责、监管措施和法律责任。

思 考 与 练 习 题

1. 电网调度的机构是如何设置的？
2. 各级调度机构的权利与义务有哪些？
3. 并网协议包括哪些基本内容？
4. 《电网调度管理条例》中适用行政处分的行为有哪些？
5. 简述电力设施保护的根本任务。
6. 简述电力设施保护范围和保护区。
7. 电力设施保护法律关系的特点有哪些？
8. 对电力设施与其他设施互相妨碍的处理原则有哪些？
9. 《电力供应与使用条例》体现了哪些基本原则？
10. 《电力供应与使用条例》的适用范围包括哪些？
11. 设立供电营业区应遵循哪些基本原则？
12. 用户危害供用电安全，扰乱正常供用电秩序的行为有哪些？
13. 窃电行为包括哪些？
14. 电力管理部门的行政处罚权限有哪些？
15. 电力管理部门对窃电行为的处罚办法有哪些？
16. 电力监管的任务是什么？
17. 对电力监管工作人员的要求有哪些？
18. 电力监管的主要职责有哪些？
19. 电力监管的主要措施有哪些？

第 四 章

《合同法》与供用电合同

1996 年 12 月国务院发布通知组建国家电力公司，电力企业全面推向市场，电力市场迅速发展。供用电双方由不平等的行政关系转变为平等的民事关系，供用电的行为受民法调整，由供用电合同确定双方的权利和义务。

1999 年 10 月 1 日起施行的《中华人民共和国合同法》（简称《合同法》），取代了此前的《经济合同法》、《涉外经济合同法》和《技术合同法》三部合同法。《合同法》对于规范各类合同，促进市场经济的发展，解决经济纠纷，保护当事人的合法权益，维护社会经济秩序起着十分重要的作用。

《电力法》第二十七条规定："电力供应与使用双方应当根据平等自愿、协商一致的原则，按照国务院制定的电力供应与使用办法签订供用电合同，确定双方的权利和义务。"供用电合同是《合同法》所规范的一种十分重要的合同，适用《合同法》的规定。同时，电力又是一种特殊商品，具有典型的行业特性，根据新法优于旧法、特殊法优于普通法的原则，供用电合同是一种民事合同，主要受《合同法》、《民法通则》、《电力法》、《电力供应与使用条例》及相关行政法规的调整。

本章主要介绍合同法的一般知识和供用电合同的主要内容。

第一节 合同的成立与效力

一、合同

合同是平等主体的自然人、法人、其他组织之间设立、变更、终止民事权利义务关系的协议。婚姻、收养、监护等有关身份的协议，适用其他法律的规定。合同具有以下法律特征：

（1）合同是平等主体之间的协议。这是指双方或多方当事人的意思表示达成了一致。即订立合同的主体在法律上是平等的，任何一方都不得将自己的意志强加给对方。

（2）合同是设立、变更、终止民事权利义务关系的协议。设立民事权利义务关系，是指当事人之间原本不存在民事权利义务关系，而通过订立合同形成某种特定的民事权利义务关系。变更民事权利义务关系，是指当事人通过订立合同变更原本存在的民事权利义务关系的内容。终止民事权利义务关系，是指当事人通过订立合同消灭原本存在的民事权利义务关系。

（3）合同是设立、变更、终止特定范围的民事权利义务关系的协议。婚姻、收养、监护等有关身份的民事权利义务关系，不适用《合同法》的相关规定。这是因为合同是商品交换的法律表现形式，适用商品经济价值规律的等价有偿的原则，而婚姻、收养、监护等有关身份关系的协议有更多的赋予伦理和道德的特性和规律，并已相对独立，完全适用商品经济等价有偿的原则未必合适，因此将之排除界定于合同之外。

（4）合同关系具有相对性。合同的相对性主要是指合同关系只能发生在特定的合同当事人之间，只有合同当事人一方能够向另一方基于合同提出要求或诉讼；与合同当事人没有发生合同上权利义务关系的第三人不能依据合同提出要求或诉讼，也不应承担合同的义务和责任；非依法律或合同的规定，第三人不得主张合同上的权利。

二、要约

1. 要约的概念

合同的订立经过要约承诺阶段。《合同法》第十四条规定："要约是希望和他人订立合同的意思表示。"要约是一方当事人以缔结合同为目的向对方当事人所作的意思表示。发出要约的人称为要约人，接受要约的人称为受要约人、相对人和承诺人。要约是订立合同的必经阶段，要约作为一种订约的意思表示，它能够对要约人和受要约人产生一种约束力。要约的意思表示必须"表明经受要约人承诺，要约人即受该意思表示约束"。

2. 要约的构成要件

（1）要约是由有订约能力的特定人作出的意思表示。《合同法》第九条规定："当事人订立合同，应当具有相应的民事权利能力和民事行为能力。"因此，要约人应当具有缔约能力，无行为能力人或依法不能独立实施某种行为的限制行为能力人发出的要约不产生行为人预期的效果。

（2）要约必须具有订立合同的意图。根据《合同法》第十四条，要约是希望和他人订立合同的意思表示。由于要约具有订约意图，因此要约一经承诺，就可以产生合同。要约人受到要约的约束。

（3）要约必须向受要约人发出。要约原则上应向特定人发出，但没有严格禁止向不特定人发出，如悬赏广告就是要约。另一方面，要约人愿意向不特定人发出要约，并且愿意承担由此产生的后果，在法律上是允许的。向不特定人发出要约必须具备两个条件：①明确表示其作出的建议是一项要约而不是要约邀请；②明确承担向多人发出要约的责任，尤其是要约人向不特定人发出要约后，应当具有在合同成立后向不特定的受要约人履行合同的能力。

（4）要约的内容必须具体确定。具体是指要约的内容必须具有足以使合同成立的主要条款。确定是指要约的内容必须明确，不能含糊不清，使受要约人能够理解要约的真实含义。

3. 要约的法律效力

要约的法律效力亦称要约的约束力。一个要约如果符合一定的构成要件，就要对要约人和受要约人产生一定的效力。要约的法律效力体现在以下三个方面：

（1）要约开始生效的时间。《合同法》第十六条："要约到达受要约人时生效。"送达并不一定实际送达受要约人及其代理人手里，只要要约送达到受要约人所能够控制的地方（如受要约人的信箱等）即为到达。在要约未到达之前，要约人可以撤回或修改要约的内容。

（2）要约的存续期间。要约的存续期间，就是指要约可以在多长时间内发生法律效力。关于要约的期限问题完全由要约人确定，如果要约人没有确定，则只能以要约的具体情况来确定合理期限。如果要约没有明确规定该要约的存续期限，则应区分如下两种情况：①以口头形式发出的要约。如果要约中没有规定承诺期限，那么在受要约人立即作出承诺的时候，才能对要约人产生约束力，如果受要约人没有立即作出承诺，则要约就失去了效力。②以书面形式发出的要约，如果要约人在要约中具体规定了存续期限，则该期限为要约的有效存续期限。如果要约中没有规定存续期限，则应当确定一段合理时间作为要约存续的期限。合理期限包括要约到达受要约人的时间；作出承诺所必要的时间；承诺通知到达要约人所必需的时间这三项内容。

（3）要约的法律效力。要约在发出以后即对要约人和受要约人产生一定的约束力，具体表现如下：①要约对要约人的约束力，是指要约一经生效，要约人即受到要约的约束，不得随意撤销或对要约随意加以限制、变更和扩张；②要约对受要约人的约束力，即受要约人在要约生效时即取得依其承诺而成立合同的法律地位。

4. 要约的撤回和撤销

要约的撤回是指要约人在发出要约以后，未到达受要约人之前，有权宣告取消要约。要约的撤销，是指要约人在要约到达受要约人并生效以后，将该项要约取消，从而使要约的效力归于消灭。撤销与撤回都旨在要约作废或者取消要约，并且都只能在承诺作出之前实施。但两者存在一定的区别，表现在于：撤回发生在要约生效之前，而撤销则发生在要约已经到达并生效，但受要约人尚未作出承诺的期限内。由于撤销要约时要约已经生效，因此对要约的撤销必须有严格的限定。如《合同法》第十九条规定，如果要约中规定了承诺期限或者以其他形式明示要约是不可撤销的；或者尽管没有明示要约不可撤销，但受要约人有理由认为要约是不可撤销的，并且已经为履行合同做了准备工作，则不可撤销要约，如果受要约人在收到要约以后，基于对要约的信赖，已为准备承诺支付了一定的费用，那么在要约撤销以后有权要求要约人给予适当补偿。

5. 要约的失效

要约失效是指要约丧失了法律约束力，即不再对要约人和受要约人产生约束。要约失效以后，受要约人也丧失了其承诺的能力，即使其向要约人表示承诺，也不能导致合同的成立。根据《合同法》第二十条，要约失效的原因主要有以下几种：

（1）拒绝要约的通知到达要约人。

（2）要约人依法撤销要约。要约在受要约人发出承诺之前，可由要约人撤销要约，一旦撤销，要约即失效。

（3）承诺期限届满，受要约人未作出承诺。

（4）受要约人对要约的内容作出实质性变更。

三、承诺

1. 承诺的概念

根据《合同法》第二十一条，承诺是指受要约人同意要约的意思表示。即是指受要约人同意接受要约的条件以缔结合同的意思表示。

2. 承诺的构成要件

由于承诺一旦生效，将导致合同的成立，因此在法律上，承诺必须具备如下条件，才能产生法律效力：

（1）承诺必须由受要约人向要约人作出。由于要约原则上是向特定人发出的，因此只有接受要约的特定人即受要约人才有权作出承诺，第三人因不是受要约人，无资格向要约人作出承诺，否则视为发出要约。如果向要约人以外的其他人作出承诺，则只能视为对他人发出要约，不能产生承诺效力。

（2）承诺必须在规定的期限内到达要约人。承诺只有到达要约人后才能生效，而到达也必须具有一定的期限限制。《合同法》第二十三条规定："承诺应当在要约确定的期限内到达要约人"。如果要约规定了承诺期限，应当在规定的承诺期限内到达；在没有规定期限时，根据《合同法》第二十三条的规定，如果要约是以对话方式作出的，承诺人应当即时作出承诺，如果要约人是以非对话方式作出的，应当在合理的期限内作出并到达要约人。合理的期限的长短应当根据具体情况来确定。根据一般的交易惯例，受要约人在收到要约以后需要考虑和作出决定的时间，以及发出承诺并到达要约人的时间。

（3）承诺的内容必须与要约的内容一致。承诺对要约的同意内容须与要约的内容一致，才构成意思表示的一致即合意，从而使合同成立。合同法规定的"承诺的内容应当与要约的内容一致"是指受要约人同意要约的实质内容，不得对要约的内容作出实质性更改；否则应视为对原要约的拒绝并作出一项新的要约，或称为反要约。合同的实质性内容指未来合同的重要条款，如果缺少这些条款则未来的合同便不能成立或者存在着重大缺陷。按照《合同法》第三十条，有关合同的标的、数量、质量、价款或者报酬、履行期限、履行地点和方式、违约责任和解决争议的方法等条款属于实质性内容。如果承诺对要约中包含的上述条款作出了改变，就意味着更改了要约的实质性内容。这样的承诺将不产生使合同成立的效果，只能作为一种反要约而存在。对非实质内容做出更改，一般不影响合同成立。根据《合同法》第三十一条，即使是非实质性内容的变更在以下两种情况下承诺也不能生效；第一，要约人及时表示反对，即要约人在收到承诺通知后，立即表示不同意受要约人对非实质性内容所做的变更；第二，若要约明确表示承诺不得对要约的内容作任何更改，即受要约人作出非实质性变更也不能使承诺生效。

（4）承诺的方式符合要约的要求。根据《合同法》第二十二条，承诺原则上应采取通知方式，但根据交易习惯或者要约表明可以通过行为作出承诺除外。以行为作出承诺，不同于单纯的缄默或不行为。缄默或不行为都是指受要约人没有作任何意思表示，也不能确定其具有承诺的意思，则不属于承诺。行为承诺的方式通常有实际履行或为履行合同积极做准备工作。

3. 确定承诺生效的标准

《合同法》第二十五条规定："承诺生效时合同成立。"因此承诺的效果在于使合同成立，即一旦承诺生效，合同便宣告成立。根据《合同法》第二十六条："承诺通知到达要约人时生效。承诺不需要通知的，根据交易习惯或者要约的要求作出承诺的行为时生效。"《合同法》第二十三条也明确要求承诺应当在要约确定的期限内到达要约人，所以，承诺生效时间以到达要约人时确定。承诺通知一旦到达要约人，合同即宣告成立。如果承诺不需要通知，则根据交易习惯或者要约的要求，一旦受要约人作出承诺的行为，即可使承诺生效。

4. 承诺的迟延

承诺迟延是指受要约人未在承诺期限内发出承诺。根据《合同法》第二十八条："受要约人超过承诺期限发出承诺的，除要约人及时通知受要约人该承诺有效的以外，为新要约。"《合同法》要求承诺应当在要约确定的期限内达到要约人，但在判定承诺迟延方面，并未以到达迟延为标准，而以超过承诺期限发出承诺为标准。

5. 承诺的撤回

承诺撤回是指受要约人在发出承诺通知以后，在承诺正式生效之前撤回其承诺。根据《合同法》第二十七条："承诺可以撤回。撤回承诺通知应当在承诺通知到达要约人之前或者与承诺通知同时到达要约人。"如果承诺通知已经生效，合同已经成立，则受要约人不能再撤回承诺。

四、合同成立

1. 合同的实际成立

对于要约合同必须履行特定的形式，合同才能成立。然而，在实践中，当事人虽未履行特定的形式，但已经实际履行了合同，则可以从当事人实际履行合同义务的行为中推定当事人已经形成了合意和合同的关系。因此，《合同法》第三十六条规定，法律、行政法规规定或者当事人约定采用书面形式订立合同，当事人未采用书面形式，但一方已经履行主要义务，对方接受的、该合同成立。采用合同书形式订立合同，在签字或者盖章之前，当事人一方不得以未采取书面形式或未签字盖章为由，否认合同关系的实际存在。

议一议

某地区为一水稻种植区，2005年8月的一天突降暴雨，造成该地区稻田水渍灾害。该地区一种植户以当天时间较晚来不及办理临时抽水排渍用电手续为由，要求营业所该辖区电工在没有办理临时用电手续的情况下，优先给予抽水排渍的抽水机接电。该营业所电工收取了该种植户300元电费预付金并写了收条，该种植户书面承诺第二天上午12点钟前到供电营业所办理临时用电手续，已收的300元作预收电费据实结算；并注明在办理正式临时供电营业手续前，发生任何事故由其本人负责的情况下，该电工于当日下午7点钟左右接电开始抽水排渍。

当天夜晚，该种植户不慎触电死亡，第二天上午其家属向该电工工作的供电营业所提出索赔要求。理由：①抽水接电是该供电营业所电工所为，接电时没有告知安全措施存在问题，发生致人触电死亡应负有责任；②认为该电工有权代表该供电营业所，其接电的临时用电合同成立。

该供电营业所则认为不应承担责任，理由：①按照供电营业有关规定，供用电合同（包括临时用电）必须签署书面供用电合同，该种植户没有签署书面供用电合同，合同不成立；②该电工系供电营业所聘用电工，行为人没有代理权，无权代表供电营业所签署合同，其写的收条和死者生前的书面承诺均为个人行为，对被代理人不发生效力，由行为人个人承担责任。

请问：该种植户与供电营业所的供用电合同是否成立，为什么？

2. 合同成立的时间

合同成立的时间是由承诺实际生效的时间所决定的。在确定承诺生效时间时，有如下几种情况值得注意：

（1）受要约人在承诺期限内发出了承诺，但因其他原因导致承诺到达迟延。根据《合同法》第二十九条："受要约人在承诺期限内发出承诺，按照通常情形能够及时到达要约人，但因其他原因承诺到达要约人时超过承诺期限的，除要约人及时通知受要约人因承诺超过期限不接受该承诺的以外，该承诺有效。"

（2）承诺是否在要约规定的期限内发出要根据要约的方式确定。如果要约是以信件或者电报发出的，承诺期限自信件载明的日期或者电报交发之日开始计算。信件未载明日期的，自投寄该信件的邮戳日期开始计算。要约以电话、传真等快速通信方式作出的，承诺期限自要约到达受要约人时开始计算。

（3）采用数据电文形式订立合同的，如果要约人指定了特定系统接受数据电文的，则受要约人承诺的数据电文进入该特定系统的时间，视为到达时间；未指定特定系统，该数据电文进入要约人的任何系统的首次时间，视为到达时间。

（4）以直接对话方式作出承诺，应以收到承诺通知的时间为承诺生效时间；如果承诺不需要通知的，则受要约人可根据交易习惯或者要约的要求以行为的方式作出承诺，一旦实施承诺的行为，则应为承诺的生效时间。

3. 合同成立的地点

根据《合同法》第三十四条，承诺生效地点为合同成立的地点。当事人采用合同书形式订立合同的，双方当事人签字或者盖章的地点为合同成立的地点。而采用数据电文形式订立合同的，收件人的主营业地为合同成立的地点；没有主营业地的，其经常居住地为合同成立的地点。当事人另有约定的，按照其约定。

五、缔约过失责任

缔约过失责任是指在合同缔结过程中，一方因违背其依据诚实信用原则所应尽的义务，而致另一方的信赖利益的损失，应承担的民事责任。

根据《合同法》第四十二、四十三条，缔约过失主要有如下几种类型：

（1）假借订立合同，恶意进行磋商。

（2）故意隐瞒与订立合同有关的重要事实或者提供虚假情况。

（3）泄露或不正当地使用商业秘密。

（4）其他违背诚实信用原则的行为。

在上述几种情况下，一方必须给另一方造成损失，才应负缔约过失责任。此种损失是指另一方因信赖合同成立和有效，但由于合同不成立和无效的结果所蒙受的不利益，在法律上又称为"信赖利益的损失"。在一般情况下，此种情况主要表现为一种费用的支出不能得到补偿，但信赖利益的损失不应包括因合同的成立和生效所应获得的各种利益而未能获得，此种损失属于违约损害赔偿的范围。

六、合同的内容

1. 合同的条款

当事人依程序订立合同，意思表示一致，便形成合同条款。合同条款固定了当事人各方的权利义务，成为法律关系意义上的合同的内容。合同的条款一般有：

（1）当事人的名称或者姓名和住所。当事人是合同权利和义务的承受者。因此，具体合同条款必须写清当事人的名称或姓名和住所。

（2）标的。标的是合同权利义务指向的对象，是一切合同的主要条款。

（3）质量和数量。标的的质量和数量是确定合同标的的具体条件。标的质量应当详细具体，标的数量确切，应选择双方共同接受的计量单位，确定双方认可的计量方法，应允许规定合理的磅差和尾差。

（4）价款或酬金。价款是取得标的物所支付的代价，酬金是获得服务所应支付的代价。

（5）履行期限。履行期限直接关系到合同义务完成的时间，涉及当事人的期限利益，也是确定违约与否的因素之一。

（6）履行地点和方式。履行地点是确定验收地点的依据，是确定运输费用由谁负担、风险由谁承受的依据，有时是确定标的物所有权是否移转、何时转移的依据，还是确定诉讼管辖的依据之一，对于涉外合同纠纷，它是确定法律适用的一项依据。

（7）违约责任。违约责任是促使当事人履行债务，使守约方免受或少受损失的法律措施，合同对此应予明确。违约责任是法律责任，即使合同中没有违约责任条款，只要未依法免除违约责任，违约仍应负责。

（8）解决争议的方法。解决争议的方法是指有关解决争议采用什么程序、适用何种法律、选择哪家检验或鉴定机构等内容。当事人双方在合同中约定的仲裁条款、选择诉讼法院的条款、选择检验或鉴定机构的条款、涉外合同中的法律适用条款、协商解决争议的条款等，均属解决争议的方法的条款。

合同的主要条款是指合同必须具备的条款，它决定着合同的类型，确定当事人各方权利义务的质与量。《合同法》第十二条规定的合同条款，对于某一特定合同而言，并非都是主要条款。合同的主要条款，有时是法律直接规定的，当法律直接规定某种特定合同应当具备某些条款时，这些条款就是主要条款。合同的主要条款当然也是由合同的类型和性质决定的。按照合同的类型和性质的要求，应当具备的条款，就是合同的主要条款。合同的主要条款还可以由当事人约定产生。

合同的普通条款是指合同主要条款以外的条款。它包括以下三种类型：①法律未直接规定，亦非合同的类型和性质要求必须具备的，当事人无意使之成为主要条款的合同条款；②当事人未写入合同中，甚至从未协商过，但基于当事人的行为，或基于合同的明示条款，或基于法律的规定，理应存在的合同条款；③特意待定条款，这是当事人有意将合同条款留待以后谈判商定，或由第三人确定，或根据具体情况加以确定，它不妨碍合同成立。

2. 合同权利与合同义务

合同的内容从合同关系的角度讲，是指合同的权利和义务。

（1）合同权利。合同权利又称合同债权，是指债权人根据法律或合同的规定向债务人请示给付并予以保有的权利。

（2）合同义务。合同义务包括给付义务和附随义务。给付义务分为主给付义务与从给付义务。

七、合同的形式

合同的形式，又称合同的方式，是当事人合意的表现形式，是合同内容的外部表现，是合同内容的载体。合同的形式可以区分为：

1. 口头形式

口头形式是指当事人只用语言为意思表示订立合同，而不用文字表达协议内容的不同形式。凡当事人无约定、法律未规定须采用特定形式的合同，均可采用口头形式。但发生争议时当事人必须举证证明合同的存在及合同关系的内容。口头形式的缺点是发生合同纠纷时难以取证，不易分清责任。所以，对于不能即时结清的合同和标的数额较大的合同，不宜采用这种形式。

2. 书面形式

书面形式是指以文字表现当事人所订合同的形式。《合同法》第十一条规定，书面形式是指合同书、信件以及数据电文等可以有形地表现所载内容的形式。书面形式的最大优点是合同的有据可查，发生纠纷时容易举证，便于分清责任。因此，对于关系复杂的合同、重要的合同，最好采取书面形式。

3. 推定形式

推定形式是指当事人未用语言、文字表达其意思表示，仅用行为向对方发出要约，对方接受该要约，做出一定或指定的行为作承诺，合同成立。

八、合同的效力

1. 合同生效

合同生效是指已经成立的合同在当事人之间产生了一定的法律约束力，也就是通常所说的法律效力。《合同法》第八条规定："依法成立的合同，对当事人具有法律约束力。当事人应当按照约定履行自己的义务，不得擅自变更或者解除合同。"

2. 合同的生效条件

（1）行为人具有相应的行为能力。合同以行为人必须具有相应的行为能力为生效条件之一。就自然人而言，完全民事行为能力人可以以自己的行为订立合同，取得民事权利、履行民事义务；限制民事行为能力人只能订立与其年龄、智力和精神健康状况相适应的合同；无民事行为能力人原则上不能独立实施民事行为。不具有相应的行为能力的人所订立的合同，又未经其法定代理人追认的，原则上无效；企业法人从事经营活动的民事行为能力，受到设立目的经营范围的限制。因此，对于企业法人超越经营范围所订立的合同，在《合同法》第五十条规定，法人或者其他组织的法定代表人、负责人超越权限订立的合同，除相对人知道或者应当知道其超越权限的以外，该代表行为有效。

（2）当事人的意思表示真实。意思表示真实是指：①行为人的内心意思与外部的表示行为相一致的状态；②是指当事人是在意志自由的前提下进行的意思表示的状态。将意思表示真实作为民事行为的有效要件，是为了贯彻意思自治原则。

（3）不违反法律或社会公共利益。合同不违反法律是指合同不得违反法律的强行性规定，是指这些规定当事人必须遵守，不得通过协议加以变更。合同不仅应符合法律规定，而且在内容上不得违反社会公共利益。

在特殊情况下，合同除具备一般有效要件外，还须具备特别有效要件，才能产生法律效力。如《合同法》第四十四条第二款规定，法律、行政法规规定，合同应当办理批准、登记等手续才生效的，应依照其规定。这里的批准、登记手续即是民事行为的特别生效要件。

3. 效力待定的合同

效力待定的合同是指合同虽已成立，但是否生效尚不确定，只有经过特定当事人的行为，才能确定生效或不生效的合同。效力待定的合同，既存在转变为无效合同的可能性，也存在转变为有效合同的类型。

效力待定合同的效力确定经由以下途径：

（1）特定当事人追认权的行使或不行使；

（2）相对人行使撤销权。

4. 无效合同

无效合同是指虽已成立，但严重欠缺合同的有效要件，因而自始、绝对、确定、当然不按照行为人设立、变更和终止民事法律关系的意思表示发生法律效力的合同。

根据所欠缺的有效要件的不同，可将无效合同作如下的分类：

（1）行为人不具有相应的行为能力所实施的合同。主要是指无民事行为能力人所实施的依法不能独立实施的合同。

（2）一方以欺诈、胁迫的手段订立的合同。

（3）违反法律或社会公共利益的合同。主要包括以下类型：①恶意串通、损害国家、集体或者第三人利益的合同。②以合法形式掩盖非法目的的合同。这类行为是指当事人所实施的合同，从表面上看是合法的，但在目的上是非法的。例如，以赠与的合同形式掩盖非法转移财产的目的，损害权利人利益的行为。

（4）损害社会公共利益的合同。这一无效情形仅包括客观因素，只要当事人所实施的合同的结果损害了社会公共利益，合同即应归于无效。

（5）违反法律或行政法规的强制性规定的合同。此处的法律指由全国人民代表大会及其常务委员会所通过的立法文件；行政法规指国务院颁发的立法文件。法律和行政法规中的强制性规定不容违反，一旦违反，合同即归于无效。

5. 可撤销的合同

（1）可撤销的合同的概念。可撤销的合同，又称相对无效的合同，是指合同虽已成立，但因欠缺合同的生效要件，可以因行为人撤销权的行使，使合同自始归于无效的合同。可撤销的合同，只是相对无效，不同于无效合同的绝对无效。有效与否，取决于当事人的意志，可撤销合同制度之设立，既体现了法律对公平交易的要求，又体现了意思自治原则，是对上述两项价值的调和。

（2）可撤销的合同的种类。

1）基于重大误解所实施的合同。基于重大误解所实施的合同，指法律行为的当事人在作出意思表示时，对涉及法律行为、法律效果的重要事项存在认识上的显著缺陷。重大误解的构成，从主观方面看，行为人的认识应与客观事实存在根本性的背离；从客观方面看，因为发生这种背离，应给行为人造成了较大损失。例如，行为人因对行为的性质，标的物的品种、规格、质量和数量，以及法律关系的主体发生错误认识，使行为的后果与行为人的意思不一致，构成重大误解，造成较大损失的，行为人可提出撤销该合同。

2）合同订立时显失公平。

3）一方以欺诈、胁迫的手段或者乘人之危，使对方当事人在违背真实意思的情况下为合同，并因此给该对方当事人造成损害。

（3）撤销权及其行使。撤销权是享有撤销权的当事人，能通过自己单方面的意思表示使合同的效力归于消灭的权利。具有撤销权的当事人自知道或者当知道撤销事由之日起1年内没有行使撤销权；或者具有撤销权的当事人知道撤销事由后明确表示或者以自己的行为放弃撤销权的，或者自撤销事由成立起5年内撤销权人未行使撤销权的，撤销权消灭。

撤销权人行使权利的意思表示，须向法院或仲裁机关作出，而非向相对人作出。因此撤销权的实现，必须借助于法院或仲裁机关的裁断。若法院或仲裁机关承认撤销权人的撤销权，则合同的效力原则上于其成立之时消灭。

6. 合同被确认无效或撤销的后果

无效或被撤销的合同产生如下法律后果：

（1）返还财产。合同自成立至被确认无效或撤销期间，当事人可能已根据该合同取得了对方的财产。合同被确认无效或撤销后，当事人取得财产的法律根据已丧失，原物仍存在的，交付财产的一方可行使所有物返还请求权，请求受领财产的一方返还财产。原物不存在的，交付财产的一方可主张不当得利返还请求权，要求对方返还不当得利。只有一方交付财产的，作单方返还；双方交付了财产的，作双方返还。

（2）赔偿损失。合同被确认无效或被撤销，如系由一方或双方的过错造成，皆发生赔偿损失问题。要由有过错的一方向无过错的一方赔偿因合同被确认无效或被撤销所发生的损失，在双方皆有过错的情况下，各自承担相应的责任。被确认无效或被撤销的合同为合同行为时，这种赔偿责任就是缔约过失责任，责任的承担是为了弥补信赖合同能够有效成立的当事人所受到的损害。

（3）其他法律后果。当事人双方恶意串通，实施合同损害国家、集体、第三人利益时，追缴双方所取得的财产，收归国家、集体所有或返还给第三人。

7. 合同的成立与生效的区别

合同的成立与生效常常紧密相连。当事人订立合同的目的，在于使合同产生约束力，从而实现合同所规定的权利和利益。合同成立后并不是当然生效的，合同是否生效主要取决于其是否符合国家的意志和社会公共利益。合同的不成立与合同无效的区别主要在于：

（1）两者的概念的构成要件不同；

（2）合同解释制度可弥补合同成立的缺陷，而合同是否生效一般不通过合同解释制度来弥补；

（3）无效合同不具有可履行性，而合同不成立时，若当事人自愿作出履行，可认为合同已成立；

（4）法院或仲裁机构不主动审查合同成立问题，但对于合同无效则坚持国家干预原则；

（5）合同不成立与合同无效的法律后果不同。

第二节 合同的履行、变更、终止

一、合同履行的原则

合同履行的原则是当事人在履行合同债务时所应遵循的基本准则。它包括以下四个原则。

1. 适当履行原则

适当履行原则又称正确履行原则或全面履行原则，是指当事人按照合同规定的标的及其数量、质量，由适当的主体在适当的履行期限、履行地点以适当的履行方式，全面完成合同义务的履行原则。适当履行必然是实际履行，但实际履行不一定是适当履行。

2. 协作履行原则

协作履行原则是指当事人双方要团结协作、互相帮助来完成合同规定的任务。合同当事人之间建立的是一种平等互利关系，协作履行对双方都有利。因此，履行中如果遇到争议，双方要及时协商，采取相应措施，以减少和尽量避免不必要的经济损失。违反这一原则，有关当事人要承担相应法律责任。

3. 经济合理原则

经济合理原则要求在履行合同时，讲求经济效益，付出最小的成本，取得最佳的合同利益。

4. 情事变更原则

情事变更原则是指合同依法成立后，因不可归责于双方当事人的原因发生了不可预见的情事变更，致使合同的基础丧失或动摇，若继续维持合同原有效力则显失公平，因而允许变更、解除合同的原则。

二、合同履行的规则

1. 履行主体

合同履行的主体，首先为债务人，包括单独债务人、连带债务人、不可分债务人、保证债务人。除法律规定、当事人约定或性质上必须由债务人履行的债务以外，履行可以由债务人的代理人进行。当事人可以约定由第三人向债权人履行债务。第三人不履行债务或者履行债务不符合约定的，依《合同法》第六十五条的规定，债务人应当向债权人承担违约责任。

2. 标的质量

当事人对于标的质量没有约定或者约定不明确的，可以协议补充；不能达成补充协议的，按照合同有关条款或者交易习惯确定。仍不能确定的，按照国家标准、行业标准履行；没有国家标准、行业标准的，按照通常标准或者符合合同目的的特定标准履行。

3. 价款或报酬

当事人对于价款或报酬没有约定或者约定不明确的，可以协议补充；不能达成补充协议的，按照合同有关条款或者交易习惯确定。仍不能确定的，按照订立合同时履行地的市场价格履行；依法应当执行政府定价或者政府指导价的，按照规定履行。

4. 履行地点

履行地点是指债务人应为履行行为的地点。当事人对于履行地点没有约定或者约定不明确的，可以协议补充；不能达成补充协议的，按照合同有关条款或者交易习惯确定。仍不能确定的，给付货币的，在接受货币一方所在地履行；交付不动产的，在不动产所在地履行；其他标的，在履行义务一方所在地履行。

5. 履行期限

当事人对于履行期限没有约定或者约定不明确的，可以协议补充；不能达成补充协议的，按照合同有关条款或者交易习惯确定。仍不能确定的，债务人可以随时履行，债权人也可以随时要求履行，但应当给对方必要的准备时间。

6. 履行方式

履行方式是指完成合同义务的方法。当事人对于履行方式没有约定或者约定不明确的，可以协议补充；不能达成补充协议的，按照合同的有关条款或者交易习惯确定。仍不能确定的，按照有利于实现合同目的的方式履行。

7. 履行费用

履行费用的负担依当事人约定，没有约定或约定不明确的，可以协议补充；不能达成补充协议的，按照合同有关条款或者交易习惯确定。仍不能确定的，由履行义务的一方负担。

三、双务合同履行中的抗辩权

1. 同时履行抗辩权

同时履行抗辩权是指双务合同的当事人没有先后履行顺序，一方在对方履行之前或对方履行债务不符合约定时，拒绝其相应履行要求的权利。同时，履行抗辩权存在的基础在于双务合同的牵连性。该权利的行使条件是：

（1）当事人在同一双务合同关系中互负债务；

（2）双方互负的债务同时届清偿期；

（3）对方未履行债务或履行债务不符合约定；

（4）对方的对待给付能够完全履行。

2. 先履行抗辩权

先履行抗辩权，是指当事人互负债务，有先后履行顺序的，有先履行义务的一方未履行债务或履行债务不符合约定的，后履行一方有权拒绝其相应的履行请求。

3. 不安抗辩权

不安抗辩权是指当事人互负债务，有先后履行顺序的，有先履行义务的一方有证据证明后给付义务人经营状况严重恶化，或者转移财产、抽逃资金以逃避债务履行，或者丧失商业信用，以及其他丧失或者可能丧失履行债务能力的情况时，可中止自己的履行，并要求对方提供担保。后给付义务人在合理的期限内未恢复履行债务的能力并且未提供适当担保的，先给付义务人可以解除合同。权利人行使不安抗辩权时，有通知义务。《合同法》第六十九条规定："当事人依照本法第六十八条的规定中止履行的，应当及时通知对方。"

四、合同的保全

合同的保全是合同债权人为防止合同债务人的财产不当减少而危害其合同债权，对合同关系以外的第三人所采取的保护合同债权的法律措施。合同的保全是合同对于第三人发生的效力，亦即是合同的对外效力的表现。合同债权人保全合同债权的权利有代位权与撤销权两项。合同的保全对于保障合同债权得以实现具有积极预防的作用。

1. 债权人的代位权

债权人的代位权是指债权人为了保全其债权，而于债务人怠于行使自己的权利而害及债权人债权实现时，得以自己的名义代位行使属于债务人权利的权利。即债权人的代位就是债权人代债务人之位以自己名义行使债务人权利的权利。其有以下要点：

（1）须债务人对第三人享有权利并怠于行使其权利。债权人代位权是为了保障债务人的责任财产的增加而设的，因而其标的须为已存在的债务人对第三人享有的财产权，将来存在的、非财产权均不能成为代位权的标的。因代位权是债权人代位行使的权利，所以具有专属性的、不得让与的权利，也不能成为债权人代位权的标的。债务人虽对第三人享有财产权利，但其积极行使权利时，债权人的代位权不能成立。只有在债务人有权利能行使而怠于行使时，债权人的代位权才能成立。所谓能行使，是指债务人客观上可以对第三人行使权利。若债务人客观上不能行使，则债权人也不得代位行使。

（2）须债务人履行债务迟延。

（3）须债权人有保全债权的必要。所谓有保全债权的必要，是指债务人怠于行使权利害及债权，使债权人的债权有不能实现的危险。

债权人的代位权，应由债权人以自己的名义行使。并且凡债务人的债权人，只要符合债权人代位权的成立条件，均享有代位权。但某一债权人已行使代位权时，其他债权人不得就债务人的同一权利行使代位权。

债权人代位权行使的范围，应以保全债权人债权的必要为限度，即以债权人的债权为限。债权人行使代位权，依据最高人民法院关于《合同法》的司法解释，得直接诉请该债务人向自己进行债务的履行。

2. 债权人的撤销权

债权人的撤销权是指当债务人所为的减少其财产的行为危害债权实现时，债权人为保全债权得请求法院予以撤销该行为的权利。债权人的撤销权是为防止因债务人的责任财产减少而致债权不能实现的现象出现。因债权人撤销权的行使是撤销债务人与第三人之间的行为，从而使债务人与第三人之间已成立的法律关系破坏，当然地涉及第三人。因此，债权人撤销权也为债的关系对第三人效力的表现之一。

债权人撤销权的成立要件可分为客观要件与主观要件，并且依债务人所为的行为是否有偿而有所不同。

（1）客观要件。撤销权成立的客观要件为债务人实施了危害债权的行为。该要件包含以下意思：

1）债务人须于债权成立后实施行为；

2）债务人的行为须为使其财产减少的财产行为；

3）须债务人的行为有害债权。

（2）主观要件。债权人撤销权成立的主观要件，是债务人与第三人主观上有恶意。对于撤销权的主观要件，依债务人所为的行为是有偿或无偿而有所不同。若为有偿行为，受益人为恶意时，债权人才得行使撤销权。而对于无偿行为，则不以债务人和第三人的恶意为要件。因债务人无资力而为无偿行为，其有害债权，极为明显，况且无偿行为的撤销，仅使受益人失去无偿所得的利益，并未受其他损害，法律理应先考虑保护受危害的债权人利益而不应先保护无偿取得利益的第三人。

债务人有无恶意，一般应实行推定原则，即只要债务人实施行为而使其无资力，就推定为有恶意。至于受益人的恶意，则应由债权人证明。

债权人的撤销权由债权人行使。凡于债务人为有害债权行为前有效成立的债权，债权人均可行使撤销权。因撤销权的行使于第三人有重大利害关系，因此，债权人的撤销权，须由债权人以自己的名义以诉讼方式为之。债权人撤销权的行使，其撤销的效力自判决撤销而发生效力。其效力及于债务人、受益人及债权人。

五、合同的担保

合同的担保是指法律为保证特定债权人利益的实现而特别规定的以第三人信用或者以特定财产保障债务人履行义务、债权人实现权利的制度。

合同的担保形式是指当事人用以担保债权的手段。合同的担保方式一般都包括人和物的担保两类。人的担保是指以第三人的信用担保债的履行的担保方式，是由保证人以自己的信用担保债务人履行债务的担保。物的担保是指直接以一定的财物来做债权担保的担保方式。

1. 保证

保证是指保证人和债权人约定，当债务人不履行债务时，保证人按照约定履行债务或者承担责任的行为。

保证由保证人与债权人订立保证合同。保证人与债权人可以就单个主合同分别订立保证合同，也可以协议在最高债权额限度内就一定期间连续发生的借款合同或者某项商品交易合同订立一个保证合同。保证合同应当采用书面形式。

保证人是为主债务人担保债务履行的人。保证人为自然人的，应当具有完全民事行为能力，非完全民事行为能力人不能订立保证合同。依据我国法律规定，法人或者其他经济组织可以担任保证人。但是，按照公司法的规定，董事、经理不得以公司资产为本公司的股东或者其他个人债务提供担保。公司的董事、经理以公司的名义为个人债务担任保证人的，其保证对于公司不发生效力，应当由董事、经理个人承担保证责任。国家机关一般不得担任保证人。依《担保法》第八条规定："国家机关不得为保证人，但经国务院批准为使用外国政府或者国际经济组织贷款进行转贷的除外。"所以，除法律特别规定外，以国家机关为保证人的保证合同应为无效。

保证合同应当包括以下内容：

（1）被保证的主债权种类、数额；

（2）债务人履行债务的期限；

（3）保证的方式；

（4）保证担保的范围；

（5）保证的期间；

（6）双方认为需要约定的其他事项。

保证合同不完全具备以上内容的，可以补正。

保证合同当事人双方应当约定保证的方式。保证方式分为一般保证与连带责任保证两种。

一般保证是指保证人仅对债务人不履行债务负补充责任的保证，按照《担保法》第十七条："当事人在保证合同中约定，债务人不能履行债务时，由保证人承担保证责任的，为一般保证。""一般保证的保证人在主合同纠纷未经审判或者仲裁，并就债务人财产依法强制执行仍不能履行债务前，对债权人可以拒绝承担保证责任。"因此，一般保证是保证人享有先诉抗辩权的保证方式。

连带责任保证是指保证人在债务人不履行债务时与债务人负连带责任的保证。依《担保法》第十八条规定，"当事人在保证合同中约定保证人与债务人对债务承担连带责任的，为连带责任保证。""连带责任保证的债务人在主合同规定的债务履行期届满没有履行债务的，债权人可以要求债务人履行债务，也可以要求保证人在其保证范围内承担保证责任。"

保证合同中可以约定保证期限，未明确约定保证期限的，保证期间为自主债务履行期届满之日起6个月，债权人有权在这6个月内要求保证人承担保证责任。

2. 抵押

抵押是债权人和债务人或者第三人约定，不转移抵押财产的占有，在债务人不履行债务时，依法享有就抵押物变价并优先受偿的民事法律行为。它是一种物的担保形式。抵押的根本特点是不转移标的物的占有。

3. 质押

质押是债务人或者第三人将其动产移交债权人占有，债务人不履行债务时，债权人有权就该财产变价优先受偿。

六、合同的变更

合同的变更有广义与狭义之分。广义的合同变更，包括合同内容的变更与合同主体的变更。此处仅讨论合同内容的变更，即狭义的合同变更。

合同的变更，从原因与程序上可分为如下类型：

（1）基于法律的直接规定变更合同；

（2）在合同因重大误解而成立的情况下，可诉请变更或撤销合同，法院裁决变更合同；

（3）在事情变更使合同履行显失公平的情况下，当事人诉请变更合同，法院依职权裁决变更合同；

（4）当事人各方协商同意变更合同；

（5）形成权人行使形成权使合同变更。

合同的变更，以原合同关系的存在为前提，变更部分不超出原合同关系之外，原合同关系有对价关系的仍保有同时履行抗辩；原合同债权所有的利益与瑕疵继续存在，只是在增加债务人负担的情况下，非经保证人或物上保证人同意，保证不生效力；物的担保不及于扩张的债权价值额。

合同的变更原则上向将来发生效力，未变更的权利义务继续有效，已经履行的债务不因合同的变更而失去法律根据。

合同的变更不影响当事人要求赔偿损失的权利。至于何种类型的合同变更与损害赔偿并存，应视具体情况而定。

七、合同的转让

合同的转让是指在合同的内容与客体保持不变的情形下，合同的主体发生变更。

合同的转让有以下特征：①合同的转让为合同的主体的变更；②合同的转让不改变合同的内容与客体；③合同的转让是以债权债务关系的存在为前提的；④合同的转让保持债的同一性。

合同权利为财产权，一般具有可转让性，合同权利人可以将其合同权利转让他人。但是并非所有的合同权利都具有可转让性。按照《合同法》第七十九条规定，下列情形下的合同权利不得转让：①根据合同性质不得转让；②当事人约定不得转让；③依照法律规定不得转让。

合同义务的转让，亦即债务移转，指的是债务主体的变更，即在维持债的内容的同一性的前提下，原债务人的债务移转于新债务人承担。合同义务的转让必须具备以下要件：

（1）须有以合同义务的转让为目的的有效合同；

（2）须有有效债务的存在；

（3）所移转的债务具有可移转性。

合同义务的转让生效后发生以下几方面的法律效力：

（1）债务全部移转的，承担人取代原债务人的地位而为新债务人。原债务人脱离债的关系，而不再负担债务。债务人的债务部分转移给第三人的，第三人与原债务人共同承担债务。

（2）新债务人取得原债务人基于债权债务关系所享有的抗辩权。

（3）从属于主债务的从债务一并移转于承担人承担。

八、合同的终止

合同的权利义务终止，简称为合同的终止，又称合同的消灭，是指合同关系在客观上不复存在，合同权利和合同义务归于消灭。

合同的权利义务终止与合同的变更不同。合同的变更是合同关系中的内容要素的变化，合同变更，是合同内容发生变化，但是合同关系依然存在。而合同权利义务的终止则是消灭既存的合同权利义务关系。

1. 合同的权利义务终止的原因

合同的权利义务终止须有法律上的原因，不需当事人自己主张。《合同法》第九十一条规定有下列情形之一的，合同的权利义务终止：

(1) 债务已经按照约定履行；

(2) 合同解除；

(3) 债务相互抵消；

(4) 债务人依法将标的物提存；

(5) 债权人免除债务；

(6) 债权、债务同归于一人；

(7) 法律规定或者当事人约定终止的其他情形。

2. 合同的权利义务终止的效力

合同的权利义务终止，除消灭原债权、债务关系外，还发生如下效力：

(1) 从权利和从义务一并消灭。合同消灭后，依附与主债务关系的从属债权债务，如担保、违约金、利息等债务也随之消灭。

(2) 负债字据的返还。负债字据为合同权利依据的证明。合同的权利义务终止后，债权人应将负债字据返还给债务人。债权人如能证明字据灭失，不能返还，应向债务人出具债务消灭的字据，此字据由公证机构等依法加以确认。

(3) 在合同当事人之间发生后契约义务。根据《合同法》第九十二条规定，合同的权利义务终止后，当事人应当遵循诚实信用原则，根据交易习惯，履行通知、协助、保密等义务。如果一方当事人没有履行此种后契约义务，给其他当事人造成损失的，应当赔偿损失。

另外，按照《合同法》第九十八条规定，合同的权利义务终止，不影响合同中结算和清算条款的效力。即如果合同中约定有结算和清算的条款，在当事人之间的权利义务关系没有终止之前，该条款仍具有效力。

九、合同的解除

1. 合同解除的概念及特征

合同解除是在合同有效成立以后，当解除的条件具备时，因当事人一方或双方的意思表示，使合同自始至终向将来消灭的行为。

合同解除具有下列法律特征：

(1) 合同解除以有效成立的合同为标的。合同有效成立以后，由于主客观情况的变化，使合同履行成为不必要或者不可能，如果让合同发生法律效力，难以保证合同预期目的的实现，因此合同解除制度是解决有效成立的合同提前消灭的问题。

(2) 合同解除必须具有解除的条件。合同一经有效成立，就具有法律效力，当事人双方都必须严格遵守，适当履行，不得擅自变更或者解除。因此合同的解除必须符合解除条件，否则不发生解除的法律效果。我国法律对合同解除的条件作了比较明确的规定，《合同法》第九十四条规定了适用一切合同的解除条件，称为一般法定解除条件。《合同法》第六十九条和第二百一十九条规定了仅仅适用于特别合同的解除条件，称为特别的法定解除条件。

(3) 合同解除原则上必须有解除行为。解除的条件只是为合同解除的前提，当解除的条件具备时，合同并不必然解除，欲使它解除，还必须有解除行为。解除行为有两类：①当事人双方协商同意；②解除权人一方发生解除的意思表示。

(4) 解除的效果是使合同关系消灭。合同解除的法律效果是使合同关系消灭。合同解除后，尚未履行的，终止履行；已经履行的，根据履行情况和合同性质，当事人可以要求恢复原状、采取其他补救措施，并有权要求赔偿损失。

2. 合同解除的分类

合同的解除，可以从不同的角度进行分类。

（1）单方面解除和协议解除。单方面解除是指解除权人行使解除权将合同解除的行为。它不必经过对方当事人的同意，只要解除权人将解除合同的意思表示直接通知对方，或经过人民法院或仲裁机构向对方主张，即可发生合同解除的效果。

根据《合同法》第九十三条第一款的规定，协议解除是指当事人双方通过协商同意将合同解除的行为。协议解除不以解除权的存在为必要，解除行为也不是解除权的行使。我国法律规定，认为协议解除仍具有与一般解除相同的属性，但要求解除的条件为双方当事人协商同意，并且不因此损害国家利益和社会公共利益。

（2）法定解除和约定解除。合同解除的条件由法律直接加以规定者，其解除为法定解除。在法定解除中，有的以适用于所有合同条件为解除条件，有的以适用于所有合同的条件为解除条件，有的则仅适用于特定合同的条件为解除条件。前者为一般法定解除，后者称为特别法定解除。

约定解除指当事人双方经协商，就消灭合同的效力达成合意，从而使合同权利义务消灭的双方意思表示。

（3）合同解除的条件。因解除有法定解除与约定解除之分，解除条件有法定解除的条件和约定解除的条件之别，而法定解除又有一般法定解除和特别法定解除的条件之分，比较复杂，因此仅讨论一般法定解除的条件。根据《合同法》第九十四条规定，有下列情况之一的当事人可以解除合同：

1）因不可抗力致使不能实现合同目的。在发生不可抗力的情形，可以发生双方当事人的解除权。遭受不可抗力的一方如果认为合同已经无法履行，自己的合同目的无法实现的时候，他可以在通知对方当事人自己遭受不可抗力的同时，通知对方解除合同；收到通知的一方认为自己的合同目的无法实现时，即使对方没有主张解除合同，也可以通知对方解除合同。

2）在履行期限届满之前，当事人一方明确表示或者以自己的行为表明不履行主要债务。所谓明确表示不履行主要债务，是当事人一方在合同订立以后以明示的方式拒绝履行合同的主要义务。所谓以自己的行为表明不履行主要债务，指当事人一方的行为已经表明他不可能履行合同上的主要义务，例如当事人负有交付特定物的义务，但在合同成立以后，当事人却将特定物出卖与第三人，并且第三人已取得特定物的所有权等。在此种情形下，为了保护对方当事人的利益，合同法规定了对方当事人的解除权，使对方当事人可以解除合同的约束，以寻求其他的方式来实现自己的权利。

3）当事人一方迟延履行主要债务，经催告后在合理期限内仍未履行。迟延履行又称债务人迟延，指债务人能够履行，但在履行期限届满时却未能履行债务的情形。迟延履行作为合同解除的条件，其表现形态为：当事人一方迟延履行主要债务，经催告后在合理期限内仍未履行。此种情形，指一方当事人在履行期限届满时没有履行其主要债务，债权人催告后，在合理的期限内仍不愿或者不能履行。这种情形往往指履行期限在合同的内容不特别重要时，即使债务人在履行期限届满后履行，也不至于使合同目的不能实现。在这种情况下，原则上不允许债权人立即解除合同，而是由债权人向债务人发出履行催告，给他规定一个宽限期。债务人在该宽限届满时仍未履行的，债权人有权解除合同。

4）当事人一方迟延履行债务或者有其他违约行为致使不能实现合同目的。根据合同的性质和当事人的意思表示，履行期限在合同的内容上特别重要，债务人不在此期限内履行，就达不到合同目的。在这种情况下，债务人未在履行期限内履行，债权人可以不经催告而直接解除合同。

如果由于当事人一方的其他违约行为，同样达到了使对方合同目的不能实现的程度，尽管法律在该处没有明文规定解除权，对方当事人也可以依此取得解除权。

5）法律规定的其他情形，包括合同法规定的情形，也包括其他法律规定的情形。例如，《合同法》第六十九条规定的不安抗辩权的效力中关于解除合同的情形，等等。

3. 合同解除的方式和期限

（1）合同解除的方式。

1）协议解除合同。当事人双方需要经过协商同意，不是基于单方的意思表示。由于协议解除是采取合同的方式，所以要求解除合同的合同有效成立，必须有要约和承诺程序。

2）行使解除权的合同解除。根据《合同法》第九十六条第一款的规定，当事人一方依照本法第九十三条第二款、第九十四条的规定主张解除合同的，应当通知对方。合同自通知到达对方时解除。通知的具体方式，合同法未作明确规定，因此解除权人可以采用任何方式。但由于合同解除的效果发生在解除合同的通知到达对方当事人之后，如果不能证明，就应该认定合同并没有解除，对方当事人债务履行即应有效，享有解除权的当事人不得拒绝受领。

对于合同解除的方式，《合同法》第九十六条第二款还规定，法律、行政法规规定解除合同应当办理批准登记手续的，在办理以前，不得解除。

双方当事人如果对是否发生解除权发生争议，一方当事人认为解除权已经发生，另一方当事人认为还不具备解除权的发生条件。对此情形，《合同法》第九十六条规定，对于解除权的发生和行使，对方有异议的，可以请求人民法院或者仲裁机构确认解除合同的效力。此种诉讼在法律上属于确认之诉。需要指出的是，如果是因为情事变更导致的合同解除，只能通过法院或者仲裁机构的裁决才能进行。

（2）合同解除的期限。《合同法》第九十五条规定，法律规定或者当事人约定解除权行使期限，期限届满当事人不行使的，该权利消灭。法律没有规定或者当事人没有约定解除权的行使期限，经对方当事人催告后在合理期限内不行使的，该权利消灭。

解除权的行使使得既存的合同关系消灭，法律对于解除权的行使期限有明确的限制。按照《合同法》第九十五条的规定，法律规定或者当事人约定有解除权行使期限的，享有解除权的当事人必须在此期限内行使解除权，期限届满当事人不行使的，解除权消灭。此种情形，无须对方当事人催告，只要该期限经过，解除权就绝对地消灭，合同也就确定地继续有效存在。法律没有规定，当事人也没有约定解除权行使期限的，解除权也不能无限制存在。按照《合同法》第九十五条第二款的规定，对方当事人可以催告享有解除权的当事人在合理期限内作出是否解除合同的决定。如果享有解除权的当事人在合理的期限内明确表示不解除合同，合同即确定继续有效存在，对方当事人就可以继续自己的履行行为。如果在合理期限内享有解除权的当事人明确表示解除合同，合同就确定地消灭，对方当事人就可以终止自己的履行行为。如果享有解除权的当事人经对方催告后在合理期限内不作表示，即没有行使解除权，他享有的解除合同的权利即归于消灭。解除权消灭后，当事人不能再解除合同。

4．合同解除的效力

合同解除无论采用何种方式，均导致合同消灭。《合同法》第九十七条规定，合同解除后，尚未履行的，终止履行；已经履行的，根据履行情况和合同性质，当事人可以要求恢复原状，采取其他补救措施，并有权要求赔偿损失。

合同解除，首先使当事人自己的主债权债务关系消灭。其次，附属于主债权债务的从债权债务也随之消灭。合同解除后，合同消灭，因此合同未履行的，当然不能再履行，如果债务人仍然履行，债权人可以拒绝受领。如果债权人接受债务人的履行，即构成不当得利。对于债务人已经履行的，《合同法》规定要根据履行情况和合同性质，具体解决处理方式，即恢复原状或者采取其他补救措施。恢复原状，即使当事人的利益状态恢复到合同成立以前的状态，所采取的主要方式就是返还财产。一方当事人履行的，单方返还；双方履行的，双方返还财产。如果在事实上或者法律上不能采用恢复原状的方式，就应当采取其他补救措施。

按照《民法通则》第一百一十五条的规定，合同的解除，不影响当事人要求赔偿损失的权利。《合同法》第九十七条规定，在合同解除时，当事人有权要求赔偿损失。当然如果因不可抗力发生的解除，由于不可抗力属于法定的免责事由；另外如果当事人在合同中约定有免责条款，而且该条款又不违反法律规定，合同解除时也不发生赔偿损失的问题。

十、清偿

清偿是指为了实现债的目的，满足债权，债务人依照法律规定或合同约定所实施的完成义务的行为，清偿是债的消灭的主要原因。根据《合同法》第九十条规定，债务已经按照约定履行，为合同的权利义务终止的原因之一。而债务已经按照约定履行，在理论上称为清偿。

十一、抵消

抵消是指双方互负同类给付债务时，各以其债权充当债务的清偿，而使其债务与对方的债务在对等额内相互消灭。抵消在性质上为形成权，具有抵消权的当事人以单方意思表示即可发生效力。

1．抵消的种类

抵消依其发生依据的不同，可以分为法定抵消与合意抵消。其中，法定抵消由法律规定其构成要件；合意抵消则视当事人的意思自治，可不受法律规定的构成要件限制，当事人只须就抵消达成合意，即可发生效力。

《合同法》第九十九条规定了法定抵消："当事人互负到期债务，该债务的标的物种类、品质相同的，任何一方可以将自己的债务与对方的债务抵消，但依照法律规定或者按照合同性质不得抵消的除外。当事人主张抵消的，应当通知对方。通知自到达对方时生效。抵消不得附条件或者附期限。"《合同法》第一百条规定了合意抵消："当事人互负债务标的物种类、品质不相同的，经双方协商一致，也可以抵消。"对于合意抵消，其构成要件及效力，可由双方自由商定。

2．法定抵消的要件

按照《合同法》第九十九条规定，抵消应当符合下列条件：

（1）必须是双方当事人互负债务、互享债权。抵消系以在对等额内使双方债权债务消灭为目的。因此双方互相负有债权债务是必要的前提。只有债务而无债权或者只有债权而无债务，均不发生抵消问题。当事人双方存在的两个债权债务关系，须均为合法存在。其中任何一个债权债务为不法，即不得主张抵消。附条件的债权，如所附条件为停止条件，在条件成就前，债权尚不发生效力，自不得为抵消。如其为解除条件，则条件成就主张抵消前债权为有效存在，故得为抵消；条件没有溯及力，因此行使抵消权后条件成就时，抵消仍为有效。超过消灭时效期间的债权，债权人不得主动提出进行抵消。但是该债权的债务人可以提出抵消。

（2）双方互负债务，必须其给付种类相同。按照《合同法》第九十九条规定，就是标的物种类、品质相同、适合抵消者，以金钱和种类物居多。如标的种类相同而品质不同，则品质较高者主张抵消应当允许。

（3）必须是双方债务已届清偿期。如果其中一个债务未届清偿期，但该债务的期限利益为债务人的提前清偿，此时债务人可以主张以自己的未届清偿期的债务与对方当事人已届清偿期的债务抵消。需要特别指出的是，如果在破产程序中，破产债权人对其享有的债权，无论是否已届履行期，无论是否附有期限或解除条件，均得抵消。

（4）须双方债务均不属于不能抵消的债务。

3. 抵消的方法

抵消权的行使应以意思表示向对方当事人为之。抵消为法律行为，适用民法关于意思表示的规定。此种意思表示经抵消权人作出即发生法律效力，不须对方当事人的同意，也不以诉讼上裁判为必要，抵消的方式亦无限制。抵消不得附条件或期限，因为附有条件或期限，是抵消的效力不确定，有悖于抵消的本旨，有害于对方当事人的利益。抵消的意思表示无效。

4. 抵消的效力

双方互负的债务按照抵消数额消灭。双方债务数额相同时，其互负债务均归一方的债务消灭。对未被抵消的债务数额，该方债务人仍负清偿义务。

第三节　违　约　责　任

一、违约责任概述

（一）违约责任的概念和特点

违约责任，也称为违反合同的民事责任，指合同当事人因违反合同义务所应承担的民事责任。

违约责任具有以下特点：

1. 违约责任的产生是以合同的有效存在为前提的

合同一旦生效以后将在当事人之间产生法律约束力，当事人应当按照合同约定全面、严格地履行合同义务，任何一方当事人因违反有效合同所规定的义务均应承担违约责任。所以违约责任是违反有效合同所规定的义务的后果。《合同法》第一百零七条规定，当事人一方不履行合同义务或者履行合同义务不符合约定的，应当承担继续履行、采取补救措施或者赔偿损失等违约责任。

2. 违约责任是合同当事人不履行债务所应承当的责任

违约责任的产生必须是当事人一方不履行债务的结果。此处的债务是一个广义的概念，既包括合同约定的义务，也包括法律规定的义务。因为合同当事人除了应当全面履行合同约定的义务外，还应当遵循诚实信用原则，根据合同的性质、目的和交易习惯，履行通知、协助、保密等法定的义务，不履行这些法定义务，同样构成违约，从而应当承担违约责任。

3. 违约责任只能在合同当事人之间产生

违约责任具有相对性和特定性，债务人只向债权人承担违约责任，而不能向合同关系以外的任何其他人承担违约责任。

4. 违约责任可以由合同当事人自行约定

当事人可以在法律规定的范围内对违约责任预先做出安排。例如，可以约定损害赔偿的计算方法或者违约金的数额，设定免责条款或者限制责任条款等。

（二）违约责任的构成要件

违约责任的构成要件是指违约当事人应具备何种条件才应承担违约责任。违约责任的构成要件可分为一般构成要件和特殊构成要件。一般构成要件，指违约当事人承担任何违约责任形式都必须具备的要件。特殊构成要件，指各种具体的违约责任形式所要求的责任构成要件。由于各种不同的责任形式的责任构成要件是各不相同的，因此在此处只讨论违约责任的一般构成要件。

违约责任的一般构成要件有：

（1）违约行为。违约行为是指合同当事人违反合同义务的行为。合同法采用了"当事人一方不履行合同义务或者履行合同义务不符合约定的"表述来阐述违约行为的概念。违约行为一般具有下列特点：

1）违约行为的主体是合同关系中的当事人。

2）违约行为是以有效的合同关系的存在为前提的。

3）违约行为在性质上都违反了合同义务。

4）违约行为在后果上都导致了对合同债权的侵害。

违约行为包括了各种不同的类型，如不履行、迟延履行、不适当履行等，各种违约行为发生后行为人如不存在法定的或约定的免责事由，则应当承担违约责任。违约行为既可以是单方行为，也可以是双方违约。如果是双方违约，根据《合同法》第一百二十条规定，当事人双方都违反合同的，应当各自承担相应的责任。需要明确的是，双方违约只存在于双务合同中。

（2）不存在法定和约定的免责事由。

根据《合同法》第一百零七条规定，当事人一方不履行合同义务或者履行合同义务不符合约定的，应当承担继续履行、采取补救措施或者赔偿损失等违约责任。因此只要行为人有违约行为，如果没有法定的或约定的免责事由，则必然要承担相应的违约责任。但是如果有法定的或者约定的免责事由，而且由于这些免责事由导致合同不能履行，则违约方可以免除承担违约责任。根据《合同法》第一百一十七条规定，因不可抗力不能履行合同的，根据不可抗力的影响，部分或者全部免除责任，但法律另有规定的除外，不能免除责任。

免责事由除法律规定的不可抗力以外，还可以在合同中约定某些限制或免除其违约责任的事由，通常将合同中的这种约定称为免责条款，也称为约定的免责事由。当事人经过充分协商约定的免责条款，法律是承认其效力的。但是对于严重违反诚实信用和公平原则，或者违反社会公共利益的免责条款，法律是禁止的，因为这种免责条款不但会严重损害一方当事人的利益，而且也不利于维护正当的交易秩序。《合同法》第五十三条规定了两种免责条款无效：一是造成对方人身伤害的免责条款无效；二是因故意或者重大过失给对方造成财产损失的免责条款无效。在采用格式条款订立合同的情况下，提供格式条款的一方如果违反公平原则免除自己主要义务的，此种免责条款也是无效的。

免责事由产生以后，只是可能导致当事人被免除责任，而不是必然导致债务免责。如果法定或者约定的免责事由导致合同不能履行，可以免责；否则当事人应继续履行合同债务，不应被免责。如果在当事人迟延履行后发生不可抗力的，不能免除责任。

对于不可抗力的举证责任，应当由被告提供。《合同法》第一百一十八条规定，当事人一方因不可抗力不能履行合同的，应当及时通知对方，以减轻可能给对方造成的损失，并应当在合理期限内提供证明。这条规定了债务人的通知义务和证据的提供义务。

二、违约行为

违约行为是指根据违约的行为违反义务的性质、特点而对违约行为作出的分类。由于违约行为是对合同的义务的违反，而合同义务的性质不同，将导致对这些义务的违反的形态也不相同，可以根据履行期限是否到来而将违约行为区分为预期违约和实际违约两种类型。

1. 预期违约

预期违约也称为先期违约，指在履行期限到来之前一方无正当理由而明确表示其在履行期到来后将不履行合同，或者其行为表明其在履行期到来以后将不可能履行合同。《合同法》第一百零八条规定，当事人一方明确表示或者以自己的行为表明不履行合同义务的，对方可以在履行期限届满之前要求承担违约责任。

预期违约具有如下特点：

1）预期违约是在履行期到来之前的违约。预期违约包括两种形态，即明示毁约和默示毁约。由于这两种形态都是发生在履行期到来之前的违约，因此可以看作是与实际违约相对应的一种特殊的违约形态。

2）预期违约在责任后果上与实际的违约行为是不同的。一般来说，实际违约常常会造成非违约方的期待利益的损失。而就预期违约来说，一般造成的是信赖利益的损失。因此，两者在损害赔偿的范围上是各不相同的。

（1）明示毁约。明示毁约是指一方当事人无正当理由，明确肯定地向另一方当事人表示他将在履行期限到来时不履行合同。《合同法》第一百零八条规定："当事人一方明确表示，……不履行合同义务的，对方可以在履行期限届满之前要求其承担违约责任。"构成明示毁约必须具备如下条件：

1）必须是一方明确肯定地向对方作出毁约表示。

2）不履行合同的主要义务。

3）不履行合同义务无正当理由。

（2）默示毁约。默示毁约是指在履行期到来之前，一方以自己的行为表明将在履行期到来之后不履行合同，而另一方有足够的证据证明一方将不履行合同，而一方也不愿提供必要的履行担保。《合同法》第一百零八条规定："当事人一方……以自己的行为表明不履行合同义务的，对方可以在履行期限届满之前要求其承担违约责任。"《合同法》第六十八、六十九条对此种毁约行为的构成要件作了规定：①一方当事人具有《合同法》第六十八条所规定的情况，包括经营状况严重恶化；转移财产抽逃资金，以逃避债务；丧失商业信誉；有丧失或者可能丧失履行债务能力的其他情形。②另一方具有确凿证据证明对方具有上述情形。③一方不愿意提供适当的履约担保。如果另一方确有证据证明一方将不履行合同，但还不能立即确定对方已构成违约。

根据《合同法》第六十九条，另一方要确定对方违约，必须首先要求对方提供履约担保。只有在对方不提供履约担保的情况下，才能确定其构成违约，并可以要求其承担预期违约责任。

2. 实际违约

在履行期限到来以后，当事人不履行或不完全履行合同义务，都将构成实际违约。实际违约有以下几种类型：

（1）拒绝履行。拒绝履行是指合同期限到来以后，一方当事人无正当理由拒绝履行合同规定的义务。《合同法》第一百零七条所提到的"一方不履行合同义务"就是指拒绝履行的行为。拒绝履行的特点是一方当事人无正当理由拒绝履行合同规定的义务。在一方拒绝履行的情况下，另一方有权要求其继续履行其合同，也有权要求其承担违约金和损害赔偿责任。同时根据《合同法》第九十四条的精神，另一方当事人还应当有权解除合同。

（2）迟延履行。迟延履行是指合同当事人履行违反了合同履行期限的规定。迟延履行从广义上讲，包括债务人的给付迟延和债权人的受领迟延。

《合同法》第九十六条指的是广义的概念。迟延履行不同于拒绝履行。因为在迟延的情况下，违约当事人已经作出了履行并且愿意履行，而只是履行不符合期限的规定。

在迟延履行的情况下，关键是要确定合同中的履行期限。如果合同明确规定了履行期限，则应当依据合同的规定履行，如果合同没有规定履行期限，则应当根据《民法通则》第八十八条规定，债务人可随时向债权人履行义务，债权人也可以随时要求债务人履行义务，但应当给对方必要的准备时间。

在迟延履行的情况下，非违约方有权要求违约方支付迟延履行合同的违约金，如果违约金不足以弥补非违约方所遭受的损失，非违约方还有权要求赔偿损失。而迟延履行能够解除合同，应当按照《合同法》第九十四条的规定处理。

（3）不适当履行。不适当履行是指当事人交付的标的物不符合合同规定的质量要求，也就是说履行有瑕疵。《合同法》认为不适当履行是一种独立的违约行为，违约方应当承担违约责任，而非违约方则可以选择各种违约的补救方式维护其权利。根据《合同法》第一百一十一条规定，质量不符合约定的，应当按照当事人约定承担违约责任。对违约责任没有约定或者约定不明确，按照本法第六十一条的规定仍不能确定的，受损害方根据标的性质以及损失的大小，可以合理选择要求对方承担维修、更换、退货、减少价款或者报酬等违约责任。因此在不适当履行的情况下，如果合同对责任形式和补救方式已经作出了明确规定，则应当按照合同的规定确定责任。如果合同没有作出明确规定或者规定不明确，受害人可以根据具体情况，选择各种不同的补救方式和责任形式。

（4）部分履行。部分履行是指合同虽然履行，但履行不符合数量的规定，或者说履行在数量上存在不足。在部分履行的情况下，非违约方首先有权要求违约方依据合同规定的数量条款继续履行，交付尚未交付的货物、金钱以及提供未提供的服务。非违约方也有权要求违约方赔偿损失。对于部分履行，如果债权人不能证明已构成根本违约，导致其订约目的不能实现，则不能要求解除合同。

三、归责原则

1. 归责原则的概念和作用

归责原则是指确定行为人民事责任的根据和标准。违约责任的归责原则，是指合同当事人不履行合同义务后，根据何种归责事由去确定其应负的违约责任。

世界各国的民事立法对于确定违约责任所采用的归责原则并不相同。英美法系国家采用严格责任原则，大陆法系国家则采用过错责任原则。

（1）决定违约责任的构成要件。采用严格责任原则，违约责任的构成要件仅需违约行为一项就够了，无须违约方有过错。尽管在英美法的实际运作中，过错并非绝对不予考虑的因素，但是严格责任不以过错为违约责任构成要件。如采用过错责任原则，则过错是违约责任成立的构成要件之一，违约方不但在客观上要有违约行为，而且在主观上要有过错，才应当承担违约责任。

（2）决定举证的责任。在各国的立法和司法实践中，为保护非违约方的利益并减轻其举证负担，过错责任的归责原则的举证责任一般采取过错推定方式，即将举证责任倒置由违约方承担，非违约方仅负责就违约方的违约事实举证，至于违约方有无过错，则由违约方负责反证证明。如违约方能够证明自己违约是无过错的，违约责任就不成立。而在严格责任原则，由于不以过错作为违约责任的构成要件，违约方也无须反证证明自己没有过错，但可以特定的免责事由，如不可抗力免除自己的违约责任。

（3）决定违约赔偿的范围。在过错责任原则下，确定违约赔偿的范围不仅要考虑损害大小，还要考虑受害方有无过错以及双方的过错程度，并且以违约方缔约时能够预见或者应当预见到的损失为限。而在严格责任原则下，在确定赔偿范围时，原则上不考虑违约方的过错有无及过错程度等因素。但也以违约方缔约时能够预见或者应当预见到的损失为限。

2. 合同法中的归责原则

《合同法》第一百零七条规定，当事人一方不履行合同义务或者履行合同义务不符合约定的，应当承担继续履行、采取补救措施或者赔偿损失等违约责任。

《合同法》总则部分虽然规定了严格责任作为违约责任承担的归责原则，但是需要指出的是，在分则中有大量的不同种类的合同仍是以过错责任为归责原则的。例如，《合同法》第一百八十九条规定，因赠与人故意或者重大过失致使赠与的财产毁损、灭失的，赠与人应当承担损害赔偿责任。第二百二十二条规定，承租人应当妥善保管租赁物，因保管不善造成租货物毁损、灭失，赠与人应当承担损害赔偿责任。第二百五十六条规定，承揽人应当妥善保管定做人提供的材料以及完成的工作成果，因保管不善造成毁损、灭失的，应当承担损害赔偿责任。第三百零三条第一款规定，在运输过程中旅客自带物品毁损、灭失，承运人有过错的，应当承担损害赔偿责任。第三百一十一条规定，承运人对运输过程中货物的毁损、灭失承担损害赔偿责任，但承运人证明货物的毁损、灭失是因不可抗力、货物本身的自然性质或者合理损耗以及托运人、收货人的过错不承担损害赔偿责任。第三百七十四条规定，保管期间，因保管人保管不善造成保管物毁损、灭失的，保管人应当承担损害赔偿责任，但保管是无偿的，保管人证明自己没有重大过失的，不承担损害赔偿责任。第四百零六条规定，有偿的委托合同，因受委托人的过错给委托人造成损失的，委托人可以请求赔偿损失。无偿的委托合同，因受托人的故意或者重大过失给委托人造成损失的，委托人可以要求赔偿损失。因此需要特别指出的是，在考虑具体案件的处理时，必须特别考虑各个具体合同的属性，从而确定其归责原则。

四、承担违约责任的形式

1. 实际履行

实际履行也称强制实际履行、依约履行、继续履行。作为一种违约后的补救方式，实际履行是指一方违反合同时，另一方有权要求其依据合同的规定继续履行。《合同法》第一百零七条规定，当事人一方不履行合同义务或者履行合同义务不符合约定的，应当承担继续履行……等违约责任。《合同法》第一百零九条和第一百一十一条针对金钱债务和非金钱债务两种情况中的实际履行问题分别作了规定。实际履行的责任，应当符合下列条件：

（1）有违约行为存在。

（2）必须由非违约方在合理期限内提出继续履行的请求。

（3）必须依据法律和合同的性质能够履行。

（4）实际履行在事实上是可能的和在经济上是合理的。

2. 损害赔偿

损害赔偿又称为违约损害赔偿，指违约方因不履行或不完全履行合同义务而给对方造成损失，依法按照合同的规定应承担损害赔偿的责任。《合同法》第一百零七条规定当事人一方不履行合同义务或者履行合同义务不符合约定，应当承担……赔偿损失等违约责任。违约损害赔偿具有如下特点：

（1）损害赔偿是因债务人不履行合同债务所产生的责任。由于债务人违约而使债权人受损害，当事人之间的合同债务就转化为损害赔偿的债务关系。

（2）损害赔偿原则上仅具有补偿性而不具有惩罚性。损害赔偿具有补偿性，其主要目的在于弥补或填补债权人因违约行为所遭受的损害后果。《合同法》原则上不适用惩罚性损害赔偿。所谓惩罚性损害赔偿，指由法院判令加害人支付受害人的超过其财产损害范围的一种金钱赔偿。但是《合同法》第一百一十三条规定，经营者对消费者提供商品或服务有欺诈行为的，依照中华人民共和国消费者权益保护法的规定承担损害赔偿责任，根据《消费者权益保护法》第四十九条规定，经营者提供商品或者服务有欺诈行为的，应当按照消费者的要求增加赔偿其受到的损失，增加赔偿的金额为消费者购买商品的价款或者接受服务的费用的一倍。

（3）损害赔偿具有一定程度的任意性。当事人在订立合同时，可以预先约定一方当事人违约时应向对方当事人支付一定的金钱。这种约定方式既可以用具体的金钱数额表示，也可采用某种损害赔偿的计算方法来确定。我国《民法通则》第一百一十二条和《合同法》第一百一十四条允许当事人约定损害赔偿。

（4）损害赔偿以赔偿当事人实际遭受的全部损害为原则。一方违反合同后，另一方当事人不仅会遭受现有财产的损失，而且会遭受可得利益的损失，这些损失都应当得到赔偿。《合同法》第一百一十三条规定，当事人一方不履行合同义务或者履行合同义务不符合约定，给对方当事人造成的损失，包括合同履行后可以获得的利益。只有赔偿全部损失才能在经济上相对于合同得到正常履行情况下的同等收益，因此才能督促当事人有效地履行合同。

（5）损害赔偿的限制。

1）可预见性原则。根据《合同法》第一百一十三条，损害赔偿不得超过违反合同一方订立合同时预见到或者应当预见到的，因违反合同可能造成的损失。根据这一规定，只有当违约方所造成的损害是违约方在订约时可以预见的情况下，违约方才应当对这些损害负赔偿责任。如果损害不可预见，即违约方不应赔偿。

2）损害赔偿的减轻。损害赔偿的减轻是指在一方违约并造成损害后，另一方应及时采取适当的措施以防止损失的扩大，否则，应对扩大部分的损害负责。《合同法》第一百一十九条规定，当事人一方违约后，对方应当采取适当措施防止损失的扩大，没有采取适当措施，致使损失扩大的，不得就扩大的损失要求赔偿。减轻损害的规则，依据诚实信用原则产生，未尽到减轻损害的义务，已构成对诚实信用原则的违反。同时，按照过错责任原则的要求，一方在另一方违约后未能采取合理措施防止损失过大，其本身也是有过错的，应当对自己的过错承担责任。

3. 违约金

违约金指由当事人通过协商预先确定的，在违约生效后作出的独立于履行行为以外的给付。《合同法》第一百二十一条规定，当事人可以约定一方违约时应当根据违约情况向对方支付一定数额的违约金。违约金具有如下法律特征：

（1）违约金是由当事人协商确定的。当事人约定违约金权利是合同自由原则的体现。违约金的约定属于当事人所享有的合同自由的范围，但这种自由不是绝对的，而是受限制的。《合同法》第一百一十四条规定，约定的违约金低于造成的损失的，当事人可以请求人民法院或者仲裁机构予以增加；约定的违约金过高于造成的损失的，当事人可以请求人民法院或仲裁机构予以适当减少。

（2）违约金条款具有从合同的性质。从本质上看，违约金具有从合同的性质，它以主合同的存在为必要条件，当主合同不成立、无效或被撤销时，约定的违约金条款也不能发生效力。主合同消灭，约定违约金也具有相对的独立性，如因一方违约而发生合同的解除，非违约方仍可请求违约方支付违约的违约金。

（3）违约金的数额是预先确定的。违约金作为预先确定的赔偿数额，在违约后对损失予以补偿，免去举证责任，也避免计算损失的困难，相对简单明确。

（4）违约金是一种违约后生效的责任方式。违约金条款在合同订立时并不生效，只是在一方发生违约后才能产生法律效力。

违约金和其他责任形式的比较：

（1）违约金与损害赔偿。一般来说，合同中约定的违约金可以视为约定的损害赔偿。当然，如果违约金的支付不足以弥补实际损失，受害人还可以要求赔偿损失，因此违约金责任与损害赔偿责任可以并存。但是两种责任形式是不同的。违约金数额是事先约定的，而损害赔偿数额则是在违约发生后具体计算出来的。违约金的适用可以节省损害赔偿计算上的花费，避免就损失举证所遇到的困难。违约金的适用不以实际损害为前提，不管是否发生了损害，当事人都应当支付违约金。而损害赔偿的适用则要以实际发生的损失为前提，如果非违约方在违约发生后不能证明违约造成的实际损害，则不能适用损害赔偿。

（2）违约金与实际履行。违约金的支付是独立于履行之外的。如果当事人没有特别约定，不得在支付违约金后免除履行主债务的义务。违约金的支付并没有给予债务人一种违约的权利，债务人不得以支付违约金完全代替实际履行。《合同法》第一百十一四条规定，当事人就迟延履行约定违约金的，违约方支付违约金后，还应当履行债务。这表明违约金的支付与实际履行可以并存。例如，双方在合同中约定，在履行期到来后，一方不交付货物，每迟延一天，应按货款的万分之一支付违约金，迟延交货的一方在支付该违约金后还负有继续交货的义务。

（3）对违约金的国家干预。违约金的约定虽然属于当事人所享有的合同自由的范围，但这种自由不是绝对的，而是受一定限制的。《合同法》第一百一十四条规定，约定的违约金低于造成的损失的，当事人可以请求人民法院或者仲裁机构予以增加；约定的违约金高于造成的损失的，当事人可以请求人民法院或仲裁机构予以适当减少。因为违约金是事先约定的，它与违约发生后所造成的实际的损失不可能完全一致。如果与实际损失相比较，当事人约定的违约金数额过低，则难以起到补偿受害人损失的作用。如果约定的违约金过高，不仅会使受害人获得不正当的利益，而且在一定程度上还会恶化违约方的财产状况。因此，允许法院和仲裁机关调整违约金的数额是十分必要的。法院和仲裁机关对违约金数额的调整，必须要有一方当事人提出要求，法院和仲裁机关不得主动调整。

4. 定金

定金是指合同当事人为了确保合同的履行，依据法律和合同的规定由一方按合同标的额的一定比例，预先给付对方的金钱或其他代替物。《合同法》第一百一十五条规定，当事人可以依照我国担保法约定一方向对方给付定金作为债权的担保，债务人履行债务后，定金应当抵作价款或者收回。给付定金的一方不履行约定的债务的，无权要求返还定金；收受定金的一方不履行约定的债务的，应当双倍返还定金。定金责任具有如下特征：

（1）《合同法》所规定的定金在性质上属于违约定金，适用于债务不履行的行为。而且由于定金具有明显的制裁违约行为的性质，因此它适用于债务不履行或其他根本违约行为。

（2）定金责任是一种独立于其他责任形式的一种制裁措施。

（3）从性质上看，约定的定金具有从合同的性质，它以主合同的存在为必要条件。当主合同不成立、无效或被撤消，定金条款也不能生效。主合同消灭，约定的定金也发生消灭。不过定金的成立除了当事人的合意以外，还需要有定金的现实交付行为。而且定金责任必须在违约行为发生后才能适用。

（4）法律对定金的数额有一定的限制。由于定金是由当事人约定的，因此法律对当事人的约定有一定的限制。《担保法》第九十一条规定，定金的数额不得超过合同标的额的20%。对于数额过高或过低的，法院和仲裁机关根据当事人的请求有权予以适当增减。

定金与相关概念的区别：

（1）定金与预付款。预付款指由双方当事人商定的在合同履行前所支付的一部分价款。预付款的交付在性质上是一方履行主合同的行为。合同履行时预付款要充抵价款，合同不履行预付款应当返还。定金的适用存在制裁违约行为的问题，无论发生何种违约行为，都发生定金的丧失和双倍返还。而定金的交付主要起担保合同履行的作用，它不是履行主合同的行为。定金责任将针对违约行为实施制裁。

（2）定金与违约金。定金和违约金都是事先约定的，并都具有制裁违约行为的性质。根据《合同法》第一百一十六条规定，当事人既约定违约金，又约定定金的，一方违约时，对方可以选择适用违约金或者定金条款。因此，当事人在合同中既约定了违约金条款，又约定了定金条款，只能由非违约方择一行使，不能同时并用。

（3）定金与损害赔偿。定金责任是一种独立的责任形式，其适用不以实际发生的损害为前提。定金责任的承担也不能代替损害赔偿。因此在计算损害赔偿时，不能将定金列入其中。当然如果同时适用定金和损害赔偿，其总值超过标的物价金总和的，法院应酌情减少定金的数额。

（4）定金与实际履行。由于定金一般而言属于违约金，因此在一方违约以后，违约方承担定金责任并不免除其继续履行的义务，可见定金责任能够与实际履行并存。当然如果当事人约定定金是解约定金而不是违约定金，则当事人可以在抛弃定金或双倍返还定金以后解除合同。

五、因第三人原因造成的违约

《合同法》第一百二十一条规定，当事人一方因第三人的原因造成违约的，应当向对方承担违约责任。当事人一方和第三人之间的纠纷，依照法律规定或者按照约定解决。合同的效力仅及于合同的双方当事人，而不能及于第三人，这是由合同的相对性原则决定的。在当事人一方因第三人的原因造成违约的情况下，由于第三人不是合同的当事人，与合同无关，非违约方不能要求第三人承担违约责任，而是只能追究违约方的责任。至于违约方与第三人纠纷，是另一法律关系。违约方在承担了合同中的违约责任后，可以依照法律规定或者与第三人的约定请求第三人予以赔偿。

第四节　供用电合同

供用电合同是供电人向用电人供电，用电人支付电费的合同。供用电合同是双务、有偿、诺成性合同。供电方的最基本的合同义务是向用电方供电，最基本的合同权利是向用电方收取电费，用电方则是支付电费取得相应的电力商品。供用电合同的订立、履行、变更和终止，适用《合同法》的相关规定。

一、供用电合同的特点

供用电合同在本质上属于特殊类型的买卖合同，《合同法》在买卖合同外单列一章。合同的标的，即电，是国民经济中的重要能源，也是一种特殊商品。供用电合同具有以下共同特点：

（1）供应方是特殊主体，即只能是依法取得特定营业资格的供电企业，其他任何单位和个人都不得作为供应方。

（2）属于持续供给合同。因为电的供应与使用都是连续的，因此合同的履行方式都处于一种持续状态。供应方在正常情况下，应当连续向使用方供应，不得中断；使用方在合同约定的期限内，享有连续使用的权利。

（3）合同一般按照格式条款订立。供用电具有社会公益性，关系到每一个人，故供应方拟定格式条款适应大量交易的需要。对有特殊需要的使用人，也采用非格式条款。到目前为止，有关电力供应的价格、方式等，都是由国家或有关地方政府规定，并非由合同双方当事人自行约定。

（4）对使用人的责任都有特殊要求。由于电力系统具有网络性，其生产、供应与使用都由网络连接，相互影响，任何一个用户的使用，都可能关系到整个系统的运行，关系到其他用户的利益。故使用人必须按照有关法律规定和约定安全、合理地使用供应的电力，并承担相应的法律责任。

二、供用电合同的内容

供用电合同除应具备一般合同必备的条款外，还应当根据电力供用与使用的特殊性，约定其特殊的必备条款。《合同法》第一百七十七条规定："供用电合同的内容包括供电的方式、质量、时间、用电容量、地址、性质、计量方式，电价、电费的结算方式，供用电设施的维护责任等条款。"《电力供应与使用条例》对其作了较为详细的规定。补充条款有合同履行地点、争议解决方式等。

1. 供电方式

供电方式由供电人在收到用电人的申请后，从供用电的安全、经济、合理和便于管理的原则出发，依据国家的有关政策和规定、电网的规划、用电需求以及当地供电条件等因素，进行技术经济比较，与用电人协商确定。

用电人用电设备容量不足 10kW 的，可采用低压 220V 供电。但有单台设备容量超过 1kW 的单相交流设备时，用电人必须采取有效的技术措施以消除对电能质量的影响，否则，应改为其他供电方式。

用电人用电设备容量在 100kW 及以下或者需用变压器容量在 50kVA 及以下者，可采用低压三相四线制供电，特殊情况也可采用高压供电。

用户需要备用保安电源时，供电人应当按其负荷重要性、用电容量和供电的可能性，与用电人协商确定。用电人的保安电源，可以由供电人提供，也可由用电人自备。遇有下列情况之一者，保安电源应由用电人自备：在电力系统瓦解或者因不可抗力造成供电中断时，仍需保证供电的，用电人自备电源比从电力系统供给更为经济合理。

2. 供电质量

（1）供电的额定频率为交流 50Hz。

（2）供电的额定电压为：

低压供电：单相 220V，三相 380V。

高压供电：10、35（63）、110、220kV。

用户需要的电压等级不在上列范围的，应自行采取措施解决。

（3）在电力系统正常状况下，供电频率的允许偏差范围是：

1）电网装机容量在 300 万 kW 及以上的，为 ±0.2Hz。

2）电网装机容量在 300 万 kW 以下的，为 ±0.5Hz。

3）在电力系统非正常状况下，供电频率允许偏差不应超过 ±0.1Hz。

（4）在电力系统正常状况下，供电人供应到用电人受电端的供电电压允许偏差为：

1）35kV 及以上电压供电的，电压正负偏差的绝对值之和不超过额定值的 10%。

2）10kV 及以下三相供电的，为额定值的 ±7%。

3）220V 单相供电的，为额定值的 +7%，-10%。

在电力系统非正常状况下，用电人受电端的电压最大允许偏差不应超过额定值的 ±10%。

3. 供电时间

用电人与供电人应在合同中明确具体的供用电时间和期限。

4. 用电容量

用电容量是指经用电人要求、供电人同意的用电人受电变压器容量之和，是电力作为商品进行供应与使用的具体量化值。一般来讲，用电容量是用电人瞬间可使用电力的最高值，允许用电人低于但不能超过用电容量用电。

5. 用电地址

用电地址是指用电人受电设施所在地址，涉及到供用电设施的建设和维护，因此，合同中应予明确而准确地约定，且不得随意更改。

6. 用电性质

用电按性质可分为农业用电、工业用电、居民生活用电、商业用电等。不同性质的用电电价是有区别的，因此，用电性质的确定是非常重要的必备条款。

7. 计量方式

合同应当明确约定用何种计量装置计量、计量装置安装的位置以及安装人。

8. 电价、电费结算方式

用电方用电后，应根据国家规定的电价向供电方支付相应的电费。供用电合同中应明确计费容量、电价、电能计量方式、电费结算方式和电费支付方式。

9. 供用电设施责任的划分

供用电设施稳定正常运行，是电力作为商品得以安全使用的前提，因此，供用电设施需要加以正常的维护。合同中应约定供电合同的履行地点，若无约定，则以双方供电设施产权分界处为标准。

用电设施应由用电人自行维护管理。

用电人维护管理范围按照产权归属确定。产权分界点既是维护管理责任的分界点，也是商品的交付点。根据惯例和国家有关规定，责任分界点按下列办法确定：

（1）用低压线路供电的，以供电接户线用电人一端最后支持物为分界点，支持物属供电人。

（2）10kV及以下公用高压线路供电的，以用电人厂界外或配电室前的第一断路器或者第一支持物为分界点，第一断路器或者第一支持物属供电人。

（3）35kV及以上公用高压线路供电的，以用电人厂界外或用电人变电站外第一基电杆为分界点，第一基电杆属供电人。

（4）采用电缆供电的，本着便于管理的原则，分界点由供电人和用电人协商确定。

（5）产权属于用电人且由用电人运行维护的线路，以公用线路分支杆或者专用线路接引公用变电站外第一基电杆为分界点，专用线路第一基电杆属于用电人。

（6）在电器上的分界点由供用电双方协商确定。

10. 合同有效期限

合同中须约定合同的有效期限及起止时间。

11. 违约责任

《电力法》第五十九条、第六十条对违约的法律责任作出了原则规定："电力企业或者用户违反供用电合同，给对方造成损失的，应当依法承担赔偿责任。""电力企业违反本法第二十八条、第二十九条第一款的规定，未保证供电质量或者未事先通知用户中断供电，给用户造成损失的，应当依法承担赔偿责任。""因电力运行事故给用户或者第三人造成损害的，电力企业应当依法承担赔偿责任。""电力运行事故由下列原因之一造成的，电力企业不承担赔偿责任：（一）不可抗力；（二）用户自身的过错。""因用户或者第三人的过错给电力企业或者其他用户造成损害的，该用户或者第三人应当依法承担赔偿责任。"

国务院电力主管部门根据现行电力法和有关行政法规的规定，对常见违约情形的具体责任承担方式作了规定。

12. 电力运行事故责任

由于供电人电力运行事故造成用电人停电的，按用电人在停电时间内可能用电量的电能电费的五倍给予赔偿。用电人在停电时间内的可能用电量，按照停电前用电人正常用电月份和正常用电一定天数内的每小时均用电量乘以停电小时求得。

由于用电人的责任造成供电人对外停电，用电人应按供电人对外停电时间少供电量，乘以上月份供电人平均售电单价给予赔偿。

13. 电压质量责任

用电人用电功率因数达到规定标准，而供电电压超出规定的变动幅度，给用电人造成损失的，供电人应按照用电人每月在电压不合格的累计时间内使用的电量，乘以用电人当月用电的平均电价的 20% 给予赔偿。

用电人用电的功率因数未达到规定标准或其他用电人原因引起的电压质量不合格，供电人不负赔偿责任。

电压变动超出允许变动幅度的时间，以用电人自备并经供电人认可的电压自动记录仪表的记录为准，如用电人未装此项仪表，则以供电人的电压记录为准。

14. 频率质量责任

供电频率超出允许偏差，给用电人造成损失的，供电人应按用电人每户每月在频率不合格的累计时间内所用的电量，乘以当月用电的平均定价的 20% 给予赔偿。

频率变动超出允许偏差的时间，以用电人自备并经供电人认可的频率自动记录仪表的记录为准，如用电人未装此项仪表，则以供电人的频率记录为准。

15. 未在规定期限内交清电费

用电人在规定的期限内未交清电费时，应当承担电费滞纳的违约责任。电费违约金从逾期之日起计算至交纳之日止。每日电费违约金按下列规定计算：居民用电人每日按欠费总额的 1‰ 计算；其他用电人，当年欠费部分，每日按欠费总额的 2‰ 计算，跨年度欠费部分每日按欠费总额的 3‰ 计算。违约金收取总额按日累加计收，总额不足 1 元的，按 1 元收取。

> **算一算**
>
> 　　某一非普工业用户，与供电企业合同约定每月于抄表后结清当月电费，其功率因数达到规定要求。2008 年 4 月 30 日有功电能表止码为 45 600kWh，5 月 30 日抄见电表电量为 64 000kWh。该地区 2008 年 6 月 30 日前非普工业电价为 0.715 元/kWh，2008 年 7 月 1 日国家将该地区非普工业电价调整为 0.825 元/kWh。
>
> 　　该用户由于某种原因未能按期缴纳 5 月份有功电费，经催缴于 2008 年 7 月 22 日才到营业所交纳电费（按延迟缴纳电费 51 天计算）。
>
> 　　问：供电公司此时可以收取该用户多少电费？

16. 违约用电

用电人有下列违约行为的，应承担违约责任：

在电价低的供电线路上，擅自接用电价高的用电设备或私自改变用电类别的，应按实际使用日期补交其差额电费，并承担两倍差额电费的违约使用电费。使用起止日期难以确定的，实际使用时间按三个月计算。

私自超过合同约定的容量用电的，除应当拆除私增容设备外，属于两部制电价的用电人，应补交私增设备容量使用月数的基本电费，并承担三倍私增容量基本电费的违约使用电费；其他用电人应承担私增容量 50 元/kW（kVA）的违约使用电费。

擅自超过计划分配的用电指标的，应承担高峰超用电力 1 元/(kW·次) 和超用电量与现行电价电费五倍的违约使用电费。

擅自使用已在供电企业办理暂停手续的电力设备或启用供电企业封存的电力设备的，应当停用违约使用的设备。属于两部制电价的用电人，应补交擅自使用或启用封存设备容量和使用月数的基本电费，并承担两倍补交基本电费的违约使用电费；其他用电人应该承担擅自使用或启用封存设备容量 30 元/(kW·次) 的违约使用电费。

私自迁移、更动和擅自操作供电人的用电计量装置、电力负荷管理装置、供电设施以及约定由供电人调度的用电人受电设备者，属于居民用户的，应当承担 500 元/次的违约使用电费；属于其他用电人的，应当承担 5000 元/次的违约使用电费。

未经供电人同意，擅自引入（供出）电源或将备用电源和其他电源私自并网的，除当即拆除接线外，应承担其引入或并网电源容量 500 元/kW 的违约使用电费。

17. 争议解决方式

双方当事人在合同中应就争议解决方式及管辖机构或者地点进行明确约定。

三、合同法对供用电合同格式条款的限制

《合同法》对格式条款的限制表现在公平义务、提醒义务、利己无效、解释利他四个方面。

想一想

某地区地处山区多雷地区。2004 年某月的一天下雨并伴有打雷。某住户为防止雷击损坏家电，将彩电和洗衣机的插头拔下。其男主人为了看天气预报，搬来一台黑白电视机，在插插座时，遇雷击供电线路引起电击死亡。经查，该户的进户装置处未按照规定装设避雷接地线。供电企业的架空线路也未按照电力行业标准每 100m 内装设一处避雷接地线的规定装设避雷接地线。因此，用户诉至法院，要求供电企业承担因雷击住户死亡的责任，理由：①供电企业没有按照电力行业标准装设避雷接地线；②供电企业没有告知用户，进户线须装设避雷接地线。供电公司辩称：①电力行业标准不是国家标准，不是强制性标准；②住户进户装置产权归用户，未安装避雷接地线造成雷击死亡应自己承担责任。

问：该雷击致人电击死亡案例，供电企业是否应承担责任？法律依据是什么？

《合同法》第三十九条指出，采用格式条款订立合同的，提供格式条款的一方应当遵循公平原则确定当事人之间的权利和义务，并采取合理的方式提请对方注意免除或者限制其责任的条款，按照对方的要求，对该条款予以说明。

格式条款是当事人为了重复使用而预先拟定，并在订立合同时未与对方协商的条款。

此处强调了格式条款的公平义务和提醒义务。

利己无效反映在《合同法》第四十条的规定中：格式条款具有本法第五十二、五十三条规定情形的，或者提供格式条款一方免除其责任、加重对方责任、排除对方主要权利的，该条款无效。

解释利他表现在第四十一条，对格式条款的理解发生争议的，应当按照通常理解予以解释。对格式条款有两种以上解释的，应当作出不利于提供格式条款一方的解释。格式条款和非格式条款不一致的，应当采用非格式条款。

合同法对格式条款四个方面的限制在供用电合同中同样适用，因此在签订供用电合同时要注意这四个方面的问题。

四、价格变化对合同效力的影响

《合同法》第六十三条指出，执行政府定价或者政府指导价的，在合同约定的交付期限内政府价格调整时，按照交付时的价格计价。逾期交付标的物的，遇价格上涨时，按照原价格执行；价格下降时，按照新价格执行。逾期提取标的物或者逾期付款的，遇价格上涨时，按照新价格执行；价格下降时，按照原价格执行。

根据该条款供电企业在遇到拖欠电费时应作如下处理：逾期付款的，遇电费价格上涨时，按新价格执行；遇电费价格下降时，按原价格执行。

想一想

2004年7~10月，××省××市的住宅电价为0.704元/kWh，住户黎某每月均按××市电力公司的电费通知按时交清了电费。2004年10月13日该省物价局根据国家发改委2004年6月8日的通知，作出了《关于调整××等县（市）销售电价的通知》〔（2004）274号〕，规定该市住宅电度电价调整为0.79元/kWh，自2004年6月15日按抄见电量起执行，由此产生的价差按多退少补原则处理。该市物价局在2004年11月1日转发了该文后，该市电力公司即向黎某发出《补交电费通知单》，并从黎某的银行账户中扣缴了电费差价89.96元。就此，黎某认为该文违法，电力公司的行为侵犯其合法权益，遂向人民法院提起诉讼。

问：该市电力公司的行为是否侵犯了住户黎某的合法权益合法？为什么？

五、供电人和用电人的义务

《合同法》中对供电人的义务要结合《电力法》、《电力供应与使用条例》、《供电营业规则》的有关规定去认识。

（一）供电人的义务

1. 按质、安全供电的义务

供电人应当按照国家规定的供电质量标准和约定安全供电。供电人未按照国家规定的供电质量标准和约定安全供电，造成用电人损失的，应当承担损害赔偿责任。

2. 中断供电及时通知的义务

供电人因供电设施计划检修、临时检修、依法限电或者用电人违法用电等原因，需要中断供电时，应当按照国家有关规定事先通知用电人。未事先通知用电人中断供电，造成用电人损失的，应当承担损害赔偿责任。

3. 断电及时抢修的义务

因自然灾害等原因断电，供电人应当按照国家有关规定及时抢修。未及时抢修，造成用电人损失的，应当承担损害赔偿责任。

（二）用电人的义务

1. 及时交付电费的义务

用电人应当按照国家有关规定和当事人的约定及时交付电费。用电人逾期不交付电费的，应当按照约定支付违约金。经催告用电人在合理期限内仍不交付电费和违约金的，供电人可以按照国家规定的程序中止供电。

2. 安全用电的义务

用电人应当按照国家有关规定和当事人的约定安全用电。用电人未按照国家有关规定和当事人的约定安全用电，造成供电人损失的，应当承担损害赔偿责任。

六、正确适用法律，维护合同权益

供电企业与用户的关系是一种供用电合同关系。正确适用法律，依法维护供电方的合同权益是非常重要的。根据合同法的规定，有以下几种清欠电费的法律手段：

（1）严格依法签订供用电合同。签约前要对用户进行必要的资信调查；合同文字表述要明确严密，不产生歧义，文理逻辑严密；双方权利义务要明确具体；合同附件及有关材料要整理齐全，一并归入合同档案；合同签订后要做好供用电合同的档案管理工作。

（2）杜绝供用电合同的效力瑕疵。供用电合同的效力瑕疵使供用电合同成为无效合同或部分无效合同。

（3）积极运用法律手段。适当运用不安抗辩权和合同的保全措施，降低电费风险。积极实现担保权，维护供电企业的合法权益。正确理解适用违约责任，进行违约救济。按照法定程序停电催费。必要时依法起诉或者申请仲裁，依法保护供用电各方的合法权益。

议一议

张三、李四、王五同为某镇人，2004年，张三购买了有关生产设备，由该镇供电所台区电工职工牛六帮忙在供电所办理了报装用电手续，用电地址在该镇A地。2005年张三将生产设备转卖给该镇B地的李四，张三没有到供电所办理销户手续，李四也经该镇供电所台区电工职工牛六帮忙办理了接电手续，而牛六则没有到供电所办理供电手续，从由王五处转供电给李四使用。供电所职工牛六每月按李四、王五的分表抄见电量收费后，再按照供电线路上三户的总表抄见电量向供电所结算，其中总表与分表之间的电价差额电费牛六则私自留用。事发后，供电公司有人认为张三、李四、王五和牛六相互勾结进行窃电，应分别给予处罚。

请大家议一议：

1. 张三、李四、王五三人有无违约用电或窃电行为？为什么？

2. 应如何划分本案中当事人的法律责任？

本 章 小 结

本章主要有四节内容，第一节介绍了合同、要约、承诺、合同的效力等一些合同法的基本概念；第二节讲述了合同的履行、变更、终止等相关法律知识；第三节详述了违约责任；

第四节阐述了供用电合同的有关问题。

思 考 与 练 习 题

1. 什么是合同？合同有什么法律特征？
2. 什么是要约？要约的构成要件有哪些？
3. 什么是要约的撤回、撤销？
4. 如何理解要约的法律效力？
5. 什么是承诺？承诺的构成要件有哪些？
6. 简述合同的内容。
7. 什么是合同的生效？合同生效要件有哪些？
8. 合同无效或者被撤销有什么法律后果？
9. 合同的履行有什么原则？
10. 简述双务合同履行中的同时履行抗辩权、先履行抗辩权、不安抗辩权。
11. 什么是代位权？什么是撤销权？
12. 什么是合同的解除？合同的解除有何法律特征？合同的法定解除有何条件？
13. 什么叫抵消？法定抵消有何要件？
14. 什么叫违约责任？违约责任有何特点？
15. 违约责任的归责原则有哪些？
16. 违约责任的免责事由有哪些？
17. 什么叫预期违约？实际违约的形态有哪些？
18. 违约责任的承担方式有哪些？
19. 简述供用电合同的主要内容。
20. 论述清欠电费、维护供电企业权益的有效措施及法律依据。

第 五 章

电力法律法规在反窃电中的应用

窃电是与一定的历史发展阶段、一定的生产方式相联系的，有其思想根源、社会根源。特别是在社会主义市场经济体制初步建立的社会主义初级阶段，以及我国现阶段所有制结构的多样性和生产力水平的多层次性的这样一个基本特点，决定了窃电与反窃电将是长期的。

近年来，一些违法人员目无法纪，明目张胆地大肆进行窃电活动。据有关方面估算，全国每年因窃电造成的经济损失逾 200 亿元。窃电干扰破坏了正常的供电秩序和电力设施安全，造成事故隐患；窃电同时也败坏了社会风气，对腐蚀电力职工队伍也有直接联系。

第一节　查处窃电所应掌握的法律知识

一、经常涉及的法律法规

1. 《治安管理处罚条例》

有两种情形，一种情形是简单的数额型违法，即窃电数额折合人民币不够起刑点，可以请求公安机关给予警告、拘留或罚款；另一种情形是在窃电当中有暴力或者以暴力相威胁手段拒绝或者阻碍电力检查人员执行职务，殴打、公然侮辱履行职务的查电人员，因窃电损坏供电设施或者造成他人人身伤害和财产损失，不够追刑的，可以请求公安机关给予处罚。

2. 有关法律法规的条款

《电力法》、《电力供应与使用条例》、《供用电监督管理办法》当中以电力行政主管部门名义责令停止违法行为，追补电费，处以应交电费 5 倍以下罚款的规定条款。

3. 《刑法》相关条款

《刑法》追究窃电行为以及牵连的有关犯罪行为条款，大体涉及 11 种罪名。

(1) 盗窃罪。窃电数额较大以上，或多次盗窃的，要追刑。就目前使用《刑法》的规定来讲，较多追刑的是前者，而对多次盗窃电能尚未发现运用，平时也缺乏司法机关认可的记载，即没有在公安机关留有违法记录的案底档案材料。在数额方面，对起刑点的规定各省执行不一，城乡不一，视当地经济发展情况而定，各省法院都有立案标准，如四川规定数额较大的标准，农村是 700 元，城市为 1000 元；数额巨大的标准，农村为 7000 元，城市为 10 000 元；数额特别巨大的标准，无论城乡都是 5 万元以上。不同的数额档次，作为量刑的幅度依据。而其他一些地方的起刑点，有的比四川低一些，有的比四川高一些。

(2) 传授犯罪方法罪，侵害社会管理秩序。这主要是针对生产、销售窃电器的。

(3) 职务侵占罪。电力职工利用职务上的便利进行窃电，非法占用电能，以职务侵占罪论处；为他人提供条件或帮助窃电，以共犯论处。

(4) 贪污罪。犯罪主体主要有两种人，一种是农村电工以窃电的方式截留电费贪污，另一种是电力管理部门或国有电力企业从事公务的人员，利用职务便利窃电的，以贪污罪处罚。

(5) 销赃罪。主要发生在企业改制过程当中，建材城、大型商业中心等租赁经营，电工窃电再以低价倒卖给租赁经营的业主，业主明知所用电能来路不正而使用，这类情况构成销赃罪。此罪与贪污罪的区别是，电价不同。贪污罪当中电工向用户收的电费仍是国家规定目录电价，而销赃罪当中电工向用户收的电费明显低于目录电价。

（6）暴力阻碍执行公务罪。妨害社会管理秩序，以暴力相威胁阻碍国家机关工作人员依法执行公务，政企不分的情况下，这条对我们用电检查人员是很大的法律保护。

（7）以其他危险方式危害公共安全罪。例如，窃电者在接电线时造成触电死人，就构成对不特定多数人的生命财产的威胁，窃电引起火灾等。

（8）窃电人针对查电人员生命权的故意杀人罪。

（9）窃电人针对查电人员健康权的故意伤害罪。

（10）窃电人侵犯查电人员人身自由的非法拘禁罪。

（11）窃电人冲击变电站以及供电所当中触犯的故意损坏公私财物罪。

4.《供电营业规则》、《民法通则》相关条款

《供电营业规则》、《民法通则》当中追究窃电民事侵权责任的条款，赔偿范围包括：电费损失；供电设施损害费，如电能表、线路修复、更换费用；还有第三人人身、财产的赔偿，常见的窃电失火、触电带来的民事赔偿费用，还要按照规定加收电费。

二、反窃电工作当中不同阶段的法律关系

就窃电行为的法律性质来划分，可以把窃电行为划分为三种类型：

（1）轻微窃电行为。该类窃电行为属于违章用电，是民事侵权的范畴，供电企业可以直接依据《供电营业规则》和《用电检查管理办法》追究窃电者的民事赔偿责任。

（2）一般窃电行为。该类窃电行为除了具有民事侵权的特征外，主要属于行政违法，是行政处罚的范畴，兼有民事侵权和行政处罚的双重属性，窃电者既要承担民事赔偿责任，也要承担行政违法责任，受到行政处罚。对于这类情况，许多供电企业仅限于追究民事赔偿责任，追缴电费和加收电费，往往到此为止，没有及时申请公安机关、电力行政主管机关依据《行政处罚法》和《治安管理处罚条例》进行行政处罚，予以罚款、拘留等制裁。

（3）严重窃电行为。该类窃电行为除了具有民事侵权、行政违法的双重特征外，主要属于刑事犯罪，是刑法制裁的范畴，兼有民事侵权、行政违法和刑事犯罪三种属性。窃电者既要承担民事赔偿责任，又应承担行政违法责任，更重要的是还要承担刑事责任，受到刑法的严厉制裁。

由于窃电具有违法犯罪的特征，决定了查处窃电工作具有一定的危险性，尤其是在查处比较严重的窃电户时，面对的很可能是犯罪嫌疑人，具有尖锐的对抗性，就像公民平时同刑事犯罪斗争可能遇到危险情形一样，必须高度警惕，保护好查电人员的人身安全，正确运用《刑法》赋予的正当防卫以及制止暴力犯罪的权利，捍卫企业经济利益和自身安全，防止窃电者行凶报复。特别是在高额利润的刺激下，有的地方出现团伙窃电犯罪，带有组织性、集团性，成立"地下供电局"私自转供电，与当地黑社会勾结，染黑、带黑，联手对付用电检查，写匿名信、打骚扰电话、跟踪、恐吓、行凶报复等，无所不用其极，使得反窃电的刑事色彩更加明显。因此，司法救济和司法保障，动用国家强制力尤为必要。

三、窃电行为的追刑

对窃电案犯的量刑应比照《刑法》第二百六十四条关于盗窃公私财物的条款规定执行，在该条款中，规定只能是所盗窃数额较大的才属犯罪。在查处窃电案件中窃电数量的确定，

只能依照原电力部制定的《供电营业规则》中所规定的条款来进行推算，有的情况下（如企业开工不正常导致用电负荷不正常，窃电时间不能确定等）窃电数量根本无法计算，计算方法、计算依据之间无法形成证据链条，由此所确定的窃电数额并不具备法律效力，另外作为商品的电能，依用电类别不同价格也不一样，在确定盗窃数额时是以所窃电量来量刑，还是以所窃电费（窃电量×售电单价）来量刑，现行法规中没有明确，因此对窃电案件的量刑存在不确定因素。

鉴于上述情况，《电力供应与使用条例》等电力法规作了一些有利于查处、打击窃电行为的规定。如《电力供应与使用条例》第三十一条规定"故意损坏供电企业用电计量装置"即可认定为窃电行为；有的地方由法院、检察院、公安机关和电力管理部门联合下文，对窃电量和窃电金额的计算方法作原则规定，一定程度上解决了查处窃电案件中的突出矛盾。但是上述规定和文件的法律效力不强，且其对窃电行为、窃电量的证据认定很大程度上是建立在推论和经验认定的基础之上的，与我国现行法律所体现的证据理论有所违悖。

在前述的司法解释中未规定实施盗窃的立案数额，根据追究盗窃罪的推定，作为个人和单位窃电数额价值不一定要达到 500 元才应当追究刑事责任。

根据我国《刑法》第二章第二节的有关规定，犯罪分为犯罪预备、犯罪未遂和犯罪既遂三种类型，这三种犯罪类型都应该受到处罚，有所区别的是量刑的轻重不同罢了。同时，根据 1997 年 11 月 4 日最高人民法院法释［1998］4 号《关于审理盗窃案件具体应用法律若干问题的解释》第四条司法解释，一年内只要实施三次盗窃行为（并且含有不够盗窃罪但仍应按照盗窃罪进行刑事处罚的情形）就应当认定为"多次盗窃"，尽管盗窃数额不够《刑法》处罚，仍可按照《刑法》盗窃罪追究刑事责任。这也就是说，只要该犯罪嫌疑人一年内实施三次以上的窃电行为，证据确凿，就可以参照《刑法》有关盗窃罪的条款进行处罚，就可以向公安部门报案追究刑事责任。例如，2004 年 3 月份武汉市公安局开展的打击盗窃自行车专项行动采取的"一次盗窃自行车价值满 500 元，或一次盗窃自行车二辆，或一年盗窃自行车二次的，将送劳动教养；一次盗窃自行车三辆以上，或盗窃自行车价值在 1000 元以上，或一年内盗窃自行车三次以上的，依据《刑法》第二百六十四条追究刑事责任"。这条规定中的"一年内盗窃自行车三次以上的，依据《刑法》第二百六十四条追究刑事责任"，就是按照该司法解释进行定性的。

对有重大立功表现的窃电犯罪嫌疑人可以根据《刑法》第六十八条第一款的规定，犯罪分子到案后有检举、揭发他人窃电犯罪行为，包括共同犯罪案件中的犯罪分子揭发同案犯共同犯罪以外的其他犯罪，经查证属实；提供侦破其他窃电案件的重要线索，经查证属实；阻止他人犯罪活动；协助司法机关抓捕其他窃电犯罪嫌疑人（包括同案犯）；具有其他有利于国家和社会的突出表现的，应当认定为有立功表现。共同犯罪案件的犯罪分子到案后，揭发同案犯共同犯罪事实的，可以酌情予以从轻处罚。

四、窃电执法要求和相关问题

（一）查处窃电的程序及要求

（1）用电检查人员实施现场检查时，用电检查人员的人数不得少于 2 人。

（2）执行用电检查任务前，用电检查人员应按规定填写《用电检查工作单》中规定的内容，不可缺项。经审核批准后，方能赴用户处执行查电任务。

（3）用电检查人员在执行查电任务时，应向被检查的用户出示《用电检查证》，用户不得拒绝检查，并应派人随同配合检查。

（4）经现场检查确认有窃电行为的，用电检查人员应当对窃电行为予以制止，向窃电者开具《用电检查结果通知书》或省级电力管理部门统一监制的《违章用电、窃电通知书》，一式两份，一份送达用户并由用户代表签字，一份存档备查。

（5）对窃电行为，用电检查人员应当场予以中止供电（特别重要的用户报领导批准后实施），制止其侵害，并按规定追补电费和加收电费。"制止"的方式很多，只要是法律没有规定为"禁止"的行为，都可以采用。比如：收缴窃电作案工具，或要其写保证书，或请居委会、村委会人员到场，或邀请新闻单位现场予以曝光等。

（6）拒绝接受处理的，应报请电力管理部门依法给予行政处罚；情节严重的，违反治安管理处罚规定的由公安机关依法予以治安处罚；构成犯罪的，由司法机关依法追究刑事责任。

（7）用户对供电企业中断供电有异议的，可以向电力管理部门投诉，受理投诉的电力管理部门应当依法及时处理。

（8）被中止供电的窃电者在补交电费和加收使用电费后，供电企业应当及时恢复供电；因供电设备性能等客观原因不能及时恢复供电的，供电企业应当说明情况。

（9）故意向被中止供电的窃电者转供电的，供电企业可以对转供电者中止供电，转供电者应当承担擅自供出电源的加收使用电费。

有的窃电案为什么不能处罚和审判，一个重要原因就出在查处窃电程序不完善，严重影响了实体处理。个别单位在实践中不区分用电检查程序和电力行政执法程序，不办理必要的法律手续，不填写必要的法律文书，甚至颠倒程序，对窃电户先停电后补办通知书。结果往往是因为程序不合法而影响执法效果，甚至赔偿损失。

案例分析

　　某市一农电工在用电村巡视检查时，发现该村一户居民用电有异常现象，该农电工与电工组的其他人员一起到该村核实情况，发现该用户电能计量表的外壳封印被非法开启，电压连线被拆除，根据《供电营业规则》第一百零一条之规定，此举属于窃电行为。证据确凿，于是当场对该用户停止供电并收取追补电费和加收使用电费1000元，同时给该户出具了商业服务发票。用户不服，随后拨打"彩虹热线电话"进行投诉。后经上级部门彩虹办现场落实情况，发现该电工没有按照查处窃电的有关规定程序处理，遂要求其退还1000元的罚款，并对有关人员进行了严肃处理。

　　该案例暴露出的问题是：用电检查人员发现用户有窃电行为时，没有按照规定进行现场取证，没有向用户下达违章、窃电通知书并让用户签字认可；对违章、窃电的处理随意性大，没有严格按照《供电营业规则》第一百零二、一百零三条的规定进行处理，没有告知用户关于加收电费和追补电费的计算依据。所以，增强程序意识非常重要。在人们民主意识和法治意识不断增强的今天，大部分窃电户已不是什么法盲。有的窃电户不但千方百计地钻研利用科技窃电，而且还钻研电力法规，找法律的漏洞和空子，为自己开脱罪责寻找依据。

在执法程序方面需要研究的一个问题，是公安机关和电力企业联合查处窃电的法律适用，除了从民事侵权赔偿的角度按照《供电营业规则》追究民事责任外，在行政处罚方面是依照《用电检查管理办法》和《供用电监督管理办法》，还是按照《治安管理处罚条例》执行，即一项窃电行为可能既触犯电力行政规章，又触犯治安管理条例，是按电力行政案件还是按治安案件处理。按照一事不再罚的原则，按电力行政案件处理就不能再按治安案件重复处理，反之亦然，两者必择其一，关键是怎样选择。根据法律法规的效力，对这种情况应执行《治安管理处罚条例》，理由有三个：①条例是国务院颁布的行政法规，法律层级和效力比部门行政规章要高。②电力企业和公安机关联合查处窃电，行政执法的主体只有公安机关一家，行政执法依据当然是条例。如果是电力企业、电力管理部门和公安机关三家联合行动，则行政执法依据应当由电力管理部门和公安机关协商解决。③公安机关执法力量强，实施行政处罚更加能够体现法律的威力和严肃性，尤其是对多次窃电追究刑事责任的案件，由公安机关依照条例执法更为适宜。

（二）窃电证据提取、收集的基本要求

1. 收集、提取证据要主动、及时

窃电证据是能够证明窃电案件真实情况的事实，是行为人在一定时空里，通过一定的行为，遗留在窃电现场的痕迹、印象。如窃电分子的口供、签字、笔录以及现场情况、作案工具等，以及电力计量所的鉴定及其他一些个案需要收集的特殊证据。一般而言，其表现形式为一定的物品、痕迹或语言文字，而这些特定的物品、痕迹或语言文字与时间具有密切的关系，离案发时间越近，发现和提取这些证据的可能性越大，知情人的记忆越清晰，其真实性就越强。所以，要收集到充分和有价值的证据材料，只有努力做到及时、主动，才会有保障。

2. 证据必须客观、全面

证据的一个特征就是具有客观性。因此在收集证据时，不能先入为主，事先带有一个固定不变的主观设想框框，人为地使客观证据变形或走样，而应尊重客观事实，实事求是。全面，是指必须收集、提取能够反映案件真实情况的各种证据。只有各证据有机地构成完整的证据体系，才能反映案件事实的全部。

3. 必须深入、细致

要注意证据材料的各种细节，注意那些似乎微不足道的事物和其他一切可疑情况。同时，还必须查明各种证据材料的来龙去脉，透过现象把握事物的本质，而不为现象所迷惑，力求使取得的证据材料真正同案件有关，并对查明案件有某种实际的证明价值。

4. 依靠群众，充分利用科学技术

在收集和提取证据过程中，既要善于深入群众、依靠群众，取得群众的支持和帮助，又要重视运用现代化科学技术，充分发挥现代化科学技术的作用。随着科技的飞跃发展，窃电技术越来越高明，就必须运用科学知识和先进的技术设备对窃电技术进行掌握和鉴定，才能准确地打击窃电违法犯罪。

5. 公安机关是窃电刑事案件取证的有效机关

用电检查人员取到的窃电证据一定要经过公安机关的侦察和确认，或经公证机关的公证，否则该证据检察机关可能不认可，法院也可能不会采纳，达不到惩治犯罪分子的目的。

（三）追补电费和加收使用电费的执行问题

必须严格按照《供电营业规则》第一百零三条规定进行计算，并经本单位稽查员、负责人签字后，报稽查组进行审核后方可进行征收。

原电力工业部颁布的《供电营业规则》第一百零二条规定："供电企业对查获的窃电者，应予以制止，并可当场中止供电。窃电者应按所窃电量补交电费，并承担补交电费三倍的违约使用电费。拒绝承担窃电责任的，供电企业应报请电力管理部门依法处理。窃电数额较大或情节严重的，供电企业应提请司法机关依法追究刑事责任。"

这里需要说明一个问题，就是上述《供电营业规则》第一百零二条中所规定的："……并承担补交电费三倍的违约使用电费。"作为罚金，应由电力管理部门实施；作为违约金，这个提法与1999年10月1日起施行的《合同法》第一百一十四条："约定的违约金低于造成的损失的，当事人可以请求人民法院或者仲裁机构予以增加；约定的违约金过分高于造成的损失的，当事人可以请求人民法院或仲裁机构予以适当减少。"的规定相悖。因此，供电企业按照《供电营业规则》第一百零二条所规定的加收三倍违约使用电费的提法是有缺陷的，该部门规章条款不符合现行法律规定，存在着效力的问题。

原电力工业部颁布的《用电检查管理办法》第二十一条规定："现场检查确认有窃电行为的，用电检查人员应当场予以中止供电，制止其侵害，并按规定追补电费和加收电费。拒绝接受处理的，应报请电力管理部门依法给予行政处罚；情节严重、违反治安管理处罚规定的，由公安机关依法予以治安处罚；构成犯罪的，由司法机关依法追究刑事责任。"

《电力法》第七十一条规定："盗窃电能的，由电力管理部门责令停止违法行为，追缴电费并处应交电费五倍以下的罚款；构成犯罪的，依照刑法第一百五十一条或者第一百五十二条❶的规定追究刑事责任。"

《电力供应与使用条例》第四十一条规定："违反本法第三十一条规定，盗窃电能的，由电力管理部门责令停止违法行为，追缴电费并处应交电费五倍以下的罚款；构成犯罪的，依法追究刑事责任。"

对于查证属实的窃电行为，电力行政管理部门或其委托单位责令窃电者停止违法行为、追补正常电费和加收使用电费，并对窃电者处应交电费五倍以下的罚款。对盗窃电能数额较大构成犯罪的，由司法机关依照《中华人民共和国刑法》第二百六十四条的规定追究刑事责任。

按照以上规定，窃电者应承担的法律责任有：一是民事法律责任，即接受中止供电，按所窃电量补交电费，并承担补交电费三倍的加收使用电费。二是行政违法责任，包括电力行政处罚和治安处罚，电力行政处罚是责令停止违法行为，追缴电费并处应交电费五倍以下的罚款，责令赔偿损失。治安处罚按故意侵犯公私财物行为处以十五日以下拘留或者警告，可以单处或者并处二百元以下罚款。三是构成犯罪的，依法追究刑事责任。随着情节轻重的递进，承担较重的法律责任。1998年最高人民法院《关于审理盗窃案件具体应用法律若干问题的解释》（法释〔1998〕4号）规定："盗窃的公私财务，包括电力、煤气、天然气等。"极少数构成犯罪的窃电行为，大多数窃电行为具备同时追究民事责任和行政违法责任的条件，在执行当中并没有同时追究。受电力政企分开的社会舆论影响，许多市、县基层电力行

---

❶　适用修定后的《刑法》第二百六十四、二百六十六条。

政执法职能受到削弱，在处理窃电时普遍存在重民事责任、轻行政违法责任的偏向，一般的处理方式是补交电费并追交三倍加收使用电费，而较少启用五倍罚款的行政处罚措施，在法律适用上还不够充分，行政执法保护和司法救济相对滞后，对窃电行为处罚的威慑力不够。

（四）妥善处理单位窃电问题

《刑法》第三十条规定："公司、企业、事业单位、机关、团体实施的危害社会的行为，法律规定为单位犯罪的，应当负刑事责任"，因此，法律有明文规定是构成单位犯罪的前提。根据《刑法》分则第五章"侵犯财产罪"的规定，盗窃罪不是单位犯罪的一种。但在司法实践中，集体决策实施窃电的案例并不少见。具体情况往往是：村委会或企业的领导班子集体研究决定窃电，交给村（厂）电工去实施，其窃电实施人不是个人受益，窃电主体实为村委员会或企业，最后受到处罚的是电工，有的决策人不够成为共犯，结果必然是不法分子理应受到刑事处罚而无法可据。而事实上从窃电行为发生的原因和危害性上讲，决策窃电的人更有甚于实施窃电的人。目前，根据有关司法解释，对单位窃电能确定为单位犯罪，可以追究单位负责人和直接参与人员的刑事责任。

根据《刑法》第二百六十四条的有关规定，盗窃罪应当负刑事责任，这是法律明文规定的，不需再作相应的解释。但这个规定是有漏洞的，对于自然人实施窃电行为时应当按照盗窃罪追究刑事责任，这是没有疑义的。而根据有关的法律规定，单位犯罪只是对法律有明文规定的进行惩处，《刑法》没有规定的不能追究刑事责任。在《刑法》第二百六十四条中未规定单位盗窃时要负刑事责任，因此，单位犯罪是不负刑事责任的。这种理论在道理上虽然讲不通，但却符合有关的法律规定，是符合《刑法》第三条的法无明文规定不处罚的原则的。针对单位盗窃的法律规定，新《刑法》公布实施以前，最高人民检察院在 1996 年曾以高检发研字〔1996〕1 号文下发了《关于单位盗窃行为如何处理问题的批复》，对以单位名义进行盗窃的问题作过相应的批复。但由于新《刑法》在 1999 年的公布实施，按照从新原则，这个司法解释也自动作废。针对这个问题，最高人民检察院于 2002 年 7 月 8 日做出高检发释字〔2002〕5 号，由最高人民检察院第九届检察委员会第 112 次会议通过《最高人民检察院关于单位有关人员组织实施盗窃行为如何适用法律问题的批复》的司法解释："单位有关人员为谋取单位利益组织实施盗窃行为，情节严重的，应当依照刑法第二百六十四条的规定以盗窃罪追究直接责任人员的刑事责任。"该司法解释自 2002 年 8 月 13 日起施行。至此，单位只要构成犯罪，就要提请司法机关追究单位负责人和直接参与人员的刑事责任。在此之前的单位盗窃电能的行为只能进行行政处罚。也就是说，如果在新司法解释实施之前的单位窃电行为现在才发现，按照从旧兼从轻的原则，只能进行行政处罚，不能追究刑事责任。实际的追刑还可以采用以共同犯罪、团伙犯罪的规定来绳之以法，按窃电分子在实施窃电行为当中所起的作用认定主犯和从犯，判处刑罚。

对私营企业可以不按单位窃电来处理，而是按照个人窃电来处理。例如 2001 年 5 月底，天津市高法、检察院、公安局、司法局及天津市质量技术监督局联合颁发《关于办理盗窃电能违法犯罪案件适用法律若干问题的意见》，其中规定，在对窃电行为主体的认定上，将"个人合伙、承包、租赁等经营中的窃电"认定为"自然人实施的窃电行为"，为打击此类窃电提供了明确依据。

所以，就打击窃电的社会效果和影响而言，要考虑到尽管单位犯罪实行"双罚制"，但最多只是增加了对单位的罚金，而对直接责任人员的处理，与现在的判例并无太多的区别。

而且过多地强调单位犯罪，只能增加与司法机关沟通的法律障碍，不利于追究直接责任人的刑事责任。在宣传舆论的导向上可以强调单位窃电，但是在具体窃电案件的处理上则应当强调法律口径，矛头针对的对象是直接实施窃电的行为人。

（五）对已生效的法院判决不服的补救措施

在有的窃电案件中法院否定了电力管理部门和电力企业辛辛苦苦收集提供的计量鉴定证明，而以窃电分子的口供进行判案，致使电力企业遭受重大电量损失，因此造成国有资产的流失。对于认为判决确有错误的，可以向上一级法院提起上诉或向判案的上一级法院的同级人民检察院提出抗诉申请；也可以在二审的终审判决或对已生效的一审判决后，若对已生效的判决不服向判决法院的上一级法院的同级人民检察院提出抗诉申请，或向法院提出申诉，要求再审，进入审判监督程序，以达到打击窃电犯罪、保护国家财产的目的。在我国，国家机关包括国家权力机关、行政机关和司法机关。人民法院是专门行使国家审判权的机关、人民检察院是国家专门的法律监督机关（《宪法》第一百二十九条中规定），它们是我国的国家权力机关而不是行政机关。对人民法院的判决不服的司法监督只能通过人民检察院的监督机制和审判监督程序进行纠正，而对人民检察院的司法监督靠人民法院进行。对人民法院和人民检察院的工作监督只能通过各级人民代表大会进行，各级人民代表大会对人民法院、人民检察院办理的案件有权提出批评和纠正意见，对法院的判决不服是不能提起诉讼的。公安机关是行政机关，对其的处罚或处理不服可以向其上级提起行政复议或向人民法院提起行政诉讼，对其应该处理而不处理的不作为行为可以向其上级提起行政复议或直接向人民法院提起行政诉讼。

（六）因窃电判刑无罪释放后的法律责任及赔偿问题

极个别判刑坐牢的窃电分子服刑中申诉，一旦推翻原来的窃电证据，无罪释放出狱后，很可能向法院提出国家的刑事赔偿，对供电企业则既提出民事赔偿，又控告供电企业伪证罪和诬陷罪。在这种情况下，目前各级法院遵循的是"疑案从无"的判案原则，以避免错案产生国家赔偿和对个人的影响。因此，在提起诉讼的案件中的证据一定要确凿，程序一定要合法，否则很难胜诉。对发现错误的要及时纠正，做好工作，避免事态的进一步扩大。如《辽宁省反窃电条例》第二十五条就规定："供电企业确认用户有窃电行为予以中止供电后，经电力管理部门认定窃电行为不成立的，供电企业应当向用户赔礼道歉，为其恢复名誉，并依法赔偿用户因此受到的经济损失。"

（七）供电企业因自身原因造成少收电费的追补及其法律依据

由于供电企业的原因造成少收电费超过一定时间才发现，而时间跨度较长引起所缺电费较多，除在内部对相关人员追究责任外，还涉及到电费的追偿问题。

根据原电力部制定的《供电营业规则》第八十一条规定，用电计量装置接线错误、熔断器熔断、倍率不符等原因，使电能计量或计算出现差错时，供电企业应按下列规定退补相应电量的电费：

（1）计费计量装置接线错误的，以其实际记录的电量为基数，按正确与错误接线的差额率退补电量，退补时间从上次校验或换装投入之日起至接线错误更正之日止。

（2）电压互感器熔断器熔断的，按规定计算方法计算值补收相应电量的电费。

（3）计算电量的倍率或铭牌倍率与实际不符的，以实际倍率为基准，按正确与错误倍率的差值退补电量，退补时间以抄表记录为准确定。退补电量未正式确定前，用户应先按正常月用电量交付电费。对于这种情况，电费追补要依据《民法通则》第九十二条规定："没有合法根据，取得不当利益，造成他人损失的，应当将取得的不当利益返还受损失的人。"构成不当得利，须具备以下四个条件：

1) 须一方获得利益。利益的取得，包括积极取得和消极取得。利益的积极取得，是指当事人的财产总额增加。诸如，财产权利的取得，财产权利的扩张及其效力的增强，财产权利限制的消除，债务的消灭等。利益的消极取得，是指当事人的财产本应减少而没有减少的情况。诸如，本应支出的费用而没有支出，本应负担的债务而不再负担，应在自己的财产上设定负担而没有设定。因计量装置故障原因少计电量，导致本应支出的电费而没有支出，这种利益属于消极取得的利益。

2) 须有他方受有损失。不当得利请求的成立，以一方受有利益，他方受有损失为必要条件。这里所说的受有损失，是因一定的事实而减少其财产总额。它包括直接损失和间接损失，前者是指现有财产的减少，后者是指可得利益的丧失。间接损失中的可得利益，是在通常情况下可以得到的利益，而不是指必须得到的利益，只要某人可能得到的利益而未得到，即属于受有间接损失。供电企业因计量装置故障原因少计电量，使本应收取的电费而未收取，其损失属于可得利益的丧失，即间接损失。

3) 取得利益与受有损失之间须有因果关系。不当得利的因果关系，只是基于某种共同性原因同时发生，一方取得利益和他方受有损失两个结果。从这两个结果之间来看，客观上具有因果联系，取得利益造成了受有损失。供电企业的损失与用户取得的利益在客观上具有因果关系，两者是基于同一原因事实——计量装置发生故障，这种因果关系是直接因果关系。

4) 须无合法根据。无合法根据是指给付财产的行为，不是由于给付人自己的意思或者法律上的原因而言。因为受益人享有利益，如果有法律上的正当原因，则法律应予保护，当然没有要求受益人返还利益于受损人之理。只有受到利益与受有损失均无法律上的原因，而后才能产生不当得利的问题。用户受益无合法根据，在计量装置正常的情况下，供电企业应根据电能表的计量读数计收电费。但在计量装置发生故障、其计量不能正确反映实际用电量的情况下，就不能按其读数向用户计收电费，而应根据实际用电量计收电费。

具备上述四个要件，即构成不当得利，应当以构成不当得利之债要求追偿电费。

案例分析

江苏省南京供电公司（原告）与华源公司（被告）系存在供用电合同关系的供电方和用电方。2000 年 10 月原告工作人员对被告使用的电能表进行校验时，发现该电能表中 W 相元件有明显的故障。经南京市计量测试所对故障电能表检定，该电能表 W 相故障，有功电能不计量。原告根据被告的用电运行情况分析，发现该电能表在 1999 年 10 月就发生故障。原告根据相关电力学公式，计算出该电能表少计电量 70 余万 kWh，合计电费 60 万余元。于是，南京供电公司要求华源公司补交电费。华源公司认为，南京供电公司应按电能表的记录收取电费，其已按电能表的记录交纳了电费，故不同意补交电费。南京供电公司遂诉至法院，要求华源公司返还不当得利即应补交电费 60 万元。

本案的争议焦点有二：一是如何计算故障电能表少计的电量；二是本案是否构成不当得利之债。

案例分析

对于第一个争议焦点，华源公司使用的电能表发生故障是客观事实，问题是如何计算华源公司实际用电量与电能表记录的电量之间的差值。南京供电公司依据的电力学公式是电力学界公认的定理。对于众所周知的定理，当事人不承担进一步举证的责任。华源公司对此公式虽持异议，但未举出相反证据予以反驳，故法院对该公式应予确认。

对于第二个争议焦点，华源公司因计量装置故障电能表少计电量，导致本应支出的电费而没有支出，这种利益属于消极取得的利益。供电公司因故障电能表少计电量，使本应收取的电费而未收取，其损失属于可得利益的丧失，即间接损失。供电公司的损失与华源公司取得的利益在客观上具有因果关系，两者是基于同一原因事实——电能表发生故障，这种因果关系是直接因果关系。华源公司受益无合法根据，在电能表发生故障、其读数不能正确反映实际用电量的情况下，就不能按其读数向用户计收电费，而应根据实际用电量计收电费。而华源公司没有交付其实际用电量的全部电费，其取得的利益违反了"公平、等价、有偿"的原则，因而没有合法根据。按照上述的分析，本案已构成不当得利之债，华源公司就应承担返还不当得利60万元的责任。本案中华源公司不存在违约用电，因此就不存在加收电费的问题。

第二节　查处窃电的程序和窃电量的认定

一、查处窃电的程序

（1）加强用电检查工作。用电检查人员实施用电检查前应当按规定填写《用电检查工作单》，经审核批准后，方能赴用户处执行查电任务。

用电检查人员实施用电检查时，不得少于两人，并应当出示《用电检查证》，用户应当配合检查，不得拒绝。

（2）经现场检查有窃电嫌疑的，用电检查人员可以依法收集有关证据材料。

（3）经现场检查有证据确认当事人有窃电行为的，用电检查人员应当对窃电行为予以制止，向窃电者发出制止窃电通知书，窃电者应当按所窃电量补交电费，并承担补交电费3倍的加收使用电费。窃电者拒绝承担窃电责任的，用电检查人员可以依法对窃电者当场中止供电，并报请电力管理部门依法处理。

用户对供电企业中断供电有异议的，可以向电力管理部门投诉，受理投诉的电力管理部门应当依法及时处理。

（4）被中止供电的窃电者在补交电费和加收使用电费后，供电企业应当及时恢复供电；因供电设备性能等客观原因不能及时恢复供电的，供电企业应当说明情况。

（5）故意向被中止供电的窃电者转供电的，供电企业可以对转供电者中止供电，转供电者应当承担擅自供出电源的加收使用电费。

（6）电力管理部门对以下有证据的窃电行为应当在3日之内立案：①供电企业提请处理的；②用户或者群众举报的；③其他部门移送的；④本部门工作人员发现的。

（7）电力管理部门的供用电监督人员在依法执行监督检查公务时，应当出示行政执法证件。被检查的单位或者个人应当接受检查，回答有关询问，协助提取证据等。

（8）电力管理部门对立案的窃电案件，应当及时指派供用电监督人员进行调查，收集证据，制作窃电案件调查报告。

（9）电力管理部门对窃电案件调查结束后，应当视案情依法作出下列处理：

1）对不能认定窃电行为的，予以撤销；

2）对窃电事实清楚、证据确凿的，作出行政处罚决定，并向当事人送达行政处罚决定通知书；

3）对在查处窃电行为过程中发生的治安、刑事案件，移送公安、司法机关处理。

（10）电力管理部门对窃电案件处理完毕后，承办人应当及时填写电力违法案件结案报告。重大案件或者上级交办的案件处理完毕后，应当报上一级电力管理部门备案。

二、窃电量和窃电金额的认定

在处理窃电案件时，对窃电设备容量、窃电日数、日窃电时间和窃电金额应按以下三个原则确定。

（一）窃电时间能够查明的窃电量认定

窃电时间能够查明的，所窃电量按私接设备的额定容量（kVA 视同 kW）乘以实际窃用时间计算确定；自制、改制的以及无铭牌容量的用电设备可按实测的电流值确定设备容量。

无法准确确定实际窃电使用的设备及容量的，所窃电量按计费电能表标定的最大额定电流值（对装有限流器的，按限流器整定电流值）所指的容量（kVA 视同 kW）乘以实际窃用时间计算确定；通过互感器窃电的，计算窃电量时还应当乘以实际使用互感器倍率。

（二）窃电时间无法查明的窃电量认定

窃电时间无法查明的，根据不同的窃电情况，按下列方法确定窃电量：

（1）能够查明产量的，按同属性单位正常用电的产品单耗和窃电单位的产品产量相乘计算用电量，再加上其他辅助用电量与抄见电量对比的差值计算确定。

（2）在总表上窃电的，若分表正常计量，按分表电量及正常损耗之和与总表抄见电量的差额计算确定。

（3）按历史上正常月份用电量与窃电后抄见电量的差额，并根据实际用电变化计算确定。

（4）按照上述方法仍不能确定的，根据原电力部制定的《供电营业规则》第一百零三条第三款："窃电时间无法查明时，窃电日数至少以一百八十天计算，每日窃电时间：电力用户按 6h 计算"的规定认定。对于用电时间尚不足一百八十天的，按自开始用电之日起的实际日数计算。

（5）以负荷监控装置或者现场电力电量管理装置定期、定时、连续采取的数据，作为计量实际用电量和用电时间的依据，该装置确定的电量与电表抄见电量的差额为窃电电量。

（三）因窃电而非法占有的应交电费金额的认定

窃电金额是指因窃电而非法占有的应交电费的金额，按以下方法认定：

（1）不论是否实行分时电价的用户，窃电金额按照认定的窃电量乘以当时当地执行的电价计算（含当时国家批准的电力销售价格和国家、本省物价部门规定按电量收取的其他费用）。

（2）窃电后又转售的，转售电价高于法定电价的窃电金额按转售的价格计算；转售电价低于法定电价的按法定电价计算。

第三节　窃电案件的诉讼

上述的各种窃电案件，除公诉案件是由司法机关按照规定的法律程序直接办理外，其他均涉及民事、行政、刑事自诉案件的起诉与诉状。为了使供电企业诉讼当事人在诉讼过程中有效参与诉讼，维护电力企业的利益不受损害，防止国有资产的流失，本节对一般的民事、行政和轻微窃电的刑事诉讼及方法进行介绍。

一、诉讼与仲裁

（一）概念

诉讼是指国家司法机关在当事人及其他诉讼参与人的参加下，按照法定原则、方式和程序，以国家法律和事实为依据，解决纠纷、处理案件的全部活动。

诉讼法是规定司法机关和诉讼参与人在各类案件处理中必须遵守的法律规范的总称。因为它是规定诉讼程序的法律，所以又称程序法。

仲裁是指双方当事人在争议发生之前或之后达成协议，自愿将争议交给第三方作出裁决，从而解决争议的全部活动。仲裁法是规定用仲裁方式解决争议的法律制度，属于民事程序法的范畴。

由于具体案件的性质不同，诉讼所要解决的实体问题也就不同。我国现行诉讼法可分为行政诉讼法、民事诉讼法和刑事诉讼法。

民事诉讼法，是规定法院和一切诉讼参与人在审理民事案件中所进行的各种诉讼活动，以及由此产生的各种诉讼关系的法律规范的总和。其特点是：

（1）法院在审理活动中起主导作用；

（2）参加诉讼的双方当事人法律地位平等；

（3）审理和解决的是有关财产关系和人身关系的民事案件。

行政诉讼是指公民、法人或其他组织认为行政机关及其工作人员的具体行政行为侵犯其合法权益，在法定期限内向法院起诉，由法院依法审理裁决的活动。因此行政诉讼法中，被告只能是国家行政机关。

刑事诉讼，是指在当事人及其他诉讼参与人参加下，依照法定程序，为揭露犯罪、证实犯罪、惩罚犯罪所进行的活动。

解决民事纠纷的途径有五个：①和解；②调解；③行政机关的裁决；④诉讼；⑤仲裁。

仲裁法的基本内容包括：仲裁基本原则、仲裁组织、仲裁协议、仲裁程序开庭和仲裁裁决、申请撤销裁决、执行和涉外仲裁的特别规定等。

仲裁法的适用范围为：平等主体的公民、法人和其他组织之间发生的合同纠纷和其他财产权益纠纷。

劳动仲裁是劳动争议案件的必经程序，是前置程序。

（二）民事诉讼与仲裁的区别（见表 5-1）

表 5-1   民事诉讼与仲裁的区别

项　目	诉　讼	仲　裁
性质	国家机关司法活动	民间活动
受案范围	多	少
管辖	强制管辖	仲裁协议
审理人员	不能选定	可选定
开庭方式	公开	秘密
审级	两审终审	一裁终裁
域外效力	需审查	直接执行
关系	或裁或审	

二、有关窃电案件的诉讼

前面我们分析过窃电行为的法律性质可以划分为三种类型：第一类是轻微窃电行为，属于违章用电，是民事侵权的范畴；第二类是一般窃电行为，除了具有民事侵权的特征外，主要属于行政违法，是行政处罚的范畴，兼有民事侵权和行政处罚双重属性；第三类是严重窃电行为，除了具有民事侵权、行政违法的双重特征外，主要属于刑事犯罪，是刑法制裁的范畴，兼有民事侵权、行政违法和刑事犯罪三种属性。对已查获的窃电案件，轻微的可按《供电营业规则》、《民法通则》当中追究窃电民事侵权责任的条款和电费损失加上加收使用电费；一般的窃电行为可追究民事侵权责任和行政处罚；严重的除了上述的追究外，还须追诉其刑事犯罪。

（一）应负刑事责任的窃电案件

对于严重的窃电者既要承担民事赔偿责任，又应承担行政违法责任，更重要的是还要承担刑事责任，受到刑法的严厉制裁。

1. 轻微窃电案件

供电管理部门查处的轻微窃电案件，属民事侵权。

2. 应负刑事责任的窃电案件

证据确凿其窃电金额"数额较大"达五百元的或多次窃电的，可能处三年以下有期徒刑、拘役或者管制，并处或者单处罚金。

对于应负刑事责任的窃电案件，电力企业应首先向公安机关报案，由公安机关立案侦察并经人民检察院提起公诉后，由人民法院依法判决。公安机关、人民检察院或者人民法院对于报案、控告、举报，都应当接受。对于不属于自己管辖的，应当移送主管机关处理，并且通知报案人、控告人、举报人；对于不属于自己管辖而又必须采取紧急措施的，应当先采取紧急措施，然后移送主管机关。人民法院、人民检察院或者公安机关对于报案、控告、举报和自首的材料，应当按照管辖范围，迅速进行审查，认为有犯罪事实需要追究刑事责任的时候，应当立案；认为没有犯罪事实，或者犯罪事实显著轻微，不需要追究刑事责任的时候，不予立案，并且将不立案的原因通知控告人。

　　证据确凿的窃电案件公安机关若不予立案的，可直接向人民检察院报案。人民检察院认为公安机关对应当立案侦查的案件而不立案侦查的，或者被害人认为公安机关对应当立案侦查的案件而不立案侦查，向人民检察院提出行政诉讼的，人民检察院应当要求公安机关说明不立案的理由。人民检察院认为公安机关不立案理由不能成立的，应当通知公安机关立案，公安机关接到通知后应当立案。

　　对于一般的窃电案件，也可有权向人民法院直接起诉，作为刑事自诉案件。一般不建议采用刑事自诉的方式，因该方式一般所耗用时间较长，所使用人力、物力较多，虽不收诉讼费，但其他各方面费用较多，造成诉讼成本太高，而且举证较难或举证法院采纳的可信度低，相比之下，公安机关取证较快、方便、法院采纳的可信度较高。

　　3. 行政机关不作为的窃电案件

　　对于窃电案件直接向公安机关报案，公安机关不予受理或不予查处造成企业损失的，可以作为公安行政机关没有履行法定义务的不作为行政行为，如拒绝履行或逾期不予答复，对于基层公安机关的不作为行为，可以申请向其同级的人民政府或其上级在收到答复的次日起15日内提起行政复议，也可直接向人民法院提起行政诉讼。对行政复议决定不服的或复议机关在从提起复议的次日起60日内不予答复的可向人民法院提起行政诉讼。

　　复议机关维持原决定的，向原决定的行政机关的同级人民法院提出；复议机关改变原决定的，向复议机关的同级人民法院提出。如在复议期内不给予答复或复议机关改变了原具体行政行为的，也可向复议机关所在地人民法院起诉，要求人民法院判定公安机关履行其法定职责。

　　在查处窃电的过程中，由于各种原因，往往供电企业要求公安机关配合行动或联合行动，因此与当地公安机关紧密协调，相互理解和相互支持尤为重要，对其上述的不作为行为提起行政诉讼要慎重，只有在经协商后确无其他办法时才建议采用。而在查处窃电过程中的暴力阻碍执法而产生的轻微伤害案件，公安机关不及时立案处理的，可由个人出面提出效果较佳。

　　4. 国家工作人员的渎职犯罪

　　国家机关工作人员利用职权实施的非法拘禁、刑讯逼供、报复陷害、非法搜查的侵犯公民人身权利的犯罪以及侵犯公民民主权利的犯罪，由人民检察院立案侦查。电力职工利用职务上的便利进行窃电，非法占用电能，以职务侵占罪窃电案件和农村电工以窃电的方式截留电费贪污及电力管理部门或国有电力企业从事公务的人员，利用职务便利窃电的贪污罪案件，这两种情况应直接向人民检察院报案。

　　除此以外，还涉及到供电企业要求公安机关查处的窃电案件，公安机关依法查处并做出了行政处罚，其当事人对行政处罚不服求复议或向人民法院提起行政诉讼，要求依法撤销对其的行政处罚。一旦判处公安机关撤销行政处罚，公安机关这个行政执法部门要承担有关的赔偿责任，供电企业也要承担举证错误的责任，退还有关费用并承担相关的赔偿责任。对此类案件，供电企业要和公安部门积极配合应答，发现错误的要及时纠正，做好工作，避免事态的进一步扩大。对认定窃电行为不成立的，供电企业应当向用户赔礼道歉，为其恢复名誉，并依法赔偿用户因此受到的经济损失，力争使事态的影响减至最小。

　　根据我国《刑事诉讼法》的规定，刑事诉讼中举证责任的分配原则是，证明犯罪嫌疑人、被告人有罪的责任，由在刑事诉讼中执行控诉职能的国家专门机关承担。检察机关在刑事诉讼中对公诉案件承担证明责任。公安机关对其负责立案侦查的刑事案件，负有证明责任。窃电刑事案件属于公安机关负责立案侦查的公诉案件，所以合法的证据主体是公安机关和检察机关，其他任何单位和个人都无权收集和调取证据。供电企业无权取证，其所取得的证据在刑事案件的审理中不是合法有效证据。

在反窃电实践中，由于公安机关一般不主动地对窃电行为进行侦察，主要是供电企业在巡视检查和用电检查过程中首先发现窃电行为，然后向公安机关报案。而窃电行为本身与一般盗窃行为不同，具有非常强的专业技术特性，往往造成公安机关收集取得证据及认定证据的困难。这就造成了供电企业具有专业知识和技能又首先发现窃电却因无法定职权而不能取得证据或取得证据无效，而公安机关是有权取证机关却往往因窃电人在公安机关到达现场之前就破坏、销毁证据或因公安人员专业知识和技能上的欠缺使窃电者因证据不足无法受到应有的制裁。因为窃电案件往往数额较大，都会超过构成盗窃罪的数额，因此在处理窃电案件中证据取得环节，供电企业主要的职责应该是配合公安机关做好取证工作。一是提前协调，联合行动，配合取证，在发现窃电线索后，先向公安机关报告，协调一致后，公安人员与供电企业人员一同到达窃电现场，供电企业人员提供技术上的指导，由公安机关取证；二是及时报案，保全和固定证据，供电企业无法事先与公安机关协调好联合行动的，应在发现窃电行为后立即向当地公安机关报案，并做好保全和固定窃电证据的工作，以便于公安机关到达现场后能够及时取证，防止窃电人破坏现场和销毁证据。查处的严重的窃电者要及时向公安机关报案，积极协助公安机关做好案件的侦察取证，积极参加公诉审判。因窃电造成国家集体财产遭受损失时，由人民检察院提起公诉时一并提起附带民事诉讼。对窃电行为使供电企业造成物质损失的，如能通过追缴、退赔解决的，一般不作为附带民事诉讼案件审理。

（二）行政案件

窃电案件中的行政案件主要涉及到报案后的行政部门的不作为问题，该问题和基本程序方法已在刑事责任的窃电案件中进行了讲述。

（三）执行案件

对已发生法律效力且有执行内容的法院判决、调解、裁定（包括决定）的窃电案件，当事人必须履行而不履行的，须经当事人申请或审判员移送，由法院的执行机构（执行庭）立案执行的案件。

对在用电检查过程中的违约用电户，因一时无法支付经协商延期支付的，最好将应缴违约金经公证机关作为债务文书公证，一旦逾期拒不履行义务，供电企业作为当事人可向人民法院申请法律执行。

申请执行在实施中要注意以下两点：

（1）注意时效，申请执行的期限，双方或者当事人是公民的为一年，双方是法人或者其他组织的为六个月。该期限从法律文书的最后一日起计算；法律文书规定分期履行的，从规定的每次履行的最后一日计算。

（2）必须是有效法律文书，包括法院的判决、裁定、公证的债务文书。对违约数额较大的案件一次缴纳确有困难的当事人，可以尽量使其的违约金转变为公证的债务文书，以便拖欠不履行义务时采用执行方式的法律手段。

三、各类窃电案件处理流程表

（一）一般行政处罚窃电案件（见表 5-2）

表 5-2 一般行政处罚窃电案件

窃电金额（元）	窃电证据	证据核实	执法	处罚方式	实施结果	补救措施	备注
≤500	已签字确认	再次确认证据防止翻案	开具由省级电力管理部门统一监制的《违章用电、窃电通知书》	（1）按所窃电量补交电费	缴费		
				（2）补交电费三倍的加收使用电费	拒不缴费	提起民事诉讼	
				（3）处以应交电费五倍以下的罚款			
	拒不签字承认	提请有关部门确认证据	双方发生争议的，应报请电力管理部门依法处理	（1）按所窃电量补交电费	拒不缴费	提起民事诉讼	
				（2）补交电费三倍的加收使用电费			
				（3）处以应交电费五倍以下的罚款			
		处理过程中违反治安管理处罚条例	由公安机关依照治安管理处罚条例的有关规定予以处罚	罚款拘留			

（二）民事诉讼的窃电案件

1. 窃电案件的民事诉讼一审程序（见表 5-3）

表 5-3 窃电案件的民事诉讼一审程序

诉讼原因	提交诉状	诉前保全	一审开庭审理①	判决和裁定	上诉②与否	备注
窃电已签字确认、拒不交费	向人民法院③提交民事诉状和证据	可以在起诉前提供担保，申请财产保全和先予执行，防止诉讼后难以使其合法权益得到保障	（1）可提供新的证据和增加诉讼请求（2）原告可以撤诉④（3）可以调解⑤	胜诉	被告不上诉	进入执行程序
					被告不服上诉	进入二审程序
窃电拒不签字承认、不交费				败诉	原告不服上诉	
					原告不上诉	进入执行程序

①一审应在立案之日起六个月内审结。

②判决的上诉期间为 15 日；裁定的上诉期间为 10 日。

③注意两点：1）由被告住所地人民法院管辖；2）向人民法院请求保护民事权利的诉讼时效期间为两年。

④原告可以在被告已缴纳各种有关费用后法庭未宣判前撤诉，此时诉讼费只需缴纳 1/2，但应和被告就诉讼费的负担达成一致意见。

⑤调解须双方自愿，调解书双方签字生效，不能上诉。

2. 窃电案件的民事诉讼二审程序（见表5-4）

表 5-4 窃电案件的民事诉讼二审程序

诉讼原因	提交上诉状	二审开庭审理	判决和裁定①	对判决意见	备 注
不服一审判决或裁定	向人民法院提交民事上诉状	可以调解	对原判决或裁定： （1）维持原判 （2）依法改判	同意	进入执行程序
				不同意	可以： （1）向人民法院提起申诉 （2）向人民检察院提起抗诉申请
			（3）事实不清发回重审 （4）违反程序发回重审	重新进入一审程序②	

①二审应在立案之日起六个月内审结。

②重审不再缴纳诉讼费，判决后可以上诉。

3. 窃电案件的民事诉讼执行程序（见表5-5）

表 5-5 窃电案件的民事诉讼执行程序

申请原因	提交申请书	实施执行	备 注
终审判决、裁定或调解书	向一审人民法院提交执行申请	可以和解	申请执行的期限，双方或者一方当事人是公民的为一年，双方是法人或其他组织的为六个月

4. 窃电案件的民事申请再审监督程序（见表5-6）

表 5-6 窃电案件的民事申请再审监督程序

申请原因	提交申请	审 核	审判监督再审	备注
不服已生效的判决、裁定或调解	向人民法院提交再审申请①	法院审查后决定再审	再审案件一审按照一审程序审理，当事人对判决、裁定可以上诉；二审按照二审程序审理，当事人对判决、裁定不能上诉	
	向原审人民法院的上一级法院的同级人民检察院提出抗诉申请	审核后认为原已经发生效力的判决、裁定、程序等确有错误，由人民检察院向同级人民法院提起抗诉	由原审人民法院的上一级法院或由其指定法院再审	

①应在发生法律效力后两年内提出。

（三）窃电案件的刑事诉讼程序（含行政不作为）（见表5-7）

表5-7　　　　　　　　　窃电案件的刑事诉讼程序（含行政不作为）

窃电金额（元）	窃电线索	侦察终结	案件处理方法	起　诉	法院一审	备注
≤500（一年内窃电三次以上）和>500	向公安机关报案	由公安机关立案侦察，核实和固定证据	不移送同级人民检察院 移送同级人民检察院审查决定	可直接向人民法院提起刑事自诉① 人民检察院审查后进行公诉③	审判判决	上诉即进入二审程序②
		公安机关不立案④（不作为行为）	可直接向人民检察院报案	应当立案的，检察院应当通知公安机关立案		
			向其同级的人民政府或其上级在收到答复的次日起15日内以行政机关应当履行职责而不履行提起行政复议	对行政复议决定不服的或复议机关在从提起复议的次日起60日内不予答复的可向人民法院提起行政诉讼	行政一审程序	一般不建议采用
			向人民法院提起行政诉讼			
电力职工利用职务进行窃电>500	向人民检察院报案	由检察机关立案侦察，核实和固定证据		人民检察院审查后进行公诉	审判判决	

①刑事自诉案件的证据应由公安机关确认或经公证机关公证。
②二审程序略。
③因窃电造成国家集体财产遭受损失时，由人民检察院提起公诉时一并提起附带民事诉讼。
④此处包括在查处窃电过程中的暴力事件引起的检查人员的轻微伤害。

本 章 小 结

窃电是与一定的历史发展阶段、一定的生产方式相联系的，有其思想根源和社会根源。窃电干扰破坏正常的供电秩序和电力设施，造成事故隐患；窃电同时败坏社会风气，腐蚀电力职工队伍。

本章依据《电力法》、《民法》、《行政法》、《刑法》、《诉讼法》和相关的法律法规，主要阐述了查处窃电中应掌握的法律知识、查处窃电的程序和窃电量的认定以及有关窃电案件的诉讼程序。该章对窃电案件的诉讼方法及程序进行了归纳和总结，并适用于盗窃和破坏电力设施的犯罪嫌疑人的刑事处罚，具有较强的实际操作性。

思 考 与 练 习 题

1. 打击窃电经常涉及的法律法规有哪些?

2. 在反窃电工作的不同阶段有哪些法律关系？
3. 窃电量和窃电金额应如何认定？
4. 窃电证据如何确定？有效的窃电证据如何获得？
5. 选择一个窃电案例，分析应如何提起诉讼，其诉讼程序应注意哪些方面。

第 六 章

侵权的民事责任与触电人身损害

我国电力事业正向大电网、高电压方向发展，电力对人们的生活、社会的生产是至关重要的。电力生产、电网运行事故的危害后果是其他任何产业的生产事故不可相比的，因此，《电力法》把安全原则作为电力生产与电网运行的第一重要原则而加以规定。正确适用法律，依法处理触电人身损害事故，是电力生产安全、高效的有力保障。本章主要介绍侵权的民事责任和触电人身损害事故责任处理的法律依据。

第一节　侵权的民事责任

一、触电人身损害事故责任的性质

触电人身损害事故这一供电企业经常遇到的事件，从责任的性质主要有侵权责任。

1. 侵权民事责任的概念

侵权的民事责任是侵权行为产生的法律后果，即由民法规定的侵权行为人对其不法行为造成他人财产或人身权利损害所应承担的法律责任。

侵权责任的构成要件有违法行为、损害后果、因果联系和主观过错。

过错包括故意和过失。过失包括疏忽和懈怠。

根据侵权行为承担责任是否需要过错为要件来分，侵权行为分为一般侵权行为（如低压电引起的触电人身伤害事故）和特殊侵权行为（如高压电引起的触电人身伤害事故）两种。

2. 侵权责任的归责原则

我国《民法》第一百零六条指出，公民、法人违反合同或者不履行其他义务的，应当承担民事责任。公民、法人由于过错侵害国家的、集体的财产，侵害他人财产、人身权利的，应当承担民事责任。没有过错，但法律规定应当承担民事责任的，应当承担民事责任。这里主要指出了过错责任和无过错责任原则。

（1）过错责任原则。一般的侵权案件适用过错责任原则，它是以行为人主观上的过错为承担民事责任的基本条件的认定责任的准则。按过错责任原则，行为人仅在有过错的情况下，才承担民事责任。没有过错，就不承担民事责任。即：受害人须证明加害人有过错，加害人才承担责任。过错责任原则有一个特殊形式——过错推定原则。过错推定原则要求加害人要证明自己没有过错，而不要受害人证明加害人有过错，如果加害人不能证明自己没有过错，则推定其有过错。就是在行为人不能证明他们没有过错的情况下，推定其为有过错即应承担损害赔偿责任。凡在适用推定过错责任的场合，行为人要不承担责任必须就自己无过错负举证责任。过错推定原则的适用范围如《民法通则》第一百二十五、一百二十六、一百三十三条（详见附录）。

（2）无过错责任原则。是指没有过错造成他人损害的，依法律规定应由与造成损害原因有关的人承担民事责任的确认责任的准则。执行这一原则，主要不是根据责任人的过错，而是基于损害的客观存在，根据行为人的活动及所管理的人或物的危险性质与所造成损害后果的因果关系，由法律规定的特别加重责任。该原则是指在法律有规定的情况下，即使加害人没有过错，只要具备侵权责任的构成要件中的前三个条件——违法行为、损害后果、因果联系，加害人也要承担责任。在这种情况下，加害人证明自己没有过错毫无意义，加害人只有证明损害是由受害人的过错所引起的才可免除责任。无过错责任适用范围如《民法通则》第一百二十一、一百二十二、一百二十三、一百二十四、一百二十七条（详见附录）。

例如，高压电引起的触电人身伤害事故如《民法通则》第一百二十三条指出的，从事高空、高压、易燃、易爆、剧毒、放射性、高速运输工具等对周围环境有高度危险的作业造成他人损害的，应当承担民事责任；如果能够证明损害是由受害人故意造成的，不承担民事责任。

"无过错责任原则"同过错责任原则有以下区别：

1）适用的范围不同。"过错责任原则"适用于一般侵权行为民事责任和违反合同的民事责任；"无过错责任原则"仅适用于特殊侵权的民事责任。

2）构成责任的要件不同。"过错责任原则"要求承担民事责任必须完全具备一般民事责任的构成要件，特别是以具备主观过错为必要条件；"无过错责任原则"则不以行为人的过错构成责任的条件。

3）责任范围不同。在适用"过错责任原则"的情况下，财产损害一般全部赔偿；而在适用"无过错责任原则"情况下，大都限额赔偿。

我国《民法通则》第一百零六条第三款明确规定："没有过错，但法律规定应当承担民事责任的，应当承担民事责任。"这就是我国民法正式对无过错责任原则的承认。而《民法通则》第一百二十三、一百二十七条等规定的就是"无过错责任原则"的具体贯彻。

（3）公平责任原则。是在不能根据法律适用"无过错责任"，又不能适用"过错责任原则"，但受害人遭受的重大损害得不到赔偿而显失公平的情况下，法院可根据双方当事人的实际情况，按"公平合理负担"的原则判定，由双方分担损失的一种确定民事责任的准则。我国《民法通则》第一百三十二条规定："当事人对造成损害都没有过错的，可以根据实际情况，由当事人分担民事责任。"这一规定就明显地体现了"公平责任原则"。

3. 侵权行为的民事责任的种类

侵权行为的民事责任依其构成要件分为一般侵权行为的民事责任和特殊侵权行为的民事责任两种。

一般侵权行为的民事责任，即因一般侵权行为造成损害所必须承担的民事责任。它是指行为人由于自己的过错不法侵害他人财产或人身权利造成损害并由本人承担的法律责任。

特殊侵权行为的民事责任，即因特殊的侵权行为造成损害所必须承担的赔偿责任。它是一种不完全具备一般侵权民事责任的成立要件，也不一定直接由实施违法行为人承担的法律责任。我国《民法通则》规定的特殊侵权民事责任有：

（1）职务侵权损害的民事责任；

（2）产品瑕疵损害的民事责任；

（3）高度危险作业致人损害的民事责任；

（4）污染环境致人损害的民事责任；

（5）施工或工作物致人损害的民事责任；

（6）饲养动物致人损害的民事责任；

（7）无行为能力人或限制行为能力人致人损害的民事责任；

（8）高度危险作业造成他人损害的民事责任。

二、民事责任方式的适用

承担民事责任的方式，从原则上讲可以单独适用，也可以合并适用。在单独适用或合并适用具体责任方式时，应注意以下几点。

1. 应注意与违法行为性状相适应

在适用某种责任方式时，首先要求与违法行为的性质相适应，属于侵犯物权的违法行为即应适用保护物权的责任形式。例如，对违反合同行为，即应按照法律规定适用修理、重作、更换、支付违约金、赔偿损失等责任形式，同样对侵权行为，也只适用与之相适应的责任形式而不适用与之无关的如支付违约金等一类的责任形式；其次，要求与行为实施的状况相适应。如当违法行为正在进行，其损害效果可能发生或扩大时即应适用停止侵害、排除妨碍、消除危险等防止性的责任形式；而当违法行为已经进行并已造成损害后果但有可能回复原状时，即应适用返还财产、恢复原状、消除影响、恢复名誉等回复性的责任形式；当其损害发生而无法回复原状时，则只能适用重作、更换、赔偿损失、支付违约金以及赔礼道歉等补救性的责任形式。

2. 应注意与权利的损害相适应

具体要求贯彻以下原则：

（1）财产权利损害适用财产责任方式，非财产权利损害适用非财产责任方式原则；

（2）财产损失是赔偿全部实际损失，人身损害赔偿因此所受财产损失原则；

（3）精神损失以适用非财产责任形式为主、财产责任形式为辅的原则。

3. 应注意与责任人的责任条件相适应

为了更好地发挥民事责任的教育和预防作用，适用民事责任方式还应对责任人的责任条件予以充分考虑。责任条件应包括主观和客观两个方面：在主观方面，表现为责任人的过错状态，即故意和过失。虽然民事责任承担一般无故意和过失之分，但在适用责任方式时，对属于无过错责任或因第三人过错原因承担责任的人来说，通常只适用赔偿损失一类财产责任方式，而对重大过错的责任人，除适用相应的财产责任方式外，还可合并适用赔礼道歉直至悔过等非财产责任方式；在客观方面表现为责任人承担责任的能力，即在适用赔偿损失的责任方式时，应考虑到责任人的经济状况，如果责任人经济上确有困难，赔偿不能履行或有可能使其生活陷入极度困境时，就可在取得受害人谅解的前提下酌减赔偿损失的数额。

三、赔偿损失的计算及处理

（1）根据财产损失全部赔偿的原则。对于因违反合同造成财产损失的，应赔偿相当于另一方因此所受的损失；对于因侵害他人财产所有权或知识产权而造成财产损失的，即应先返还原物或恢复原状，如果原物不在或难以恢复的，即可用质量相当的实物赔偿，或者是按照受损害的价值，折合价金赔偿。

赔偿全部财产损失除了赔偿直接的财产上的减少之外，还应赔偿失去的"可得利益"。对"可得利益"的赔偿，首先要求在客观可靠的基础上，不能单凭主观想象推测。判断是否为"可得利益"，应看其是否具备以下条件：

1）利益必须是当事人已经预见或者能够预见到的利益，不能预见到的利益，不能算作可得利益；

2）必须是可以期待、必然能够得到的利益；

3）作为计入赔偿范围的"可得利益"，还必须是直接因违法行为所丧失的"可得利益"，也就是说如果不发生这种违法行为，即不致失去此利益。

（2）对于因人身损害所引起的财产损失的赔偿，应依据损害的程度和情况的不同作出不同处理。根据我国《民法通则》规定的精神和司法实践，人身伤害分为以下三种情况。

1）一般伤害。一般伤害就是经过治疗可以恢复健康不致造成残废者。对于一般伤害，应从实际情况出发赔偿必要的医疗费，其中包括医药费、住院费、住院期间的伙食补助费、必要的营养费、护理费、治疗期间的交通费和误工工资等。其数额的确定，医疗费以治疗医院出具的诊断证明和有关医药单据为凭，误工工资则依据医院出具的病休证明确定的日期并按受害人的日平均工资或实际收入标准计算。

2）人身残废。残废是指受害人身体遭受重伤，致使肢体或内部器官部分或全部丧失功能而部分或全部丧失劳动能力者。残废依其伤残程度可分为半残废和全残废。确定是否残废及其程度应实事求是。如果一时难以确定，可先按一般伤害处理，待伤情稳定证实确已残废的，即作残废处理。对于残废者，除赔偿必要的医疗费用外，还应根据其劳动能力丧失的程度和收入减少情况，赔偿因不能工作而减少的收入和残废者的生活补助费。

3）死亡。对于因违法行为致人死亡的，除应赔偿死者在死亡前因医疗或抢救其生命所花的医疗费用外，还应当支付丧葬费、死者生前抚养的人必要的生活费等费用。这里所说"死者生前抚养的人"，是指在死者生前以其为生活依靠的一切没有劳动能力或没有生活来源的人。所谓"必要的生活费"，是指能够满足生活必需的费用。其数额的确定，以不超过当地实际生活水平为准。如果死者为未成年人，其生前并无独立的经济收入，也无抚养的负担，因此就谈不上赔偿减少的收入和生前抚养的人的必要生活费问题。但在支付医疗费、丧葬费之后，亦不排斥视具体情况由加害人给其家长一定数额的抚慰金，以使其在精神上的损害得到安抚。如果死者生前为一家庭生活费用的主要承担者，行为人除支付医疗、丧葬等费用外，还可根据死者家庭的生活负担情况，给予相应的补偿，以维持其家庭的正常生活。

对精神损害的赔偿，应根据受害人的请求和行为人的过错程度、行为方式及场合和造成后果等情况来确定。凡造成实际财产损失的，赔偿全部的损失；未造成实际财产损失的，则应由加害人给付抚慰赔偿金，其数额以能够抚慰受害人精神损失并能教育违法行为人为限。对于侵权行为人因侵权之非法所得，除适当给受害人以补偿外，应全部收缴国库。在处理精神损害赔偿时，既要注意能使受害人精神受到的损害得到应有的安抚和慰藉，又要注意受害人提出要求的合理性，防止利用精神损害"无价可估性"而高额索赔。

法人对其法定代表人和其他工作人员在执行职务中和经营活动中造成他人的损害承担赔偿责任，所支出的赔偿费用，不得计入生产成本，应从企业资金、税后留利或盈亏包干、事业费包干中支付。法人因赔偿所受损失，除依法或依章向直接责任人追偿外，不得转嫁于他人。

第二节　人身触电损害事故处理原则

一、诉讼时效

《民法通则》第一百三十六条"身体受到伤害要求赔偿的"诉讼时效期间为1年。伤害明显的，从受伤之日起算；伤害当时未发现、后经检查确诊的，从伤势确诊之日起算。诉讼时效期间适用中止和中断的规定。

二、触电人身损害的法律适用

触电人身损害适用的法律主要有《民法通则》、《最高人民法院关于审理触电人身损害赔偿案件若干问题的解释》、《最高人民法院关于审理人身损害案件适用法律若干问题的解释》。《民法通则》中关于人身权利和侵权法是处理触电人身损害事故的法律基础；责任主体、责任性质和除外责任事由适用 2000 年 11 月 13 日由最高人民法院法释〔2001〕3 号《关于审理触电人身损害赔偿案件若干问题的解释》的规定；损害赔偿范围则适用 2003 年 12 月 26 日最高人民法院公告法释〔2003〕20 号《关于审理人身损害案件适用法律若干问题的解释》。

1. 最高人民法院《关于审理触电人身损害赔偿案件若干问题的解释》（简称《解释〔2001〕3 号》）

最高人民法院《关于审理触电人身损害赔偿案件若干问题的解释》已于 2001 年 1 月 21 日开始施行，一个时期以来处理人身触电损害赔偿案件无适用法律具体规定和标准的问题因此得到了解决。

（1）责任主体。《解释〔2001〕3 号》第二条规定：因高压电造成人身损害的案件，由电力设施产权人依照《民法通则》第一百二十三条的规定承担民事责任。这是对民法通则第一百二十三条有关从事高压作业造成损害事故须承担民事责任原则的延伸——如不存在例外情形，电力设施产权人从事高压输电造成人身触电伤害案件，须承担无过错责任。

同时，《解释〔2001〕3 号》第二条第二款还规定：对因高压电引起的人身损害是由多个原因造成的，按照致害人的行为与损害结果之间的原因确定各自的责任。致害人的行为是损害后果发生的主要原因，应当承担主要责任；致害人的行为是损害后果发生的非主要原因，则承担相应的责任。这种区别行为、损害后果、原因力与之相应责任的划分，体现了因果关系在其中的作用，有助于明确多个原因致害情况下民事责任的承担。

此规定与《电力法》第六十条规定比较：《电力法》中使用的是"电力运行事故"，其适用范围并没有明确，也过于宽泛，而《解释》就很明确地界定为高压电致害。《民法通则》第一百二十三条规定的"高压"限于 1kV 及以上等级的高压电，而 1kV 以下的电压等级为非高压电，不适用《民法通则》第一百二十三条的规定。

（2）责任的性质。《解释〔2001〕3 号》所体现的是过错责任原则和无过错责任原则的结合，而且这里的无过错责任可以说是过错责任原则的衍生，或者说是介于过错责任和无过错责任之间的中间责任，是一种过错的推定。

《电力法》第六十条规定：在排除不可抗力和用户自身过错所导致电力运行事故的情况下，电力企业应当依法承担给用户或者第三人造成损害的赔偿责任，同时规定了因用户或者第三人的过错给电力企业或者其他用户造成损害的，用户或者第三人应当依法承担赔偿责任。在这里，对应两方面的都是过错责任原则，一定要分辨清楚。

《解释〔2001〕3 号》在确认高压电触电致人损害适用无过错责任的情况下，又规定了例外的条款，主要明确的是要以因果关系的存在为前提，同时以因果关系作为归责的要件，《解释〔2001〕3 号》的第二条第二款就体现了这一点，若将其单列一条则更能说明问题。

《民法通则》第一百零七条规定，因不可抗力不能履行合同或者造成他人伤害的，不承担民事责任，法律另有规定的除外。但对"另有规定"并没有规定。第一百二十三条在关于高度危险作业无过错责任的规定中，也并没有把不可抗力作为免责要件规定下来。因此，可以理解《解释［2001］3号》对此条例的解释是对无过错责任原则的又一新的补充和发展。

（3）除外责任的事由。因高压电造成他人人身损害有下列情形之一的，电力设施产权人不承担民事责任：不可抗力；受害人以触电方式自杀、自伤；受害人盗窃电能或者盗窃、破坏电力设施或者因其他犯罪行为而引起触电事故；受害人在电力设施保护区内从事法律、行政法规所禁止的行为。

2. 最高人民法院《关于审理人身损害案件适用法律若干问题的解释》（法释［2003］20号）中关于人身伤害赔偿范围的规定（简称《解释［2003］20号》）

根据《最高人民法院关于审理人身损害案件适用于法律若干问题的解释》（法释［2003］20号）的规定，人身损害赔偿的范围根据受害人的伤害情况分为一般赔偿范围、受害人因伤致残的赔偿范围和受害人死亡的赔偿范围。

（1）人身损害的一般赔偿范围。人身损害的一般赔偿，是指还没有达到受害人残疾或者死亡的后果的一般人身损害的赔偿，具体赔偿范围是：

1）医疗费。医疗费根据医疗机构出具的医疗费、住院费等收款凭证，结合病历和诊断证明等相关证据确定。赔偿义务人对治疗的必要性和合理性有异议的，应当承担相应的举证责任。医疗费的赔偿数额，按照一审法庭辩论终结前实际发生的数额确定。器官功能恢复训练所必要的康复费、适当的整容费以及其他后续治疗费，赔偿权利人可以待实际发生后另行起诉。但根据医疗证明或者鉴定结论确定必然发生的费用，可以与已经发生的医疗费一并要求予以赔偿。

2）误工费。误工费根据受害人的误工时间和收入状况确定。误工时间根据受害人接受治疗的医疗机构出具的证明确定。受害人因伤致残持续误工的，误工时间计算至定残日的前一天。受害人有固定收入的，误工费按照实际减少的收入计算；受害人无固定收入的，按照其最近三年的平均收入计算；受害人不能举证证明其最近三年的平均收入状况的，可以按照受诉法院所在地相同或相近行业上一年职工的平均工资计算。

3）护理费。护理费根据护理人员的收入状况和护理人数、护理期限确定。护理人员有收入的，参照误工费的规定计算；护理人员没有收入或者雇佣护工的，参照当地护工从事同等级别护理的劳务报酬标准计算。护理人员原则上为一人，但医疗机构或者鉴定机构有明确意见的，可以参照确定护理人员人数。护理期限应计算至受害人恢复生活自理能力时止。

4）交通费。交通费根据受害人及其必要的陪护人员因就医或者转院治疗实际发生的费用计算。交通费应当以正式票据为凭；有关凭据应当与就医地点、时间、人数、次数相符合。

5）住宿费。最高人民法院《关于审理人身损害赔偿案件适用法律若干问题的解释》没有专门对住宿费作出规定，但根据最高人民法院《关于审理触电人身损害赔偿案件适用法律若干问题的解释》第四条规定："住宿费：是指受害人因客观原因不能住院也不能住在家里、确需就地住宿的费用，其数额参照事故发生地国家机关一般工作人员的出差住宿标准计算。当事人的亲友参加处理触电事故所需交通费、误工费、住宿费、伙食补助费，参照第一款的有关规定计算，但计算费用的人数不超过3人。"目前，该司法解释仍适用。本条款规定的住宿费，是指受害人本人到外地就医、参加事故处理等必须支出的合理费用，包括受害人受伤后因就医无床位或其他原因确需候诊，且伤情不允许返回家中或不能返回家中，或往返家中的交通费用高于住宿费的情况下，受害人支出的合理的住宿费用。需要指出的是，最高人民法院《关于审理人身损害赔偿案件适用法律若干问题的解释》虽然将住宿费与医疗费单列，但一般的做法是，如果住院治疗的，其住宿费包括在医疗费之内；只有不在医院住宿的、与医疗损害有关的实际发生的合理的住宿费用，才单独计算。

　　6）住院伙食补助费。可以参照当地国家机关一般工作人员的出差伙食补助予以确定。受害人确有必要到外地治疗，因客观原因不能住院，受害人本人及其陪护人员实际发生的住宿费和伙食费，其合理部分应予赔偿。

　　7）必要的营养费。要根据受害人的伤残情况，参照医疗机构的意见确定。

　　（2）受害人因伤致残的赔偿范围。受害人因伤致残的，在定残之前应赔偿以上 7 项费用，在定残之后，劳动能力丧失或部分丧失的赔偿范围，包括以下 6 项：

　　1）残疾赔偿金。残疾赔偿金根据受害人丧失劳动能力的程度或者伤残等级，按照受诉法院所在地上一年度城镇居民人均可支配收入或者农村居民人均纯收入标准，自定残之日起按二十年计算。但六十周岁以上的，年龄每增加一岁减少一年；七十五周岁以上的，按五年计算。需要特别指出的是，本解释所规定的残疾赔偿金的性质不是对受害人遭受的精神损害的赔偿，是对受害人应该得到而没有得到的收入的补偿，属于物质损害的赔偿，是对由于伤害致残不能劳动导致的收入减少的赔偿。这在性质上与过去的规定是截然不同的。

　　2）残疾补助器具费。残疾补助器具费按照普通适用器具的合理费用标准计算。伤情有特殊需要的，可以参照补助器具配置机构的意见确定相应的合理费用标准。补助器具的更换周期和赔偿期限参照配置机构的意见确定。

　　3）被抚养人生活费。被抚养人生活费根据抚养人丧失劳动能力程度，按照受诉法院所在地上一年城镇居民人均可支配收入或者农村居民人均年生活消费支出标准计算。被抚养人为未成年人的，计算至十八周岁，被抚养人无劳动能力又无其他生活来源的，计算二十年。但六十周岁以上的，年龄每增加一岁减少一年；七十五周岁以上的，按五年计算。此处所规定的"抚养"，是广义的抚养，包括狭义的抚养既平辈之间的抚养，以及长辈对晚辈的抚养和晚辈对长辈的赡养。被抚养人是指受害人依法应当承担抚养义务的未成年人或者丧失劳动能力又无其他生活来源的成年近亲属。被抚养人还有其他抚养人的，赔偿义务人只赔偿受害人依法应当负担的部分。被抚养人有数人的，年赔偿总额累计不超过上一年度城镇居民人均消费性支出额或者农村人均年生活消费支出额。

　　4）康复费。受害人在康复护理、继续治疗阶段实际发生的、必要的康复费用，也可以要求赔偿。赔偿的法定条件是实际发生且属于必要发生的，凡是没有实际发生的，或者虽然实际发生但不是必要的，则得不到赔偿。

　　5）护理费。受害人定残后，因康复护理、继续治疗实际发生的必要的护理费，也有权要求赔偿。受害人因残疾不能恢复生活自理能力的，可以根据其年龄、健康状况等因素确定合理的护理期限，但最长不超过二十年。受害人定残后的护理，应当根据其护理依赖程度，结合配置残疾辅助器具的情况确定护理级别。

　　6）后续医疗费。受害人因康复护理、继续医疗实际发生的必要的后续治疗费，赔偿义务人应当予以赔偿。另外，适当的整容费以及其他后续治疗费，可以待实际发生后另行起诉，但根据医疗证明或者鉴定结论确定必然发生的，可以与已经发生的医疗费一并予以赔偿。

（3）受害人死亡的赔偿范围。侵权致人死亡的，赔偿范围如下：

1）丧葬费。丧葬费按照受诉法院所在地上一年度职工月平均工资标准，以六个月总额计算。

2）被抚养人生活费。赔偿标准和因伤致残情况的赔偿标准相同。

3）死亡赔偿金。死亡赔偿金按照受诉法院所在地上一年度城镇居民人均可支配收入或者农村居民人均纯收入标准，计算二十年。但六十周岁以上的，每增加一年减少一年；七十五周岁以上的，按五年计算。

4）交通费。它是指受害人亲属办理丧葬事宜支出的合理的交通费。

5）住宿费。它是指受害人亲属办理丧葬事宜支出的合理的住宿费。

6）误工损失。它是指受害人亲属办理丧葬事宜，耽误了工作而造成的损失。

除以上项目外，还应当根据抢救治疗情况赔偿因就医支出的各项费用以及因误工减少的收入，包括医疗费、误工费、护理费、交通费、住宿费、住院伙食补助费和必要的营养费。

赔偿义务人对治疗的必要性和合理性有异议的，应当承担相应的举证责任。

（4）赔偿费用的支付时间和方式。依照前条规定计算的各种费用，凡实际发生和受害人急需的，应当一次性支付；其他费用，可以根据数额大小、受害人需求程度、当事人的履行能力等因素确定支付时间和方式。如果采用定期金赔偿方式，应当确定每期的赔偿额，并要求责任人提供适当的担保。

3. 适用《解释〔2001〕3号》、《解释〔2003〕20号》应注意的几个问题

（1）注意责任人的范围。无过错责任的责任主体是电力设施产权人，这很容易理解。从实际情况看，供电企业是主要的输变电线路设施的产权主体，自然也是该责任项下的责任主体。应当引起重视的是，明晰产权关系、明确委托代管的权利义务关系是最主要的，特别是区分公用供电设施、共用供电设施、用户专用供电设施、临时供电设施的归属问题尤为重要。在供电设施产权发生变化情况下确定产权转移的时间，以及供电设施产权单位提出委托供电企业维护管理的情况下，如何签订委托代管协议，都涉及到由谁承担无过错责任的问题，都应引起足够重视。

（2）注意举证责任问题。过错的举证责任，一般实行谁主张、谁举证的原则，受害人提出损害赔偿的请求，就应当提出行为人具有过错的证明。在具体的人身触电伤害案件中，有的法院往往根据具体案件的实际和需要，在受害人举证发生障碍的情况下，采取举证责任倒置的方式，要求供电企业就其没有过错提出反证，供电企业若不能证明自身没有过错，法院则推定其有过错。《民法通则》第一百二十三条在规定高度危险作业致人损害的无过错责任的同时，又规定，如果能够证明损害是由受害人故意造成的，不承担民事责任，很显然这是对作业人或者行为人的要求；而从《解释》中也不难看出，高压电致人损害，若存在不可抗力和受害人的故意，能否履行举证责任对于作业人或行为人能否免责至关重要。

（3）注意精神损害赔偿问题。适用精神损害赔偿问题应以损害事实的存在为前提。精神损害是无形的，但损害事实又是可以确定的，抚慰受害人精神痛苦的物质条件是可以用金钱来支付的。

4. 依法维护当事人权益

（1）正确适用法律。对人身触电伤害事故的处理，尚没有行政处理方面的专门规定，行政处理也不是司法程序解决前的必经程序。大量的人身触电伤亡损害赔偿案件，是受害人直接诉之法院解决的，由于电力专业的特殊性和触电事故认定及处理的复杂性，对人民法院查证案件事实、证据，分清、认定事故责任增加了难度，在司法实践中曾出现了几近相同的案件而判决结果不同的现象，这是促使《解释〔2001〕3号》出台的一个重要原因。《解释〔2001〕3号》明确了原则问题、《解释〔2003〕20号》规定了赔偿范围和标准问题，若能正确适用，将有效地避免此类现象的延续和再度发生。对人身触电伤亡事故损害的处理，《电力法》和《电力供应与使用条例》中没有明确规定电力管理部门的责任，只规定了其行政监督检查的职责主要是：依法对电力企业和用户执行电力法律、行政法规的情况进行监督检查，加强对供电、用电的监督和管理。如果当事人申请电力管理部门处理的，电力管理部门应在查明事实的基础上，根据两个《解释》确定的原则和损害赔偿范围，就赔偿问题进行调解，并督促调解协议的执行。需要注意的是，调解应坚持自愿的原则，调解不成或者协议达成后反悔的，不能再强行调解，应支持当事人依诉讼程序解决。电力管理部门严格执法，依法行政，可提高自身的权威性。供电企业防范人身触电伤亡事故发生的责任责无旁贷。

（2）供电企业加强责任感。对供电线路设施要完善技术防范措施，从线路的设计、施工、运行维护、检修等，严格按照电力法律、法规以及标准的规定，高度负责，确保质量。现时情况下，应当对自身产权范围内的供电线路设施进行全面的质量检查，防患于未然。

重视人身触电事故现场的处理，做好取证和证据保全工作，尽可能避免单方面到达现场并取证。考虑人身触电事故的特殊性，公安部门、电力管理部门应当同时到达事故现场。

实事求是，不搪塞推诿责任。技术及管理工作确实存在问题、造成人身触电伤亡的，应勇于承担责任，尽可能协调解决赔偿问题，并引以为戒，举一反三，强化管理，接受社会监督。

加强安全用电、违章用电危害性等宣传教育，特别是在乡镇、农村，在人口密集地区，更要做好宣传普及。要结合城市电网改造和农村电网改造，解决供电线路设施产权不清的问题；要明确管理责任，加强对农电工的培训和管理，强化安全意识和责任意识，努力降低人身触电伤亡事故的发案率。

（3）提高公众的安全防范意识和法律意识。电与大众息息相关，广大民众安全用电、提高自身的防范意识和能力，避免人身触电事故的发生，比发生损害后获得法律救济的意义更为重大。

需特别注意的是：按照《解释（2001）3号》的规定，即使属高压电造成人身损害，但如果属于受害人盗窃电能，盗窃、破坏电力设施或者因在电力设施保护区从事法律、行政法规所禁止的行为引起的触电事故，电力设施产权人不承担民事责任。这一规定与《民法通则》第一百二十三条无过错责任原则的设定和条款表述是一样的，体现的是法律保护各方当事人合法权益的原则。

如果人身触电造成伤害，侵犯了当事人的合法权益，当事人应当请求法律救济、求得责任赔偿，可以通过协调方式解决，直接与责任方协商赔偿事宜，也可在电力管理部门的主持下进行调解，还可直接向人民法院提起民事损害赔偿诉讼，由法院依法裁决。

人身触电伤害事故如果涉及刑事犯罪，还应依法追究相关责任人的刑事责任。

本 章 小 结

本章主要介绍了侵权的民事责任和依法处理触电人身伤亡事故的法律依据。侵权法是处理触电人身伤害事故的理论基础，《民法通则》和最高人民法院《关于审理触电人身损害赔偿案件若干问题的解释》、《关于审理人身损害赔偿案件适用法律若干问题的解释》是处理触电人身伤害事故的主要法律依据。

议一议

因停电造成医疗事故××县医院与××县电力公司供用电合同纠纷案例

原告××县医院诉称：2002年9月28日19时30分，原告为患者贺××施行"食道癌根治术"，手术进行至次日凌晨零时42分时，发现患者主动脉弓下有活动性出血，遂行钳夹止血。这时，被告××县电力公司用电负荷突降，电压增高，致断路器跳闸停止供电，原告被迫中断手术。加之原告无任何应急准备，致患者失血性休克。被告速与××电站联系，于零时50分恢复供电。但患者终因失血过多，经抢救无效，于9月29日凌晨2时50分死于失血性休克。在卫生行政主管部门的主持下，原告与患者家属以及被告共同协商处理善后事宜，被告拒绝承担突然中断供电给原告造成的损失。原、被告间存在供用电合同法律关系，被告负有向用户提供优质、安全、正常运行的电力的义务，被告突然停电，致原告正在进行的手术被迫中断，导致患者失血性休克死亡的后果，与被告突然停止供电存在法律上的因果关系，被告依法应承担给原告造成的相关经济损失。为此，原告要求法院依法判决被告赔偿因突然中断供电造成的经济损失及其他损失，并承担本案全部诉讼费。

被告××县电力公司辩称：2002年9月29日凌晨零时42分，因用电负荷突降，致电力系统瓦解而中断供电，被告速与南江电站联系，于零时50分恢复供电。停电原因是发电系统运行不正常，发生电力故障所致，非管理不当所致。依照《电力法》第六十条的有关规定，依法应归责于不可抗力，故被告不应承担赔偿责任；原、被告间虽存在事实上的供用电合同关系，但至今未明确约定双方权利义务关系，违约责任无从谈起，更谈不上赔偿原告损失的问题；原告明知被告电力供应严重不足，且双方亦未建立特殊供用电关系。原告针对这种情况自备电力设备，以防应急之用。这说明原告对被告电力供应不正常的情况是有所预见的；原告在做一长达5h的手术，术前不做充分准备，应当预见手术中有可能出现断电情形而未预见，突然断电而又无任何应急措施，造成患者死亡纯属原告医疗事故责任，与被告电力系统出现故障导致停电无必然因果关系。总之，被告不应承担任何赔偿责任，请求依法驳回原告之诉请。

请根据以上案例，依据电力法和合同法以及相应的电力法规，说出本案例中应由谁承担责任。

思 考 与 练 习 题

1. 什么是侵权的民事责任？
2. 一般民事责任的构成要件有哪些？
3. 什么是过错责任原则？什么是无过错责任原则？
4. 民法通则规定的特殊侵权责任有哪些？
5. 触电人身伤害事故的责任主体如何确定？
6. 高压电造成的触电人身伤害事故的除外责任事由有哪些？
7. 试论述如何依法处理触电人身损害事故。

附录　电力法律法规条文选编

《中华人民共和国电力法》

(1995 年 12 月 28 日第八届全国人民代表大会
常务委员会第十七次会议通过 1996 年 4 月 1 日起施行)

第一章　总　　则

第一条　为了保障和促进电力事业的发展，维护电力投资者、经营者和使用者的合法权益，保障电力安全运行，制定本法。

第二条　本法适用于中华人民共和国境内的电力建设、生产、供应和使用活动。

第三条　电力事业应当适应国民经济和社会发展的需要，适当超前发展。国家鼓励、引导国内外的经济组织和个人依法投资开发电源，兴办电力生产企业。

电力事业投资，实行谁投资、谁收益的原则。

第四条　电力设施受国家保护。

禁止任何单位和个人危害电力设施安全或者非法侵占、使用电能。

第五条　电力建设、生产、供应和使用应当依法保护环境，采取新技术，减少有害物质排放，防治污染和其他公害。

国家鼓励和支持利用可再生能源和清洁能源发电。

第六条　国务院电力管理部门负责全国电力事业的监督管理。国务院有关部门在各自的职责范围内负责电力事业的监督管理。

县级以上地方人民政府经济综合主管部门是本行政区域内的电力管理部门，负责电力事业的监督管理。县级以上地方人民政府有关部门在各自的职责范围内负责电力事业的监督管理。

第七条　电力建设企业、电力生产企业、电网经营企业依法实行自主经营、自负盈亏，并接受电力管理部门的监督。

第八条　国家帮助和扶持少数民族地区、边远地区和贫困地区发展电力事业。

第九条　国家鼓励在电力建设、生产、供应和使用过程中，采用先进的科学技术和管理方法，对在研究、开发、采用先进的科学技术和管理方法等方面作出显著成绩的单位和个人给予奖励。

第二章　电　力　建　设

第十条　电力发展规划应当根据国民经济和社会发展的需要制定，并纳入国民经济和社会发展计划。

电力发展规划，应当体现合理利用能源、电源与电网配套发展、提高经济效益和有利于环境保护的原则。

第十一条　城市电网的建设与改造规划，应当纳入城市总体规划。城市人民政府应当按照规划，安排变电设施用地、输电线路走廊和电缆通道。

任何单位和个人不得非法占用变电设施用地、输电线路走廊和电缆通道。

第十二条 国家通过制定有关政策，支持、促进电力建设。

地方人民政府应当根据电力发展规划，因地制宜，采取多种措施开发电源，发展电力建设。

第十三条 电力投资者对其投资形成的电力，享有法定权益。并网运行的，电力投资者有优先使用权；未并网的自备电厂，电力投资者自行支配使用。

第十四条 电力建设项目应当符合电力发展规划，符合国家电力产业政策。

电力建设项目不得使用国家明令淘汰的电力设备和技术。

第十五条 输变电工程、调度通信自动化工程等电网配套工程和环境保护工程，应当与发电工程项目同时设计、同时建设、同时验收、同时投入使用。

第十六条 电力建设项目使用土地，应当依照有关法律、行政法规的规定办理；依法征用土地的，应当依法支付土地补偿费和安置补偿费，做好迁移居民的安置工作。

电力建设应当贯彻切实保护耕地、节约利用土地的原则。

地方人民政府对电力事业依法使用土地和迁移居民，应当予以支持和协助。

第十七条 地方人民政府应当支持电力企业为发电工程建设勘探水源和依法取水、用水。电力企业应当节约用水。

第三章　电力生产与电网管理

第十八条 电力生产与电网运行应当遵循安全、优质、经济的原则。

电网运行应当连续、稳定，保证供电可靠性。

第十九条 电力企业应当加强安全生产管理，坚持安全第一、预防为主的方针，建立、健全安全生产责任制度。

电力企业应当对电力设施定期进行检修和维护，保证其正常运行。

第二十条 发电燃料供应企业、运输企业和电力生产企业应当依照国务院有关规定或者合同约定供应、运输和接卸燃料。

第二十一条 电网运行实行统一调度、分级管理。任何单位和个人不得非法干预电网调度。

第二十二条 国家提倡电力生产企业与电网、电网与电网并网运行。具有独立法人资格的电力生产企业要求将生产的电力并网运行的，电网经营企业应当接受。

并网运行必须符合国家标准或者电力行业标准。

并网双方应当按照统一调度、分级管理和平等互利、协商一致的原则，签订并网协议，确定双方的权利和义务；并网双方达不成协议的，由省级以上电力管理部门协调决定。

第二十三条 电网调度管理办法，由国务院依照本办法的规定制定。

第四章　电力供应与使用

第二十四条 国家对电力供应和使用，实行安全用电、节约用电、计划用电的管理原则。

电力供应与使用办法由国务院依照本法的规定制定。

第二十五条 供电企业在批准的供电营业区内向用户供电。

供电营业区的划分，应当考虑电网的结构和供电合理性等因素。一个供电营业区内只设立一个供电营业机构。

省、自治区、直辖市范围内的供电营业区的设立、变更，由供电企业提出申请，经省、自治区、直辖市人民政府电力管理部门会同同级有关部门审查批准后，由省、自治区、直辖市人民政府电力管理部门发给《供电营业许可证》。跨省、自治区、直辖市的供电营业区的设立、变更，由国务院电力管理部门审查批准并发给《供电营业许可证》。供电营业机构持《供电营业许可证》向工商行政管理部门申请领取营业执照，方可营业。

第二十六条　供电营业区内的供电营业机构，对本营业区内的用户有按照国家规定供电的义务；不得违反国家规定对其营业区内申请用电的单位和个人拒绝供电。

申请新装用电、临时用电、增加用电容量、变更用电和终止用电，应当依照规定的程序办理手续。

供电企业应当在其营业场所公告用电的程序、制度和收费标准，并提供用户须知资料。

第二十七条　电力供应与使用双方应当根据平等自愿、协商一致的原则，按照国务院制定的电力供应与使用办法签订供用电合同，确定双方的权利和义务。

第二十八条　供电企业应当保证供给用户的供电质量符合国家标准。对公用供电设施引起的供电质量问题，应当及时处理。

用户对供电质量有特殊要求的，供电企业应当根据其必要性和电网的可能，提供相应的电力。

第二十九条　供电企业在发电、供电系统正常的情况下，应当连续向用户供电，不得中断。因供电设施检修、依法限电或者用户违法用电等原因，需要中断供电时，供电企业应当按照国家有关规定事先通知用户。

用户对供电企业中断供电有异议的，可以向电力管理部门投诉；受理投诉的电力管理部门应当依法处理。

第三十条　因抢险救灾需要紧急供电时，供电企业必须尽速安排供电，所需供电工程费用和应付电费依照国家有关规定执行。

第三十一条　用户应当安装用电计量装置。用户使用的电力电量，以计量检定机构依法认可的用电计量装置的记录为准。

用户受电装置的设计、施工安装和运行管理，应当符合国家标准或者电力行业标准。

第三十二条　用户用电不得危害供电、用电安全和扰乱供电、用电秩序。

对危害供电、用电安全和扰乱供电、用电秩序的，供电企业有权制止。

第三十三条　供电企业应当按照国家核准的电价和用电计量装置的记录，向用户计收电费。

供电企业查电人员和抄表收费人员进入用户，进行用电安全检查或者抄表收费时，应当出示有关证件。

用户应当按照国家核准的电价和用电计量装置的记录，按时交纳电费；对供电企业查电人员和抄表收费人员依法履行职责，应当提供方便。

第三十四条　供电企业和用户应当遵守国家有关规定，采取有效措施，做好安全用电、节约用电和计划用电工作。

第五章　电价与电费

第三十五条　本法所称电价，是指电力生产企业的上网电价、电网间的互供电价、电网销售电价。

电价实行统一政策，统一定价原则，分级管理。

第三十六条　制定电价，应当合理补偿成本，合理确定收益，依法计入税金，坚持公平负担，促进电力建设。

第三十七条　上网电价实行同网同质同价。具体办法和实施步骤由国务院规定。

电力生产企业有特殊情况需另行制定上网电价的，具体办法由国务院规定。

第三十八条　跨省、自治区、直辖市电网和省级电网内的上网电价，由电力生产企业和电网经营企业协商提出方案，报国务院物价行政主管部门核准。

独立电网内的上网电价，由电力生产企业和电网经营企业协商提出方案，报有管理权的物价行政主管部门核准。

地方投资的电力生产企业所生产的电力，属于在省内各地区形成独立电网的或者自发自用的，其电价可以由省、自治区、直辖市人民政府管理。

第三十九条　跨省、自治区、直辖市电网和独立电网之间、省级电网和独立电网之间的互供电价，由双方协商提出方案，报国务院物价行政主管部门或者其授权的部门核准。

独立电网与独立电网之间的互供电价，由双方协商提出方案，报有管理权的物价行政主管部门核准。

第四十条　跨省、自治区、直辖市电网和省级电网的销售电价，由电网经营企业提出方案，报国务院物价行政主管部门或者其授权的部门核准。

独立电网的销售电价，由电网经营企业提出方案，报有管理权的物价行政主管部门核准。

第四十一条　国家实行分类电价和分时电价。分类标准和分时办法由国务院确定。

对同一电网内的同一电压等级、同一用电类别的用户，执行相同的电价标准。

第四十二条　用户用电增容收费标准，由国务院物价行政主管部门会同国务院电力管理部门制定。

第四十三条　任何单位不得超越电价管理权限制定电价。供电企业不得擅自变更电价。

第四十四条　禁止任何单位和个人在电费中加收其他费用；但是，法律、行政法规另有规定的，按照规定执行。

地方集资办电在电费中加收费用的，由省、自治区、直辖市人民政府依照国务院有关规定制定办法。

禁止供电企业在收取电费时，代收其他费用。

第四十五条　电价的管理办法，由国务院依照本法的规定制定。

第六章　农村电力建设和农业用电

第四十六条　省、自治区、直辖市人民政府应当制定农村电气化发展规划，并将其纳入当地电力发展规划及国民经济和社会发展计划。

第四十七条　国家对农村电气化实行优惠政策，对少数民族地区、边远地区和贫困地区的农村电力建设给予重点扶持。

第四十八条　国家提倡农村开发水能资源，建设中、小型水电站，促进农村电气化。

国家鼓励和支持农村利用太阳能、风能、地热能、生物质能和其他能源进行农村电源建设，增加农村电力供应。

第四十九条　县级以上地方人民政府及其经济综合主管部门在安排用电指标时，应当保证农业和农村用电的适当比例，优先保证农村排涝、抗旱和农业季节性生产用电。

电力企业应当执行前款的用电安排，不得减少农业和农村用电指标。

第五十条　农业用电价格按照保本、微利的原则确定。

农民生产用电与当地城镇居民生活用电应当逐步实行相同的电价。

第五十一条　农业和农村用电管理办法，由国务院依照本办法的规定制定。

第七章　电力设施保护

第五十二条　任何单位和个人不得危害发电设施、变电设施和电力线路设施及其有关辅助设施。

在电力设施周围进行爆破及其他可能危及电力设施安全的作业的，应当按照国务院有关电力设施保护的规定，经批准并采取确保电力设施安全的措施后，方可进行作业。

第五十三条　电力管理部门应当按照国务院有关电力设施保护的规定，对电力设施保护区设立标志。

任何单位和个人不得在依法划定的电力设施保护区内修建可能危及电力设施安全的建筑物、构筑物，不得种植可能危及电力设施安全的植物，不得堆放可能危及电力设施安全的物品。

在依法划定电力设施保护区前已经种植的植物妨碍电力设施安全的，应当修剪或者砍伐。

第五十四条　任何单位和个人需要在依法划定的电力设施保护区内进行可能危及电力设施安全的作业时，应当经电力管理部门批准并采取安全措施后，方可进行作业。

第五十五条　电力设施与公用工程、绿化工程和其他工程在新建、改建或者扩建中相互妨碍时，有关单位应当按照国家有关规定协商，达成协议后方可施工。

第八章　监督检查

第五十六条　电力管理部门依法对电力企业和用户执行电力法律、行政法规的情况进行监督检查。

第五十七条　电力管理部门根据工作需要，可以配备电力监督检查人员。

电力监督检查人员应当公正廉洁，秉公执法，熟悉电力法律、法规，掌握有关电力专业技术。

第五十八条　电力监督检查人员进行监督检查时，有权向电力向企业或者用户了解有关执行电力法律、行政法规的情况，查阅有关资料，并有权进入现场进行检查。

电力企业和用户对执行监督检查任务的电力监督检查人员应当提供方便。

电力监督检查人员进行监督检查时，应当出示证件。

第九章　法　律　责　任

第五十九条　电力企业或者用户违反供用电合同，给对方造成损失的，应当依法承担赔偿责任。

电力企业违反本法第二十八条、第二十九条一款的规定，未保证供电质量或者未事先通知用户中断供电，给用户造成损失的，应当依法承担赔偿责任。

第六十条　因电力运行事故给用户或者第三人造成损害的，电力企业应当依法承担赔偿责任。

电力运行事故由下列原因之一造成的，电力企业不承担赔偿责任：

（一）不可抗力；

（二）用户自身的过错。

因用户或者第三人的过错给电力企业或者其他用户造成损害的，该用户或者第三人应当依法承担赔偿责任。

第六十一条　违反本法第十一条第二款的规定，非法占用变电设施用地、输电线路走廊或者电缆通道的，由县级以上地方人民政府责令限期改正；逾期不改正的，强制清除障碍。

第六十二条　违反本法第十四条规定，电力建设项目不符合电力发展规划、产业政策的，由电力管理部门责令停止建设。

违反本法第十四条规定，电力建设项目使用国家明令淘汰的电力设备和技术的，由电力管理部门责令停止使用，没收国家明令淘汰的电力设备，并处五万元以下的罚款。

第六十三条　违反本法第二十五条规定，未经许可，从事供电或者变更供电营业区的，由电力管理部门责令改正，没收违法所得，可以并处违法所得五倍以下的罚款。

第六十四条　违反本法第二十六条、第二十九条规定，拒绝供电或者中断供电的，由电力管理部门责令改正，给予警告；情节严重的，对有关主管人员和直接责任人员给予行政处分。

第六十五条　违反本法第三十二条规定，危害供电、用电安全或者扰乱供电、用电秩序的，由电力管理部门责令改正，给予警告；情节严重或者拒绝改正的，可以中止供电，可以并处五万元以下的罚款。

第六十六条　违反本法第三十三条、第四十三条、第四十四条规定，未按照国家核准的电价和用电计量装置的记录向用户计收电费、超越权限制定电价或者在电费中加收其他费用的，由物价行政主管部门给予警告，责令返还违法收取的费用，可以并处违法收取费用五倍以下的罚款；情节严重的，对有关主管人员和直接责任人员给予行政处分。

第六十七条　违反本法第四十九条第二款规定，减少农业和农村用电指标的，由电力管理部门责令改正；情节严重的，对有关主管人员和直接责任人员给予行政处分；造成损失的，责令赔偿损失。

第六十八条　违反本法第五十二条第二款和第五十四条规定，未经批准或者未采取安全措施在电力设施周围或者在依法划定的电力设施保护区内进行作业，危及电力设施安全的，由电力管理部门责令停止作业、恢复原状并赔偿损失。

第六十九条　违反本法第五十三条规定，在依法划定的电力设施保护区内修建建筑物、构筑物或者种植植物、堆放物品，危及电力设施安全的，由当地人民政府责令强制拆除、砍伐或者清除。

第七十条　有下列行为之一，应当给予治安管理处罚的，由公安机关依照治安管理处罚条例的有关规定予以处罚；构成犯罪的，依法追究刑事责任：

（一）阻碍电力建设或者电力设施抢修，致使电力建设或者电力设施抢修不能正常进行的；

（二）扰乱电力生产企业、变电所、电力调度机构和供电企业的秩序，致使生产、工作和营业不能正常进行的；

（三）殴打、公然侮辱履行职务的查电人员或者抄表收费人员的；

（四）拒绝、阻碍电力监督检查人员依法执行职务的。

第七十一条　盗窃电能的，由电力管理部门责令停止违法行为，追缴电费并处应交电费五倍以下的罚款；构成犯罪的，依照刑法第一百五十一条或者第一百五十二条❶的规定追究刑事责任。

第七十二条　盗窃电力设施或者以其他方法破坏电力设施，危害公共安全的，依照刑法第一百零九条或者第一百一十条❷的规定追究刑事责任。

第七十三条　电力管理部门的工作人员滥用职权、玩忽职守、徇私舞弊，构成犯罪的，依法追究刑事责任；尚不构成犯罪的，依法给予行政处分。

第七十四条　电力企业职工违反规章制度、违章调度或者不服从调度指令，造成重大事故的，比照刑法第一百一十四条❸的规定追究刑事责任。

电力企业职工故意延误电力设施抢修或者抢险救灾供电，造成严重后果的，比照刑法第一百一十四条的规定追究刑事责任。

电力企业的管理人员和查电人员、抄表收费人员勒索用户、以电谋私，构成犯罪的，依法追究刑事责任；尚不构成犯罪的，依法给予行政处分。

第十章　附　　则

第七十五条　本法自 1996 年 4 月 1 日起施行。

《中华人民共和国刑法》（节录）

（1979 年 7 月 1 日第五届全国人民代表大会第二次会议通过
1997 年 3 月 14 日第八届全国人民代表大会第五次修订）

第二十九条　教唆他人犯罪的，应当按照他在共同犯罪中所起的作用处罚。教唆不满十八周岁的人犯罪的，应当从重处罚。

第三十条　公司、企业、事业单位、机关、团体实施的危害社会的行为，法律规定为单位犯罪的，应当负刑事责任。

❶ 修改后的《刑法》为第二百六十四条和二百六十六条。
❷ 修改后的《刑法》为第一百一十八条和一百一十九条。
❸ 修改后的《刑法》为第一百三十四条。

第三十一条　单位犯罪的，对单位判处罚金，并对其直接负责的主管人员和其他直接责任人员判处刑罚。本法分则和其他法律另有规定的，依照规定。

第三十六条　由于犯罪行为而使被害人遭受经济损失的，对犯罪分子除依法给予刑事处罚外，并应根据情况判处赔偿经济损失。

承担民事赔偿责任的犯罪分子，同时被判处罚金，其财产不足以全部支付的，或者被判处没收财产的，应当先承担对被害人的民事赔偿责任。

第三十七条　对于犯罪情节轻微不需要判处刑罚的，可以免予刑事处罚，但是可以根据案件的不同情况，予以训诫或者责令具结悔过、赔礼道歉、赔偿损失，或者由主管部门予以行政处罚或者行政处分。

第一百三十四条　工厂、矿山、林场、建筑企业或者其他企业、事业单位的职工，由于不服管理、违反规章制度，或者强令工人违章冒险作业，因而发生重大伤亡事故或者造成其他严重后果的，处三年以下有期徒刑或者拘役；情节特别恶劣的，处三年以上七年以下有期徒刑。

第二百六十四条　盗窃公私财物，数额较大或者多次盗窃的，处三年以下有期徒刑、拘役或者管制，并处或者单处罚金；数额巨大或者有其他严重情节的，处三年以上十年以下有期徒刑，并处罚金；数额特别巨大或者有其他特别严重情节的，处十年以上有期徒刑或者无期徒刑，并处罚金或者没收财产；有下列情形之一的，处无期徒刑或者死刑，并处没收财产：

（一）盗窃金融机构，数额特别巨大的；

（二）盗窃珍贵文物，情节严重的。

第二百六十六条　诈骗公私财物，数额较大的，处三年以下有期徒刑、拘役或者管制，并处或者单处罚金；数额巨大或者有其他严重情节的，处三年以上十年以下有期徒刑，并处罚金；数额特别巨大或者有其他特别严重情节的，处十年以上有期徒刑或者无期徒刑，并处罚金或者没收财产。本法另有规定的，依照规定。

第二百七十一条　公司、企业或者其他单位的人员，利用职务上的便利，将本单位财物非法占为己有，数额较大的，处五年以下有期徒刑或者拘役；数额巨大的，处五年以上有期徒刑，可以并处没收财产。

国有公司、企业或者其他国有单位中从事公务的人员和国有公司、企业或者其他国有单位委派到非国有公司、企业以及其他单位从事公务的人员有前款行为的，依照本法第三百八十二条、第三百八十三条的规定定罪处罚。

第二百七十七条　以暴力、威胁方法阻碍国家机关工作人员依法执行职务的，处三年以下有期徒刑、拘役、管制或者罚金。

第二百九十五条　传授犯罪方法的，处五年以下有期徒刑、拘役或者管制；情节严重的，处五年以上有期徒刑；情节特别严重的，处无期徒刑或者死刑。

第三百八十二条　国家工作人员利用职务上的便利，侵吞、窃取、骗取或者以其他手段非法占有公共财物的，是贪污罪。

受国家机关、国有公司、企业、事业单位、人民团体委托管理、经营国有财产的人员，利用职务上的便利，侵吞、窃取、骗取或者以其他手段非法占有国有财物的，以贪污论。

与前两款所列人员勾结，伙同贪污的，以共犯论处。

第三百八十三条　对犯贪污罪的，根据情节轻重，分别依照下列规定处罚：

（一）个人贪污数额在十万元以上的，处十年以上有期徒刑或者无期徒刑，可以并处没收财产；情节特别严重的，处死刑，并处没收财产。

（二）个人贪污数额在五万元以上不满十万元的，处五年以上有期徒刑，可以并处没收财产；情节特别严重的，处无期徒刑，并处没收财产。

（三）个人贪污数额在五千元以上不满五万元的，处一年以上七年以下有期徒刑；情节严重的，处七年以上十年以下有期徒刑。个人贪污数额在五千元以上不满一万元，犯罪后有悔改表现、积极退赃的，可以减轻处罚或者免予刑事处罚，由其所在单位或者上级主管机关给予行政处分。

（四）个人贪污数额不满五千元，情节较重的，处二年以下有期徒刑或者拘役；情节较轻的，由其所在单位或者上级主管机关酌情给予行政处分。

对多次贪污未经处理的，按照累计贪污数额处罚。

第三百八十五条　国家工作人员利用职务上的便利，索取他人财物的，或者非法收受他人财物，为他人谋取利益的，是受贿罪。

国家工作人员在经济往来中，违反国家规定，收受各种名义的回扣、手续费，归个人所有的，以受贿论处。

第三百九十七条　国家机关工作人员滥用职权或者玩忽职守，致使公共财产、国家和人民利益遭受重大损失的，处三年以下有期徒刑或者拘役；情节特别严重的，处三年以上七年以下有期徒刑。本法另有规定的，依照规定。

《中华人民共和国民法通则》（节录）

（1986 年 4 月 12 日第六届全国人民代表大会第四次会议通过
1986 年 4 月 12 日中华人民共和国主席令第三十七号公布自 1987 年 1 月 1 日起实行）

第二条　中华人民共和国民法调整平等主体的公民之间、法人之间、公民和法人之间的财产关系和人身关系。

第三条　当事人在民事活动中的地位平等。

第四条　民事活动应当遵循自愿、公平、等价有偿、诚实信用的原则。

第五十五条　民事法律行为应当具备下列条件：

（一）行为人具有相应的民事行为能力；

（二）意思表示真实；

（三）不违反法律或者社会公共利益。

第九十一条　合同一方将合同的权利、义务全部或者部分转让给第三人的，应当取得合同另一方的同意，并不得牟利。依照法律规定应当由国家批准的合同，需经原批准机关批准。但是，法律另有规定或者原合同另有约定的除外。

第一百零六条　公民、法人违反合同或者不履行其他义务的，应当承担民事责任。公民、法人由于过错侵害国家的、集体的财产，侵害他人财产、人身的，应当承担民事责任。没有过错，但法律规定应当承担民事责任的，应当承担民事责任。

第一百零七条　因不可抗力不能履行合同或者造成他人损害的，不承担民事责任，法律另有规定的除外。

第一百一十条　对承担民事责任的公民、法人需要追究行政责任的，应当追究行政责任；构成犯罪的，对公民、法人的法定代表人应当依法追究刑事责任。

第一百一十一条　当事人一方不履行合同义务或者履行合同义务不符合约定条件的，另一方有权要求履行或者采取补救措施，并有权要求赔偿损失。

第一百一十二条　当事人一方违反合同的赔偿责任，应当相当于另一方因此所受到的损失。当事人可以在合同中约定，一方违反合同时，向另一方支付一定数额的违约金；也可以在合同中约定对于违反合同而产生的损失赔偿额的计算方法。

第一百一十三条　当事人双方都违反合同的，应当分别承担各自应负的民事责任。

第一百一十四条　当事人一方因另一方违反合同受到损失的，应当及时采取措施防止损失的扩大；没有及时采取措施致使损失扩大的，无权就扩大的损失要求赔偿。

第一百二十一条　国家机关或者国家机关工作人员在执行职务中，侵犯公民、法人的合法权益造成损害的，应当承担民事责任。

第一百二十二条　因产品质量不合格造成他人财产、人身损害的，产品制造者、销售者应当依法承担民事责任。运输者、仓储者对此负有责任的，产品制造者、销售者有权要求赔偿损失。

第一百二十三条　从事高空、高压、易燃、易爆、剧毒、放射性、高速运输工具等对周围环境有高度危险的作业造成他人损害的，应当承担民事责任；如果能够证明损害是由受害人故意造成的，不承担民事责任。

第一百二十四条　违反国家保护环境防止污染的规定，污染环境造成他人损害的，应当依法承担民事责任。

第一百二十五条　在公共场所、道旁或者通道上挖坑、修缮安装地下设施等，没有设置明显标志和采取安全措施造成他人损害的，施工人应当承担民事责任。

第一百二十六条　建筑物或者其他设施以及建筑物上的搁置物、悬挂物发生倒塌、脱落、坠落造成他人损害的，它的所有人或者管理人应当承担民事责任，但能够证明自己没有过错的除外。

第一百二十七条　饲养的动物造成他人损害的，动物饲养人或者管理人应当承担民事责任；由于受害人的过错造成损害的，动物饲养人或者管理人不承担民事责任；由于第三人的过错造成损害的，第三人应当承担民事责任。

第一百二十九条　因紧急避险造成损害的，由引起险情发生的人承担民事责任。如果危险是由自然原因引起的，紧急避险人不承担民事责任或者承担适当的民事责任。因紧急避险采取措施不当或者超过必要的限度，造成不应有的损害的，紧急避险人应当承担适当的民事责任。

第一百三十二条　当事人对造成损害都没有过错的，可以根据实际情况，由当事人分担民事责任。

第一百三十三条　无民事行为能力人、限制民事行为能力人造成他人损害的，由监护人承担民事责任。监护人尽了监护责任的，可以适当减轻他的民事责任。

有财产的无民事行为能力人、限制民事行为能力人造成他人损害的，从本人财产中支付赔偿费用。不足部分，由监护人适当赔偿，但单位担任监护人的除外。

《中华人民共和国合同法》（节录）

（1999 年 3 月 5 日第九届全国人民代表大会第二次会议通过
1999 年 3 月 15 日中华人民共和国主席令第 15 号公布　1999 年 10 月 1 日起施行）

　　第二条　本法所称合同是平等主体的自然人、法人、其他组织之间设立、变更、终止民事权利义务关系的协议。婚姻、收养、监护等有关身份关系的协议，适用其他法律的规定。

　　第三条　合同当事人的法律地位平等，一方不得将自己的意志强加给另一方。

　　第四条　当事人依法享有自愿订立合同的权利，任何单位和个人不得非法干预。

　　第五条　当事人应当遵循公平原则确定各方的权利和义务。

　　第六条　当事人行使权利、履行义务应当遵循诚实信用原则。

　　第七条　当事人订立、履行合同，应当遵守法律、行政法规，尊重社会公德，不得扰乱社会经济秩序，损害社会公共利益。

　　第八条　依法成立的合同，对当事人具有法律约束力。当事人应当按照约定履行自己的义务，不得擅自变更或者解除合同。依法成立的合同，受法律保护。

　　第九条　当事人订立合同，应当具有相应的民事权利能力和民事行为能力。当事人依法可以委托代理人订立合同。

　　第十条　当事人订立合同，有书面形式、口头形式和其他形式。法律、行政法规规定采用书面形式的，应当采用书面形式。当事人约定采用书面形式的，应当采用书面形式。

　　第十一条　书面形式是指合同书、信件和数据电文（包括电报、电传、传真、电子数据交换和电子邮件）等可以有形地表现所载内容的形式。

　　第十二条　合同的内容由当事人约定，一般包括以下条款：

（一）当事人的名称或者姓名和住所；

（二）标的；

（三）数量；

（四）质量；

（五）价款或者报酬；

（六）履行期限、地点和方式；

（七）违约责任；

（八）解决争议的方法。

当事人可以参照各类合同的示范文本订立合同。

　　第十三条　当事人订立合同，采取要约、承诺方式。

　　第十四条　要约是希望和他人订立合同的意思表示，该意思表示应当符合下列规定：

（一）内容具体确定；

（二）表明经受要约人承诺，要约人即受该意思表示约束。

　　第十五条　要约邀请是希望他人向自己发出要约的意思表示。寄送的价目表、拍卖公告、招标公告、招股说明书、商业广告等为要约邀请。商业广告的内容符合要约规定的，视为要约。

第十六条　要约到达受要约人时生效。采用数据电文形式订立合同，收件人指定特定系统接收数据电文的，该数据电文进入该特定系统的时间，视为到达时间；未指定特定系统的，该数据电文进入收件人的任何系统的首次时间，视为到达时间。

第十七条　要约可以撤回。撤回要约的通知应当在要约到达受要约人之前或者与要约同时到达受要约人。

第十八条　要约可以撤销。撤销要约的通知应当在受要约人发出承诺通知之前到达受要约人。

第十九条　有下列情形之一的，要约不得撤销：

（一）要约人确定了承诺期限或者以其他形式明示要约不可撤销；

（二）受要约人有理由认为要约是不可撤销的，并已经为履行合同作了准备工作。

第二十条　有下列情形之一的，要约失效：

（一）拒绝要约的通知到达要约人；

（二）要约人依法撤销要约；

（三）承诺期限届满，受要约人未作出承诺；

（四）受要约人对要约的内容作出实质性变更。

第二十一条　承诺是受要约人同意要约的意思表示。

第二十二条　承诺应当以通知的方式作出，但根据交易习惯或者要约表明可以通过行为作出承诺的除外。

第二十三条　承诺应当在要约确定的期限内到达要约人。要约没有确定承诺期限的，承诺应当依照下列规定到达：

（一）要约以对话方式作出的，应当即时作出承诺，但当事人另有约定的除外；

（二）要约以非对话方式作出的，承诺应当在合理期限内到达。

第二十四条　要约以信件或者电报作出的，承诺期限自信件载明的日期或者电报交发之日开始计算。信件未载明日期的，自投寄该信件的邮戳日期开始计算。要约以电话、传真等快速通信方式作出的，承诺期限自要约到达受要约人时开始计算。

第二十五条　承诺生效时合同成立。

第二十六条　承诺通知到达要约人时生效。承诺不需要通知的，根据交易习惯或者要约的要求作出承诺的行为时生效。采用数据电文形式订立合同的，承诺到达的时间适用本法第十六条第二款的规定。

第二十七条　承诺可以撤回。撤回承诺的通知应当在承诺通知到达要约人之前或者与承诺通知同时到达要约人。

第二十八条　受要约人超过承诺期限发出承诺的，除要约人及时通知受要约人该承诺有效的以外，为新要约。

第二十九条　受要约人在承诺期限内发出承诺，按照通常情形能够及时到达要约人，但因其他原因承诺到达要约人时超过承诺期限的，除要约人及时通知受要约人因承诺超过期限不接受该承诺的以外，该承诺有效。

第三十条　承诺的内容应当与要约的内容一致。受要约人对要约的内容作出实质性变更的，为新要约。有关合同标的、数量、质量、价款或者报酬、履行期限、履行地点和方式、违约责任和解决争议方法等的变更，是对要约内容的实质性变更。

第三十一条　承诺对要约的内容作出非实质性变更的，除要约人及时表示反对或者要约表明承诺不得对要约的内容作出任何变更的以外，该承诺有效，合同的内容以承诺的内容为准。

第三十二条　当事人采用合同书形式订立合同的，自双方当事人签字或者盖章时合同成立。

第三十三条　当事人采用信件、数据电文等形式订立合同的，可以在合同成立之前要求签订确认书。签订确认书时合同成立。

第三十四条　承诺生效的地点为合同成立的地点。采用数据电文形式订立合同的，收件人的主营业地为合同成立的地点；没有主营业地的，其经常居住地为合同成立的地点。当事人另有约定的，按照其约定。

第三十五条　当事人采用合同书形式订立合同的，双方当事人签字或者盖章的地点为合同成立的地点。

第三十六条　法律、行政法规规定或者当事人约定采用书面形式订立合同，当事人未采用书面形式但一方已经履行主要义务，对方接受的，该合同成立。

第三十七条　采用合同书形式订立合同，在签字或者盖章之前，当事人一方已经履行主要义务，对方接受的，该合同成立。

第三十九条　采用格式条款订立合同的，提供格式条款的一方应当遵循公平原则确定当事人之间的权利和义务，并采取合理的方式提请对方注意免除或者限制其责任的条款，按照对方的要求，对该条款予以说明。格式条款是当事人为了重复使用而预先拟定，并在订立合同时未与对方协商的条款。

第四十条　格式条款具有本法第五十二条和第五十三条规定情形的，或者提供格式条款一方免除其责任、加重对方责任、排除对方主要权利的，该条款无效。

第四十一条　对格式条款的理解发生争议的，应当按照通常理解予以解释。对格式条款有两种以上解释的，应当作出不利于提供格式条款一方的解释。格式条款和非格式条款不一致的，应当采用非格式条款。

第四十二条　当事人在订立合同过程中有下列情形之一，给对方造成损失的，应当承担损害赔偿责任：

（一）假借订立合同，恶意进行磋商；

（二）故意隐瞒与订立合同有关的重要事实或者提供虚假情况；

（三）有其他违背诚实信用原则的行为。

第四十四条　依法成立的合同，自成立时生效。法律、行政法规规定应当办理批准、登记等手续生效的，依照其规定。

第四十五条　当事人对合同的效力可以约定附条件。附生效条件的合同，自条件成就时生效。附解除条件的合同，自条件成就时失效。当事人为自己的利益不正当地阻止条件成就的，视为条件已成就；不正当地促成条件成就的，视为条件不成就。

第四十六条　当事人对合同的效力可以约定附期限。附生效期限的合同，自期限届至时生效。附终止期限的合同，自期限届满时失效。

第五十二条　下列情形之一的，合同无效：

（一）一方以欺诈、胁迫的手段订立合同，损害国家利益；

（二）恶意串通，损害国家、集体或者第三人利益；

（三）以合法形式掩盖非法目的；

（四）损害社会公共利益；

（五）违反法律、行政法规的强制性规定。

第五十三条　合同中的下列免责条款无效：

（一）造成对方人身伤害的；

（二）因故意或者重大过失造成对方财产损失的。

第五十四条　下列合同，当事人一方有权请求人民法院或者仲裁机构变更或者撤销：

（一）因重大误解订立的；

（二）在订立合同时显失公平的。

一方以欺诈、胁迫的手段或者乘人之危，使对方在违背真实意思的情况下订立的合同，受损害方有权请求人民法院或者仲裁机构变更或者撤销。

当事人请求变更的，人民法院或者仲裁机构不得撤销。

第五十五条　有下列情形之一的，撤销权消灭：

（一）具有撤销权的当事人自知道或者应当知道撤销事由之日起一年内没有行使撤销权；

（二）具有撤销权的当事人知道撤销事由后明确表示或者以自己的行为放弃撤销权。

第五十六条　无效的合同或者被撤销的合同自始没有法律约束力。合同部分无效，不影响其他部分效力的，其他部分仍然有效。

第五十七条　合同无效、被撤销或者终止的，不影响合同中独立存在的有关解决争议方法的条款的效力。

第五十八条　合同无效或者被撤销后，因该合同取得的财产，应当予以返还；不能返还或者没有必要返还的，应当折价补偿。有过错的一方应当赔偿对方因此所受到的损失，双方都有过错的，应当各自承担相应的责任。

第五十九条　当事人恶意串通，损害国家、集体或者第三人利益的，因此取得的财产收归国家所有或者返还集体、第三人。

第六十条　当事人应当按照约定全面履行自己的义务。当事人应当遵循诚实信用原则，根据合同的性质、目的和交易习惯履行通知、协助、保密等义务。

第六十一条　合同生效后，当事人就质量、价款或者报酬、履行地点等内容没有约定或者约定不明确的，可以协议补充；不能达成补充协议的，按照合同有关条款或者交易习惯确定。

第六十二条　当事人就有关合同内容约定不明确，依照本法第六十一条的规定仍不能确定的，适用下列规定：

（一）质量要求不明确的，按照国家标准、行业标准履行；没有国家标准、行业标准的，按照通常标准或者符合合同目的的特定标准履行。

（二）价款或者报酬不明确的，按照订立合同时履行地的市场价格履行；依法应当执行政府定价或者政府指导价的，按照规定履行。

（三）履行地点不明确，给付货币的，在接受货币一方所在地履行；交付不动产的，在不动产所在地履行；其他标的，在履行义务一方所在地履行。

（四）履行期限不明确的，债务人可以随时履行，债权人也可以随时要求履行，但应当给对方必要的准备时间。

（五）履行方式不明确的，按照有利于实现合同目的的方式履行。

（六）履行费用的负担不明确的，由履行义务一方负担。

第六十三条 执行政府定价或者政府指导价的，在合同约定的交付期限内政府价格调整时，按照交付时的价格计价。逾期交付标的物的，遇价格上涨时，按照原价格执行；价格下降时，按照新价格执行。逾期提取标的物或者逾期付款的，遇价格上涨时，按照新价格执行；价格下降时，按照原价格执行。

第六十六条 当事人互负债务，没有先后履行顺序的，应当同时履行。一方在对方履行之前有权拒绝其履行要求。一方在对方履行债务不符合约定时，有权拒绝其相应的履行要求。

第六十七条 当事人互负债务，有先后履行顺序，先履行一方未履行的，后履行一方有权拒绝其履行要求。先履行一方履行债务不符合约定的，后履行一方有权拒绝其相应的履行要求。

第六十八条 应当先履行债务的当事人，有确切证据证明对方有下列情形之一的，可以中止履行：

（一）经营状况严重恶化；

（二）转移财产、抽逃资金，以逃避债务；

（三）丧失商业信誉；

（四）有丧失或者可能丧失履行债务能力的其他情形。

当事人没有确切证据中止履行的，应当承担违约责任。

第六十九条 当事人依照本法第六十八条的规定中止履行的，应当及时通知对方。对方提供适当担保时，应当恢复履行。中止履行后，对方在合理期限内未恢复履行能力并且未提供适当担保的，中止履行的一方可以解除合同。

第七十七条 当事人协商一致，可以变更合同。法律、行政法规规定变更合同应当办理批准、登记等手续的，依照其规定。

第七十九条 债权人可以将合同的权利全部或者部分转让给第三人，但有下列情形之一的除外：

（一）根据合同性质不得转让；

（二）按照当事人约定不得转让；

（三）依照法律规定不得转让。

第八十条 债权人转让权利的，应当通知债务人。未经通知，该转让对债务人不发生效力。债权人转让权利的通知不得撤销，但经受让人同意的除外。

第八十四条 债务人将合同的义务全部或者部分转移给第三人的，应当经债权人同意。

第八十七条 法律、行政法规规定转让权利或者转移义务应当办理批准、登记等手续的，依照其规定。

第九十一条 有下列情形之一的，合同的权利义务终止：

（一）债务已经按照约定履行；

（二）合同解除；

（三）债务相互抵消；

（四）债务人依法将标的物提存；

（五）债权人免除债务；

（六）债权债务同归于一人；

（七）法律规定或者当事人约定终止的其他情形。

第九十二条　合同的权利义务终止后，当事人应当遵循诚实信用原则，根据交易习惯履行通知、协助、保密等义务。

第九十三条　当事人协商一致，可以解除合同。当事人可以约定一方解除合同的条件。解除合同的条件成就时，解除权人可以解除合同。

第九十四条　有下列情形之一的，当事人可以解除合同：

（一）因不可抗力致使不能实现合同目的；

（二）在履行期限届满之前，当事人一方明确表示或者以自己的行为表明不履行主要债务；

（三）当事人一方迟延履行主要债务，经催告后在合理期限内仍未履行；

（四）当事人一方迟延履行债务或者有其他违约行为致使不能实现合同目的；

（五）法律规定的其他情形。

第九十五条　法律规定或者当事人约定解除权行使期限，期限届满当事人不行使的，该权利消灭。法律没有规定或者当事人没有约定解除权行使期限，经对方催告后在合理期限内不行使的，该权利消灭。

第九十六条　当事人一方依照本法第九十三条第二款、第九十四条的规定主张解除合同的，应当通知对方。合同自通知到达对方时解除。对方有异议的，可以请求人民法院或者仲裁机构确认解除合同的效力。

第九十七条　合同解除后，尚未履行的，终止履行；已经履行的，根据履行情况和合同性质，当事人可以要求恢复原状、采取其他补救措施，并有权要求赔偿损失。

第一百零七条　当事人一方不履行合同义务或者履行合同义务不符合约定的，应当承担继续履行、采取补救措施或者赔偿损失等违约责任。

第一百一十二条　当事人一方不履行合同义务或者履行合同义务不符合约定的，在履行义务或者采取补救措施后，对方还有其他损失的，应当赔偿损失。

第一百一十三条　当事人一方不履行合同义务或者履行合同义务不符合约定，给对方造成损失的，损失赔偿额应当相当于因违约所造成的损失，包括合同履行后可以获得的利益，但不得超过违反合同一方订立合同时预见到或者应当预见到的因违反合同可能造成的损失。经营者对消费者提供商品或者服务有欺诈行为的，依照《中华人民共和国消费者权益保护法》的规定承担损害赔偿责任。

第一百一十四条　当事人可以约定一方违约时应当根据违约情况向对方支付一定数额的违约金，也可以约定因违约产生的损失赔偿额的计算方法。约定的违约金低于造成的损失的，当事人可以请求人民法院或者仲裁机构予以增加；约定的违约金过分高于造成的损失的，当事人可以请求人民法院或者仲裁机构予以适当减少。当事人就迟延履行约定违约金的，违约方支付违约金后，还应当履行债务。

第一百七十六条　供用电合同是供电人向用电人供电，用电人支付电费的合同。

第一百七十七条　供用电合同的内容包括供电的方式、质量、时间，用电容量、地址、性质，计量方式，电价、电费的结算方式，供用电设施的维护责任等条款。

第一百七十八条　供用电合同的履行地点，按照当事人约定；当事人没有约定或者约定不明确的，供电设施的产权分界处为履行地点。

第一百七十九条　供电人应当按照国家规定的供电质量标准和约定安全供电。供电人未按照国家规定的供电质量标准和约定安全供电，造成用电人损失的，应当承担损害赔偿责任。

第一百八十条　供电人因供电设施计划检修、临时检修、依法限电或者用电人违法用电等原因，需要中断供电时，应当按照国家有关规定事先通知用电人。未事先通知用电人中断供电，造成用电人损失的，应当承担损害赔偿责任。

第一百八十一条　因自然灾害等原因断电，供电人应当按照国家有关规定及时抢修。未及时抢修，造成用电人损失的，应当承担损害赔偿责任。

第一百八十二条　用电人应当按照国家有关规定和当事人的约定及时交付电费。用电人逾期不交付电费的，应当按照约定支付违约金。经催告用电人在合理期限内仍不交付电费和违约金的，供电人可以按照国家规定的程序中止供电。

第一百八十三条　用电人应当按照国家有关规定和当事人的约定安全用电。用电人未按照国家有关规定和当事人的约定安全用电，造成供电人损失的，应当承担损害赔偿责任。

第一百八十四条　供用水、供用气、供用热力合同，参照供用电合同的有关规定。

《行政处罚法》（节录）

（1996年3月17日第八届全国人民代表大会第四次会议通过
1996年3月17日中华人民共和国主席令第六十三号公布　1996年10月1日起施行）

第五十五条　行政机关实施行政处罚，有下列情形之一的，由上级行政机关或者有关部门责令改正，可以对直接负责的主管人员和其他直接责任人员依法给予行政处分：

（一）没有法定的行政处罚依据的；

（二）擅自改变行政处罚种类、幅度的；

（三）违反法定的行政处罚程序的；

（四）违反本法第十八条关于委托处罚的规定的。

第五十六条　行政机关对当事人进行处罚不使用罚款、没收财物单据或者使用非法定部门制发的罚款、没收财物单据的，当事人有权拒绝处罚，并有权予以检举。上级行政机关或者有关部门对使用的非法单据予以收缴销毁，对直接负责的主管人员和其他直接责任人员依法给予行政处分。

第五十七条　行政机关违反本法第四十六条的规定自行收缴罚款的，财政部门违反本法第五十三条的规定向行政机关返还罚款或者拍卖款项的，由上级行政机关或者有关部门责令改正，对直接负责的主管人员和其他直接责任人员依法给予行政处分。

第五十八条　行政机关将罚款、没收的违法所得或者财物截留、私分或者变相私分的，由财政部门或者有关部门予以追缴，对直接负责的主管人员和其他直接责任人员依法给予行政处分；情节严重构成犯罪的，依法追究刑事责任。

执法人员利用职务上的便利，索取或者收受他人财物、收缴罚款据为己有，构成犯罪的，依法追究刑事责任；情节轻微不构成犯罪的，依法给予行政处分。

第五十九条 行政机关使用或者损毁扣押的财物，对当事人造成损失的，应当依法予以赔偿，对直接负责的主管人员和其他直接责任人员依法给予行政处分。

第六十条 行政机关违法实行检查措施或者执行措施，给公民人身或者财产造成损害、给法人或者其他组织造成损失的，应当依法予以赔偿，对直接负责的主管人员和其他直接责任人员依法给予行政处分；情节严重构成犯罪的，依法追究刑事责任。

第六十一条 行政机关为牟取本单位私利，对应当依法移交司法机关追究刑事责任的不移交，以行政处罚代替刑罚，由上级行政机关或者有关部门责令纠正；拒不纠正的，对直接负责的主管人员给予行政处分；徇私舞弊、包庇纵容违法行为的，比照刑法第一百八十八条的规定追究刑事责任。

第六十二条 执法人员玩忽职守，对应当予以制止和处罚的违法行为不予制止、处罚，致使公民、法人或者其他组织的合法权益、公共利益和社会秩序遭受损害的，对直接负责的主管人员和其他直接责任人员依法给予行政处分；情节严重构成犯罪的，依法追究刑事责任。

《电网调度管理条例》（节录）

（1993 年 2 月 19 日国务院令第 115 号令发布 1993 年 11 月 1 日起施行）

第二条 本条例所称电网调度，是指电网调度机构（以下简称调度机构）为保障电网的安全、优质、经济运行，对电网运行进行的组织、指挥、指导和协调。

电网调度应当符合社会主义市场经济的要求和电网运行的客观规律。

第三条 中华人民共和国境内的发电、供电、用电单位以及其他有关单位和个人，必须遵守本条例。

第四条 电网运行实行统一调度、分级管理的原则。

第五条 任何单位和个人不得超计划分配电力和电量，不得超计划使用电力和电量；遇有特殊情况，需要变更计划的，须经用电计划下达部门批准。

第六条 国务院电力行政主管部门主管电网调度工作。

第九条 调度系统包括各级调度机构和电网内的发电厂、变电站的运行值班单位。

下级调度机构必须服从上级调度机构的调度。

调度机构调度管辖范围内的发电厂、变电站的运行值班单位，必须服从该级调度机构的调度。

第十条 调度机构分为五级：国家调度机构，跨省、自治区、直辖市调度机构，省、自治区、直辖市级调度机构，省辖市级调度机构，县级调度机构。

第十一条 调度系统值班人员须经培训、考核并取得合格证书方得上岗。

调度系统值班人员的培训、考核办法由国务院电力行政主管部门制定。

第十二条 跨省电网管理部门和省级电网管理部门应当编制发电、供电计划，并将发电、供电计划报送国务院电力行政主管部门备案。

调度机构应当编制下达发电、供电调度计划。

值班调度人员可以按照有关规定，根据电网运行情况，调整日发电、供电调度计划。值班调度人员调整日发电、供电调度计划时，必须填写调度值班日志。

第十五条 调度机构必须执行国家下达的供电计划，不得克扣电力、电量，并保证供电质量。

第十六条 发电厂必须按照调度机构下达的调度计划和规定的电压范围运行，并根据调度指令调整功率和电压。

第十七条 发电、供电设备的检修，应当服从调度机构的统一安排。

第十八条 出现下列紧急情况之一的，值班调度人员可以调整日发电、供电调度计划，发布限电、调整发电厂功率、开或者停发电机组等指令；可以向本电网内的发电厂、变电站的运行值班单位发布调度指令：

（一）发电、供电设备发生重大事故或者电网发生事故；

（二）电网频率或者电压超过规定范围；

（三）输变电设备负载超过规定值；

（四）主干线路功率值超过规定的稳定限额；

（五）其他威胁电网安全运行的紧急情况。

第十九条 省级电网管理部门、省辖市级电网管理部门、县级电网管理部门应当根据本级人民政府的生产调度部门的要求、用户的特点和电网安全运行的需要，提出事故及超计划用电的限电序位表，经本级人民政府的生产调度部门审核，报本级人民政府批准后，由调度机构执行。

限电及整个电网调度工作应当逐步实现自动化管理。

第二十条 未经值班调度人员许可，任何人不得操作调度机构调度管辖范围内的设备。

电网运行遇有危及人身及设备安全的情况时，发电厂、变电站的运行值班单位的值班人员可以按照有关规定处理，处理后应当立即报告有关调度机构的值班人员。

第二十一条 值班调度人员必须按照规定发布各种调度指令。

第二十二条 在调度系统中，必须执行调度指令。调度系统的值班人员认为执行调度指令将危及人身及设备安全的，应当立即向发布指令的值班调度人员报告，由其决定调度指令的执行或者撤销。

第二十三条 电网管理部门的负责人，调度机构的负责人以及发电厂、变电站的负责人，对上级调度机构的值班人员发布的调度指令有不同意见时，可以向上级电网电力行政主管部门或者上级调度机构提出，但是在其未作出答复前，调度系统的值班人员必须按照上级调度机构的值班人员发布的调度指令执行。

第二十四条 任何单位和个人不得违反本条例干预调度系统的值班人员发布或者执行调度指令；调度系统的值班人员依法执行公务，有权拒绝各种非法干预。

第二十七条 违反本条例规定，有下列行为之一的，对主管人员和直接责任人员由其所在单位或者上级机关给予行政处分：

（一）未经上级调度机构许可，不按照上级调度机构下达的发电、供电调度计划执行的；

（二）不执行有关调度机构批准的检修计划的；

（三）不执行调度指令和调度机构下达的保证电网安全的措施的；

（四）不如实反映电网运行情况的；

（五）不如实反映执行调度指令情况的；

（六）调度系统的值班人员玩忽职守、徇私舞弊，尚不构成犯罪的。

第二十八条　调度机构对于超计划用电的用户应当予以警告；经警告，仍未按照计划用电的，调度机构可以发布限电指令，并可以强行扣还电力、电量；当超计划用电威胁电网安全运行时，调度机构可以部分或者全部暂时停止供电。

第二十九条　违反本条例规定，未按照计划供电或者无故调整供电计划的，电网应当根据用户的需要补给少供的电力、电量。

第三十条　违反本条例规定，构成违反治安管理行为的，依照《中华人民共和国治安管理处罚条例》的有关规定给予处罚；构成犯罪的，依法追究刑事责任。

《电力供应与使用条例》（节录）

（1996 年 4 月 17 日国务院令第 196 号发布 1996 年 9 月 1 日起施行）

第三十条　用户不得有下列危害供电、用电安全，扰乱正常供电、用电秩序的行为：

（一）擅自改变用电类别；

（二）擅自超过合同约定的容量用电；

（三）擅自超过计划分配的用电指标的；

（四）擅自使用已经在供电企业办理暂停使用手续的电力设备，或者擅自启用已经被供电企业查封的电力设备；

（五）擅自迁移、更动或者擅自操作供电企业的用电计量装置、电力负荷控制装置、供电设施以及约定由供电企业调度的用户受电设备；

（六）未经供电企业许可，擅自引入、供出电源或者将自备电源擅自并网。

第三十一条　禁止窃电行为。窃电行为包括：

（一）在供电企业的供电设施上，擅自接线用电；

（二）绕越供电企业的用电计量装置用电；

（三）伪造或者开启法定的或者授权的计量检定机构加封的用电计量装置封印用电；

（四）故意损坏供电企业用电计量装置；

（五）故意使供电企业的用电计量装置计量不准或者失效；

（六）采用其他方法窃电。

第三十六条　电力管理部门应当加强对供电、用电的监督和管理。供电、用电监督检查工作人员必须具备相应的条件。供电、用电监督检查工作人员执行公务时，应当出示证件。

供电、用电监督检查管理的具体办法，由国务院电力管理部门另行制定。

第三十八条　违反本条例规定，有下列行为之一的，由电力管理部门责令改正，没收违法所得，可以并处违法所得 5 倍以下的罚款：

（一）未按照规定取得《供电营业许可证》，从事电力供应业务的；

（二）擅自伸入或者跨越供电营业区供电的；

（三）擅自向外转供电的。

第三十九条　违反本条例第二十七条规定，逾期未交付电费的，供电企业可以从逾期之日起，每日按照电费总额的千分之一至千分之三加收违约金，具体比例由供用电双方在供用电合同中约定；自逾期之日起计算超过 30 日，经催交仍未交付电费的，供电企业可以按照国家规定的程序停止供电。

第四十条　违反本条例第三十条规定，违章用电的，供电企业可以根据违章事实和造成的后果追缴电费，并按照国务院电力管理部门的规定加收电费和国家规定的其他费用；情节严重的，可以按照国家规定的程序停止供电。

第四十一条　违反本条例第三十一条规定，盗窃电能的，由电力管理部门责令停止违法行为，追缴电费并处应交电费 5 倍以下的罚款；构成犯罪的，依法追究刑事责任。

第四十四条　供电企业职工违反规章制度造成供电事故的，或者滥用职权、利用职务之便谋取私利的，依法给予行政处分；构成犯罪的，依法追究刑事责任。

第一百零五条　供电企业对检举、查获窃电或违约用电的有关人员应给予奖励。奖励办法由省电网经营企业规定。

《电力设施保护条例》（节录）

（1987 年 9 月 15 日国务院发布，根据 1998 年 1 月 7 日
《国务院关于修改〈电力设施保护条例〉的决定》修正）

第二条　本条例适用于中华人民共和国境内已建或在建的电力设施（包括发电设施、变电设施和电力线路设施及其有关辅助设施，下同）。

第三条　电力设施的保护，实行电力管理部门、公安部门、电力企业和人民群众相结合的原则。

第四条　电力设施受国家法律保护，禁止任何单位或个人从事危害电力设施的行为。任何单位和个人都有保护电力设施的义务，对危害电力设施的行为，有权制止并向电力管理部门、公安部门报告。

电力企业应加强对电力设施的保护工作，对危害电力设施安全的行为，应采取适当措施，予以制止。

第五条　国务院电力管理部门对电力设施的保护负责监督、检查、指导和协调。

第六条　县以上地方各级电力管理部门保护电力设施的职责是：

（一）监督、检查本条例及根据本条例制定的规章的贯彻执行；

（二）开展保护电力设施的宣传教育工作；

（三）会同有关部门及沿电力线路各单位，建立群众护线组织并健全责任制；

（四）会同当地公安部门，负责所辖地区电力设施的安全保卫工作。

第七条　各级公安部门负责依法查处破坏电力设施或哄抢、盗窃电力设施器材的案件。

第八条　发电设施、变电设施的保护范围：

（一）发电厂、变电站、换流站、开关站等厂、站内的设施；

（二）发电厂、变电站外各种专用的管道（沟）、储灰场、水井、泵站、冷却水塔、油库、堤坝、铁路、道路、桥梁、码头、燃料装卸设施、避雷装置、消防设施及其有关辅助设施；

（三）水力发电厂使用的水库、大坝、取水口、引水隧洞（含支洞口）、引水渠道、调压井（塔）、露天高压管道、厂房、尾水渠、厂房与大坝间的通信设施及其有关辅助设施。

第九条　电力线路设施的保护范围：

（一）架空电力线路：杆塔、基础、拉线、接地装置、导线、避雷线、金具、绝缘子、登杆塔的爬梯和脚钉，导线跨越航道的保护设施，巡（保）线站，巡视检修专用道路、船舶和桥梁，标志牌及其有关辅助设施；

（二）电力电缆线路：架空、地下、水底电力电缆和电缆联结装置，电缆管道、电缆隧道、电缆沟、电缆桥，电缆井、盖板、人孔、标石、水线标志牌及其有关辅助设施；

（三）电力线路上的变压器、电容器、电抗器、断路器、隔离开关、避雷器、互感器、熔断器、计量仪表装置、配电室、箱式变电站及其有关辅助设施；

（四）电力调度设施：电力调度场所、电力调度通信设施、电网调度自动化设施、电网运行控制设施。

第十条　电力线路保护区：

（一）架空电力线路保护区：导线边线向外侧水平延伸并垂直于地面所形成的两平行面内的区域，在一般地区各级电压导线的边线延伸距离如下：

1～10 千伏	5 米
35～110 千伏	10 米
154～330 千伏	15 米
500 千伏	20 米

在厂矿、城镇等人口密集地区，架空电力线路保护区的区域可略小于上述规定。但各级电压导线边线延伸的距离，不应小于导线边线在最大计算弧垂及最大计算风偏后的水平距离和风偏后距建筑物的安全距离之和。

（二）电力电缆线路保护区：地下电缆为电缆线路地面标桩两侧各 0.75 米所形成的两平行线内的区域；海底电缆一般为线路两侧各 2 海里（港内为两侧各 100 米），江河电缆一般不小于线路两侧各 100 米（中、小河流一般不小于各 50 米）所形成的两平行线内的水域。

第十一条　县以上地方各级电力管理部门应采取以下措施，保护电力设施：

（一）在必要的架空电力线路保护区的区界上，应设立标志，并标明保护区的宽度和保护规定；

（二）在架空电力线路导线跨越重要公路和航道的区段，应设立标志，并标明导线距穿越物体之间的安全距离；

（三）地下电缆铺设后，应设立永久性标志，并将地下电缆所在位置书面通知有关部门；

（四）水底电缆敷设后，应设立永久性标志，并将水底电缆所在位置书面通知有关部门。

第十二条　任何单位或个人在电力设施周围进行爆破作业，必须按照国家有关规定，确保电力设施的安全。

第十三条　任何单位或个人不得从事下列危害发电设施、变电设施的行为：

（一）闯入发电厂、变电站内扰乱生产和工作秩序，移动、损害标志物；

（二）危及输水、输油、供热、排灰等管道（沟）的安全运行；

（三）影响专用铁路、公路、桥梁、码头的使用；

（四）在用于水力发电的水库内，进入距水工建筑物 300 米区域内炸鱼、捕鱼、游泳、划船及其他可能危及水工建筑物安全的行为；

（五）其他危害发电、变电设施的行为。

第十四条 任何单位或个人，不得从事下列危害电力线路设施的行为：

（一）向电力线路设施射击；

（二）向导线抛掷物体；

（三）在架空电力线路导线两侧各 300 米的区域内放风筝；

（四）擅自在导线上接用电器设备；

（五）擅自攀登杆塔或在杆塔上架设电力线、通信线、广播线，安装广播喇叭；

（六）利用杆塔、拉线作起重牵引地锚；

（七）在杆塔、拉线上拴牲畜、悬挂物体、攀附农作物；

（八）在杆塔、拉线基础的规定范围内取土、打桩、钻探、开挖或倾倒酸、碱、盐及其他有害化学物品；

（九）在杆塔内（不含杆塔与杆塔之间）或杆塔与拉线之间修筑道路；

（十）拆卸杆塔或拉线上的器材，移动、损坏永久性标志或标志牌；

（十一）其他危害电力线路设施的行为。

第十五条 任何单位或个人在架空电力线路保护区内，必须遵守下列规定：

（一）不得堆放谷物、草料、垃圾、矿渣、易燃物、易爆物及其他影响安全供电的物品；

（二）不得烧窑、烧荒；

（三）不得兴建建筑物、构筑物；

（四）不得种植可能危及电力设施安全的植物。

第十六条 任何单位或个人在电力电缆线路保护区内，必须遵守下列规定：

（一）不得在地下电缆保护区内堆放垃圾、矿渣、易燃物、易爆物，倾倒酸、碱、盐及其有害化学物品，兴建建筑物、构筑物或种植树木、竹子；

（二）不得在海底电缆保护区内抛锚、拖锚；

（三）不得在江河电缆保护区内抛锚、拖锚、炸鱼、挖沙。

第十七条 任何单位或个人必须经县级以上地方电力管理部门批准，并采取安全措施后，方可进行下列作业或活动：

（一）在架空电力线路保护区内进行农田水利基本建设工程及打桩、钻探、开挖等作业；

（二）起重机械的任何部位进入架空电力线路保护区进行施工；

（三）小于导线距穿越物体之间的安全距离，通过架空电力线路保护区；

（四）在电力电缆线路保护区内进行作业。

第十八条 任何单位或个人不得从事下列危害电力设施建设的行为：

（一）非法侵占电力设施建设项目依法征用的土地；

（二）涂改、移动、损害、拔除电力设施建设的测量标桩和标记；

（三）破坏、封堵施工道路，截断施工水源或电源。

第十九条　未经有关部门依照国家有关规定批准，任何单位和个人不得收购电力设施器材。

第二十条　电力设施的建设和保护应尽量避免或减少给国家、集体和个人造成的损失。

第二十一条　新建架空电力线路不得跨越储存易燃、易爆物品仓库的区域；一般不得跨越房屋，特殊情况需要跨越房屋时，电力建设企业应采取安全措施，并与有关单位达成协议。

第二十二条　公用工程、城市绿化和其他工程在新建、改建或扩建中妨碍电力设施时，或电力设施在新建、改建或扩建中妨碍公用工程、城市绿化和其他工程时，双方有关单位必须按照本条例和国家有关规定协商，就迁移、采取必要的防护措施和补偿等问题达成协议后方可施工。

第二十三条　电力管理部门应将经批准的电力设施新建、改建或扩建的规划和计划通知城乡建设规划主管部门，并划定保护区域。

城乡建设规划主管部门应将电力设施的新建、改建或扩建的规划和计划纳入城乡建设规划。

第二十四条　新建、改建或扩建电力设施，需要损害农作物，砍伐树木、竹子，或拆迁建筑物及其他设施的，电力建设企业应按照国家有关规定给予一次性补偿。

在依法划定的电力设施保护区内种植的或自然生长的可能危及电力设施安全的树木、竹子，电力企业应依法予以修剪或砍伐。

第二十六条　违反本条例规定，未经批准或未采取安全措施，在电力设施周围或在依法划定的电力设施保护区内进行爆破或其他作业，危及电力设施安全的，由电力管理部门责令停止作业、恢复原状并赔偿损失。

第二十七条　违反本条例规定，危害发电设施、变电设施和电力线路设施的，由电力管理部门责令改正；拒不改正的，处 10 000 元以下的罚款。

第二十八条　违反本条例规定，在依法划定的电力设施保护区内进行烧窑、烧荒、抛锚、拖锚、炸鱼、挖沙作业，危及电力设施安全的，由电力管理部门责令停止作业、恢复原状并赔偿损失。

第二十九条　违反本条例规定，危害电力设施建设的，由电力管理部门责令改正、恢复原状并赔偿损失。

第三十条　凡违反本条例规定而构成违反治安管理行为的单位或个人，由公安部门根据《中华人民共和国治安管理处罚条例》予以处罚；构成犯罪的，由司法机关依法追究刑事责任。

《电力监管条例》（节录）

（2005 年 2 月 2 日国务院第 432 号令发布，2005 年 5 月 1 日起施行）

第二条　电力监管的任务是维护电力市场秩序，依法保护电力投资者、经营者、使用者的合法权益和社会公共利益，保障电力系统安全稳定运行，促进电力事业健康发展。

第三条　电力监管应当依法进行，并遵循公开、公正和效率的原则。

第十二条　国务院电力监管机构依照有关法律、行政法规和本条例的规定，在其职责范围内制定并发布电力监管规章、规则。

第十三条　电力监管机构依照有关法律和国务院有关规定，颁发和管理电力业务许可证。

第十四条　电力监管机构按照国家有关规定，对发电企业在各电力市场中所占份额的比例实施监管。

第十五条　电力监管机构对发电厂并网、电网互联以及发电厂与电网协调运行中执行有关规章、规则的情况实施监管。

第十六条　电力监管机构对电力市场向从事电力交易的主体公平、无歧视开放的情况以及输电企业公平开放电网的情况依法实施监管。

第十七条　电力监管机构对电力企业、电力调度交易机构执行电力市场运行规则的情况，以及电力调度交易机构执行电力调度规则的情况实施监管。

第十八条　电力监管机构对供电企业按照国家规定的电能质量和供电服务质量标准向用户提供供电服务的情况实施监管。

第十九条　电力监管机构具体负责电力安全监督管理工作。

国务院电力监管机构经商国务院发展改革部门、国务院安全生产监督管理部门等有关部门后，制订重大电力生产安全事故处置预案，建立重大电力生产安全事故应急处置制度。

第二十四条　电力监管机构依法履行职责，可以采取下列措施，进行现场检查：

（一）进入电力企业、电力调度交易机构进行检查；

（二）询问电力企业、电力调度交易机构的工作人员，要求其对有关检查事项作出说明；

（三）查阅、复制与检查事项有关的文件、资料，对可能被转移、隐匿、损毁的文件、资料予以封存；

（四）对检查中发现的违法行为，有权当场予以纠正或者要求限期改正。

第二十六条　发电厂与电网并网、电网与电网互联，并网双方或者互联双方达不成协议，影响电力交易正常进行的，电力监管机构应当进行协调；经协调仍不能达成协议的，由电力监管机构作出裁决。

第二十七条　电力企业发生电力生产安全事故，应当及时采取措施，防止事故扩大，并向电力监管机构和其他有关部门报告。电力监管机构接到发生重大电力生产安全事故报告后，应当按照重大电力生产安全事故处置预案，及时采取处置措施。

电力监管机构按照国家有关规定组织或者参加电力生产安全事故的调查处理。

第二十八条　电力监管机构对电力企业、电力调度交易机构违反有关电力监管的法律、行政法规或者有关电力监管规章、规则，损害社会公共利益的行为及其处理情况，可以向社会公布。

第三十条　违反规定未取得电力业务许可证擅自经营电力业务的，由电力监管机构责令改正，没收违法所得，可以并处违法所得5倍以下的罚款；构成犯罪的，依法追究刑事责任。

第三十一条　电力企业违反本条例规定，有下列情形之一的，由电力监管机构责令改正；拒不改正的，处10万元以上100万元以下的罚款；对直接负责的主管人员和其他直接责任人员，依法给予处分；情节严重的，可以吊销电力业务许可证：

（一）不遵守电力市场运行规则的；

（二）发电厂并网、电网互联不遵守有关规章、规则的；

（三）不向从事电力交易的主体公平、无歧视开放电力市场或者不按照规定公平开放电网的。

第三十二条　供电企业未按照国家规定的电能质量和供电服务质量标准向用户提供供电服务的，由电力监管机构责令改正，给予警告；情节严重的，对直接负责的主管人员和其他直接责任人员，依法给予处分。

第三十三条　电力调度交易机构违反本条例规定，不按照电力市场运行规则组织交易的，由电力监管机构责令改正；拒不改正的，处 10 万元以上 100 万元以下的罚款；对直接负责的主管人员和其他直接责任人员，依法给予处分。

电力调度交易机构工作人员泄露电力交易内幕信息的，由电力监管机构责令改正，并依法给予处分。

第三十四条　电力企业、电力调度交易机构有下列情形之一的，由电力监管机构责令改正；拒不改正的，处 5 万元以上 50 万元以下的罚款，对直接负责的主管人员和其他直接责任人员，依法给予处分；构成犯罪的，依法追究刑事责任：

（一）拒绝或者阻碍电力监管机构及其从事监管工作的人员依法履行监管职责的；

（二）提供虚假或者隐瞒重要事实的文件、资料的；

（三）未按照国家有关电力监管规章、规则的规定披露有关信息的。

《中华人民共和国治安管理处罚条例》（节录）

（1996 年 9 月 5 日第六届全国人民代表大会常务委员会第十七次会议通过，
根据 1994 年 5 月 12 日第八届全国人民代表大会常务委员会第七次会议
《关于修改〈中华人民共和国治安管理处罚条例〉的决定》修正）

第十五条　机关、团体、企业、事业单位违反治安管理的，处罚直接责任人员；单位主管人员指使的，同时处罚该主管人员。

第十六条　违反治安管理有下列情形之一的，可以从轻或者免予处罚：

（一）情节特别轻微的；

（二）主动承认错误及时改正的；

（三）由于他人胁迫或者诱骗的。

第十九条　有下列扰乱公共秩序行为之一，尚不够刑事处罚的，处十五日以下拘留、二百元以下罚款或者警告：

（一）扰乱机关、团体、企业、事业单位的秩序，致使工作、生产、营业、医疗、教学、科研不能正常进行，尚未造成严重损失的；

（二）扰乱车站、码头、民用航空站、市场、商场、公园、影剧院、娱乐场、运动场、展览馆或者其他公共场所的秩序的；

（三）扰乱公共汽车、电车、火车、船只等公共交通工具上的秩序的；

（四）结伙斗殴，寻衅滋事，侮辱妇女或者进行其他流氓活动的；

（五）捏造或者歪曲事实、故意散布谣言或者以其他方法煽动扰乱社会秩序的；

（六）谎报险情，制造混乱的；

（七）拒绝、阻碍国家工作人员依法执行职务，未使用暴力、威胁方法的。

第二十二条　有下列侵犯他人人身权利行为之一，尚不够刑事处罚的，处十五日以下拘留、二百元以下罚款或者警告：

（一）殴打他人，造成轻微伤害的；

（二）非法限制他人人身自由或者非法侵入他人住宅的；

（三）公然侮辱他人或者捏造事实诽谤他人的；

（四）虐待家庭成员，受虐待人要求处理的；

（五）写恐吓信或者用其他方法威胁他人安全或者干扰他人正常生活的；

（六）胁迫或者诱骗不满十八岁的人表演恐怖、残忍节目，摧残其身心健康的；

（七）隐匿、毁弃或者私自开拆他人邮件、电报的。

第二十三条　有下列侵犯公私财物行为之一，尚不够刑事处罚的，处十五日以下拘留或者警告，可以单处或者并处二百元以下罚款：

（一）偷窃、骗取、抢夺少量公私财物的；

（二）哄抢国家、集体、个人财物的；

（三）敲诈勒索公私财物的；

（四）故意损坏公私财物的。

第二十四条　有下列妨害社会管理秩序行为之一的，处十五日以下拘留、二百元以下罚款或者警告：

（一）明知是赃物而窝藏、销毁、转移，尚不够刑事处罚的，或者明知是赃物而购买的。

第二十五条　妨害社会管理秩序，有下列第一项至第三项行为之一的，处二百元以下罚款或者警告；有第四项至第七项行为之一的，处五十元以下罚款或者警告：

（五）故意损毁路灯、邮筒、公用电话或者其他公用设施，尚不够刑事处罚的。

《用电检查管理办法》（节录）

（1996 年 8 月 21 日电力工业部令第 6 号发布 1996 年 9 月 1 日起施行）

第一条　为规范供电企业的用电检查行为，保障正常供用电秩序和公共安全，根据《电力法》、《电力供应与使用条例》和国家有关规定，制定本办法。

第二条　电网经营企业、供电企业及其用电检查人员和被检查的用电户，必须遵守本办法。

第四条　供电企业应按照规定对本供电营业区内的用户进行用电检查，用户应当接受检查并为供电企业的用电检查提供方便。用电检查的内容是：

一、用户执行国家有关电力供应与使用的法规、方针、政策、标准、规章制度情况；

二、用户受（送）电装置工程施工质量检验；

三、用户受（送）电装置中电气设备运行安全状况的；

四、用户保安电源和非电性质的保安措施；

五、用户反事故措施；

六、用户进网作业电工的资格、进网作业安全状况及作业安全保障措施；

七、用户执行计划用电、节约用电情况；

八、用电计量装置、电力负荷控制装置、继电保护和自动装置、调度通信等安全运行状况；

九、供用电合同及有关协议履行的情况；

十、受电端电能质量状况；

十一、违章用电和窃电行为；

十二、并网电源、自备电源并网安全状况。

第二十条　现场检查确认有危害供用电安全或扰乱供用电秩序行为的，用电检查人员应按下列规定，在现场予以制止。拒绝接受供电企业按规定处理的，可按国家规定的程序停止供电，并请求电力管理部门依法处理，或向司法机关起诉，依法追究其法律责任。

一、在电价低的供电线路上，擅自接用电价高的用电设备或擅自改变用电类别用电的，应责成用户拆除擅自接用的用电设备或改正其用电类别，停止侵害，并按规定追收其差额电费和加收电费；

二、擅自超过注册或合同约定的容量用电的，应责成用户拆除或封存私增电力设备，停止侵害，并按规定追收基本电费和加收电费；

三、超过计划分配的电力、电量指标用电的，应责成其停止超用，按国家有关规定限制其所有电力并扣还其超用电量或按规定加收电费；

四、擅自使用已在供电企业办理暂停使用手续的电力设备或启用已被供电企业封存的电力设备的，应再次封存该电力设备，制止其使用，并按规定追收基本电费和加收电费；

五、擅自迁移、更动或操作供用电企业用电计量装置、电力负荷控制装置、供电设施、以及合同（协议）约定由供电企业调度范围的用户受电设备的，应责成其改正，并按规定加收电费；

六、未经供电企业许可，擅自引入（或供出）电源或者将自备电源擅自并网的，应责成用户当即拆除接线，停止侵害，并按规定加收电费。

第二十一条　现场检查确认有窃电行为的，用电检查人员应当场予以中止供电，制止其侵害，并按规定追补电费和加收电费。拒绝接受处理的，应报请电力管理部门依法给予行政处罚；情节严重，违反治安管理处罚规定的，由公安机关依法予以治安处罚；构成犯罪的，由司法机关依法追究刑事责任。

《供用电监督管理办法》（节录）

（1996 年 5 月 19 日电力工业部令第 4 号发布施行）

第十三条　各级电力管理部门负责本行政区域内发生的电力违法行为查处工作。上级电力管理部门认为必要时，可直接查处下级电力管理部门管辖的电力违法行为，也可将自己查处的电力违法事件交由下级电力管理部门查处。对电力违法行为情节复杂，需由上一级电力管理部门查处更为适宜时，下级电力管理部门可报请上一级电力管理部门查处。

第十四条 电力管理部门对下列方式要求处理的电力违法事件，应当受理：

1. 用户或群众举报的；

2. 供电企业提请处理的；

3. 上级电力管理部门交办的；

4. 其他部门移送的。

电力管理部门对受理的电力违法事件，可视电力违法事件性质和危及电网安全运行的紧迫程度，可依法在现场查处，也可立案处理。

第十五条 电力违法行为，可用书面和口头方式举报。口头方式举报的事件，受理人应详细记录并经核对无误后，由举报人签章。举报人举报的事件如不愿使用真实姓名的，电力管理部门应尊重举报人的意愿。

第十六条 电力管理部门发现受理的举报事件不属于本部门查处的，应及时向举报人说明，同时将举报信函或笔录移送有权处理的部门。对明显的治安违法行为或刑事违法行为，电力管理部门应主动协助公安、司法机关查处。

第十七条 符合下列条件之一的电力违法行为，电力管理部门应当立案：

1. 具有电力违法事实的；

2. 依照电力法规可能追究法律责任的；

3. 属于本部门管辖和职责范围内处理的。

第十八条 符合立案条件的，应填写《电力违法行为受理、立案呈批表》，经电力管理部门领导批准后立案。

经批准立案的事件，应及时指派承办人调查。现场调查时，调查承办人应填写《电力违法案件调查笔录》。调查结束后，承办人应提出《电力违法案件调查报告》。

第十九条 电力管理部门对危及电网运行安全或人身安全的违法行为，当供电企业在现场制止无效时，应当即指派供用电监督人员赶赴现场处理，制止违法行为，以确保电网和人身安全。

第二十条 案件调查结束后，应视案情可依法作出下列处理：

1. 对举报不实或证据不足，未构成违法事实的，应报请批准立案主管领导准予撤销；

2. 对违法事实清楚，证据确凿的，应依法作出行政处罚决定，并发出《违反电力法规行政处罚决定通知书》，并送达当事人；

3. 违法行为已构成犯罪的，应及时将案件移送司法机关，依法追究其刑事责任。

第二十一条 案件处理完毕后，承办人应及时填写《电力违法案件结案报告》，经主管领导批准后结案。案情重大或上级交办的案件结束后，应向上一级电力管理部门备案。

第二十二条 当事人对行政处罚决定不服的，可在接到《违反电力法规行政处罚决定通知书》之日起，十五日内向作出行政处罚决定机关的上一级机关申请复议；对复议决定不服的，可在接到复议决定之日起十五日内，向人民法院起诉。当事人也可在接到处罚决定通知书之日起的十五日内，直接向人民法院起诉。对不履行处罚决定的，由作出处罚决定的机关向人民法院申请强制执行。

第二十三条 违反《电力法》和国家有关规定，未取得《供电营业许可证》而从事电力供应业务者，电力管理部门应以书面形式责令其停止营业，没收其非法所得，并处以违法所得五倍以下的罚款。

第二十四条 违反《电力法》和国家有关规定，擅自伸入或跨越其他供电单位供电营业区供电者，电力管理部门应以书面形式责令其拆除深入或跨越的供电设施，作出书面检查，没收其非法所得，并处以违法所得四倍以下的罚款。

第二十五条 违反《电力法》和国家有关规定，擅自向外转供电者，电力管理部门应以书面形式责令其拆除转供电设施，作出书面检查，没收其非法所得，并处以违法所得三倍以下的罚款。

第二十六条 供电企业未按《电力法》和国家有关规定中规定的时间通知用户或进行公告，而对用户中断供电的，电力管理部门责令其改正，给予警告；情节严重的，对有关主管人员和直接责任人员给予行政处分。

第二十七条 供电企业违反规定，减少农业和农村用电指标的，电力管理部门责令改正；情况严重的，对有关主管人员和直接责任人员给予行政处分；造成损失的，责令赔偿损失。

第二十八条 电力管理部门对危害供电、用电安全，扰乱正常供电、用电秩序的行为，除协助供电企业追缴电费外，应分别给予下列处罚：

1. 擅自改变用电类别的，应责令其改正，给予警告；再次发生的，可下达中止供电命令，并处以一万元以下的罚款。

2. 擅自超过合同约定的容量用电的，应责令其改正，给予警告；拒绝改正的，可下达中止供电命令，并按私增容量每千瓦（或每千伏安）100元，累计总额不超过五万元的罚款。

3. 擅自超过计划分配的用电指标用电的，应责令其改正，给予警告，并按超用电力、电量分别处以每千瓦每次5元和每千瓦时10倍电度电价，累计总额不超过五万元的罚款；拒绝改正的，可下达中止供电命令。

4. 擅自使用已经在供电企业办理暂停使用手续的电力设备，或者擅自启用已经被供电企业查封的电力设备的，应责令其改正，给予警告；启用电力设备危及电网安全的，可下达中止供电命令，并处以每次二万元以下的罚款。

5. 擅自迁移、更动或者擅自操作供电企业的用电计量装置、电力负荷控制装置、供电设施以及约定由供电企业调度的用户受电设备，且不构成窃电和超指标用电的，应责令其改正，给予警告；造成他人损害的，还应责令其赔偿，危及电网安全的，可下达中止供电命令，并处以三万元以下的罚款。

6. 未经供电企业许可，擅自引入、供出电力或者将自备电源擅自并网的，应责令其改正，给予警告；拒绝改正的，可下达中止供电命令，并处以五万元以下的罚款。

第二十九条 电力管理部门对盗窃电能的行为，应责令其停止违法行为，并处以应交电费五倍以下的罚款；构成违反治安管理行为的，由公安机关依照治安管理处罚条例的有关规定予以处罚；构成犯罪的，依照刑法第一百五十一条或者第一百五十二条的规定追究刑事责任。

《供电营业规则》（节录）

(1996 年 10 月 8 日电力工业部令第 8 号发布施行)

第八十一条 用电计量装置接线错误、熔断器熔断、倍率不符等原因，使电能计量或计算出现差错时，供电企业应按下列规定退补相应电量的电费：

1. 计费计量装置接线错误的，以其实际记录的电量为基数，按正确与错误接线的差额率退补电量，退补时间从上次校验或换装投入之日起至接线错误更正之日止。

2. 电压互感器熔断器熔断的，按规定计算方法计算值补收相应电量的电费；无法计算的，以用户正常月份用电量为基准，按正常月与故障月的差额补收相应电量的电费，补收时间按抄表记录或按失压自动记录仪记录确定。

3. 计算电量的倍率或铭牌倍率与实际不符的，以实际倍率为基准，按正确与错误倍率的差值退补电量，退补时间以抄表记录为准确定。退补电量未正式确定前，用户应先按正常月用电量交付电费。

第九十四条 供用电合同的变更或者解除，必须依法进行。有下列情形之一的，允许变更或解除供用电合同：

1. 当事人双方经过协商同意，并且不因此损害国家利益和扰乱供用电秩序；

2. 由于供电能力的变化或国家对电力供应与使用管理的政策调整，使订立供用电合同时的依据被修改或取消；

3. 当事人一方依照法律程序确定确实无法履行合同；

4. 由于不可抗力或一方当事人虽无过失，但无法防止的外因，致使合同无法履行。

第九十五条 供用电双方在合同中订有电力运行事故责任条款的，按下列规定办理：

1. 由于供电企业电力运行事故造成用户停电的，供电企业应按用户在停电时间内可能用电量的电度电费的五倍（单一制电价为四倍）给予赔偿。用户在停电时间内可能用电量，按照停电前用户正常用电月份或正常用电一定天数内的每小时平均用电量乘以停电小时求得。

2. 由于用户的责任造成供电企业对外停电，用户应按供电企业对外停电时间少供电量，乘以上月份供电企业平均售电单价给予赔偿。

因用户过错造成其他用户损害的，受害用户要求赔偿时，该用户应当依法承担赔偿责任。

虽因用户过错，但由于供电企业责任而使事故扩大造成其他用户损害的，该用户不承担事故扩大部分的赔偿责任。

3. 对停电责任的分析和停电时间及少供电量的计算，均按供电企业的事故记录及《电业生产事故调查规程》办理。停电时间不足 1 小时按 1 小时计算，超过 1 小时按实际时间计算。

4. 本条所指的电度电费按国家规定的目录电价计算。

第九十六条 供用电双方在合同中订有电压质量责任条款的，按下列规定办理：

1. 用户用电功率因数达到规定标准，而供电电压超出本规则规定的变动幅度，给用户造成损失的，供电企业应按用户每月在电压不合格的累计时间内所用的电量，乘以用户当月用电的平均电价的百分之二十给予赔偿。

2. 用户用电的功率因数未达到规定标准或其他用户原因引起的电压质量不合格的，供电企业不负赔偿责任。

3. 电压变动超出允许变动幅度的时间，以用户自备并经供电企业认可的电压自动记录仪表的记录为准，如用户未装此项仪表，则以供电企业的电压记录为准。

第九十七条　供用电双方在合同中订有频率质量责任条款的，按下列规定办理：

1. 供电频率超出允许偏差，给用户造成损失的，供电企业应按用户每月在频率不合格的累计时间内所用的电量，乘以当月用电的平均电价的百分之二十给予赔偿。

2. 频率变动超出允许偏差的时间，以用户自备并经供电企业认可的频率自动记录仪表的记录为准，如用户未装此项仪表，则以供电企业的频率记录为准。

第九十八条　用户在供电企业规定的期限内未交清电费时，应承担电费滞纳的违约责任。电费违约金从逾期之日起计算至交纳日止。每日电费违约金按下列规定计算：

1. 居民用户每日按欠费总额的千分之一计算；

2. 其他用户：

（1）当年欠费部分，每日按欠费总额的千分之二计算；

（2）跨年度欠费部分，每日按欠费总额的千分之三计算。

电费违约金收取总额按日累加计收，总额不足 1 元者按 1 元收取。

第九十九条　因电力运行事故引起城乡居民用户家用电器损坏的，供电企业应按《居民用户家用电器损坏处理办法》进行处理。

第一百条　危害供用电安全、扰乱正常供用电秩序的行为，属于违约用电行为。供电企业对查获的违约用电行为应及时予以制止。有下列违约用电行为者，应承担其相应的违约责任：

1. 在电价低的供电线路上，擅自接用电价高的用电设备或私自改变用电类别的，应按实际使用日期补交其差额电费，并承担二倍差额电费的违约使用电费。使用起讫日期难以确定的，实际使用时间按三个月计算。

2. 私自超过合同约定的容量用电的，除应拆除私增容设备外，属于两部制电价的用户，应补交私增设备容量使用月数的基本电费，并承担三倍私增容量基本电费的违约使用电费；其他用户应承担私增容量每千瓦（千伏安）50 元的违约使用电费。如用户要求继续使用者，按新装增容办理手续。

3. 擅自超过计划分配的用电指标的，应承担高峰超用电力每次每千瓦 1 元和超用电量与现行电价电费五倍的违约使用电费。

4. 擅自使用已在供电企业办理暂停手续的电力设备或启用供电企业封存的电力设备的，应停用违约使用的设备。属于两部制电价的用户，应补交擅自使用或启用封存设备容量和使用月数的基本电费，并承担二倍补交基本电费的违约使用电费；其他用户应承担擅自使用或启用封存设备容量每次每千瓦（千伏安）30 元的违约使用电费。启用属于私增容被封存的设备的，违约使用者还应承担本条第 2 项规定的违约责任。

5. 私自迁移、更动和擅自操作供电企业的用电计量装置、电力负荷管理装置、供电设施以及约定由供电企业调度的用户受电设备者，属于居民用户的，应承担每次 500 元的违约使用电费；属于其他用户的，应承担每次 5000 元的违约使用电费。

6. 未经供电企业同意，擅自引入（供出）电源或将备用电源和其他电源私自并网的，除当即拆除接线外，应承担其引入（供出）或并网电源容量每千瓦（千伏安）500 元的违约使用电费。

第一百零一条　禁止窃电行为。窃电行为包括：

1. 在供电企业的供电设施上，擅自接线用电；

2. 绕越供电企业用电计量装置用电；

3. 伪造或者开启供电企业加封的用电计量装置封印用电；

4. 故意损坏供电企业用电计量装置；

5. 故意使供电企业用电计量装置不准或者失效；

6. 采用其他方法窃电。

第一百零二条　供电企业对查获的窃电者，应予制止并可当场中止供电。窃电者应按所窃电量补交电费，并承担补交电费三倍的违约使用电费。拒绝承担窃电责任的，供电企业应报请电力管理部门依法处理。窃电数额较大或情节严重的，供电企业应提请司法机关依法追究刑事责任。

第一百零三条　窃电量按下列方法确定：

1. 在供电企业的供电设施上，擅自接线用电的，所窃电量按私接设备额定容量（千伏安视同千瓦）乘以实际使用时间计算确定；

2. 以其他行为窃电的，所窃电量按计费电能表标定电流值（对装有限流器的，按限流器整定电流值）所指的容量（千伏安视同千瓦）乘以实际窃用的时间计算确定。窃电时间无法查明时，窃电日数至少以一百八十天计算，每日窃电时间：电力用户按 12 小时计算；照明用户按 6 小时计算。

第一百零四条　因违约用电或窃电造成供电企业的供电设施损坏的，责任者必须承担供电设施的修复费用或进行赔偿。因违约用电或窃电导致他人财产、人身安全受到侵害的，受害人有权要求违约用电或窃电者停止侵害，赔偿损失。供电企业应予协助。

《居民用户家用电器损坏处理办法》（节录）

(1996 年 8 月 21 日电力工业部令第 7 号发布施行)

第二条　本办法适用于由供电企业以 220/380 伏电压供电的居民用户，因发生电力运行事故导致电能质量劣化，引起居民用户家用电器损坏时的索赔处理。

第三条　本办法所称的电力运行事故，是指在供电企业负责运行维护的 220/380 伏供电线路或设备上因供电企业的责任发生的下列事件：

1. 在 220/380 伏供电线路上，发生相线与零线接错或三相相序接反；

2. 在 220/380 伏供电线路上，发生零线断线；

3. 在 220/380 伏供电线路上，发生相线与零线互碰；

4. 同杆架设或交叉跨越时，供电企业的高电压线路导线掉落到 220/380 伏线路上或供电企业高电压线路对 220/380 伏线路放电。

第四条 由于第三条列举的原因出现若干户家用电器同时损坏时，居民用户应及时向当地供电企业投诉，并保持家用电器损坏原状。供电企业在接到居民用户家用电器损坏投诉后，应在 24 小时内派员赴现场进行调查、核实。

第六条 供电企业如能提供证明，居民用户家用电器的损坏是不可抗力、第三人责任、受害者自身过错或产品质量事故等原因引起，并经县级以上电力管理部门核实无误，供电企业不承担赔偿责任。

第七条 从家用电器损坏之日起七日内，受害居民用户未向供电企业投诉并提出索赔要求的，即视为受害者已自动放弃索赔权。超过七日的，供电企业不再负责其赔偿。

第九条 对损坏家用电器的修复，供电企业承担被损坏元件的修复责任。修复时应尽可能以原型号、规格的新元件修复；无原型号规格的新元件可供修复时，可采用相同功能的新元件替代。

修复所发生的元件购置费、检测费、修理费均由供电企业负担。

不属于责任损坏或未损坏的元件，受害居民用户也要求更换时，所发生的元件购置费与修理费应由提出要求者负担。

第十条 对不可修复的家用电器，其购买时间在六个月及以内的，按原购货发票价，供电企业全额予以赔偿；购置时间在六个月以上的，按原购货发票价，并按本规定第十二条规定的使用寿命折旧后的余额，予以赔偿。使用年限已超过本规定第十二条规定仍在使用的，或者折旧后的差额低于原价 10％的，按原价的 10％予以赔偿。使用时间以发货票开具的日期为准开始计算。

对无法提供购货发票的，应由受害居民用户负责举证，经供电企业核查无误后，以证明出具的购置日期时的国家定价为准，按前款规定清偿。

以外币购置的家用电器，按购置时国家外汇牌价折人民币计算其购置价，以人民币进行清偿。

清偿后，损坏的家用电器归属供电企业所有。

第十一条 在理赔处理中，供电企业与受害居民用户因赔偿问题达不成协议的，由县级以上电力管理部门调解，调解不成的，可向司法机关申请裁定。

第十二条 各类家用电器的平均使用年限为：

电子类：如电视机、音响、录像机、充电器等，使用寿命为 10 年；

电机类：如电冰箱、空调器、洗衣机、电风扇、吸尘器等，使用寿命为 12 年；

电阻电热类：如电饭煲、电热水器、电茶壶、电炒锅等，使用寿命为 5 年；

电光源类：白炽灯、气体放电灯、调光灯等，使用寿命为 2 年。

关于审理盗窃案件具体应用法律若干问题的解释

法释〔1998〕4 号

（1997 年 11 月 4 日最高人民法院审判委员会
第 942 次会议通过，自 1998 年 3 月 17 日起施行）

为依法惩处盗窃犯罪活动，根据刑法有关规定，现就审理盗窃案件具体应用法律的若干问题解释如下：

第一条　根据刑法第二百六十四条的规定，以非法占有为目的，秘密窃取公私财物数额较大或者多次盗窃公私财物的行为，构成盗窃罪。

（一）盗窃数额，是指行为人窃取的公私财物的数额。

（二）盗窃未遂，情节严重，如以数额巨大的财物或者国家珍贵文物等为盗窃目标的，应当定罪处罚。

（三）盗窃的公私财物，包括电力、煤气、天然气等。

（四）偷拿自己家的财物或者近亲属的财物，一般可不按犯罪处理；对确有追究刑事责任必要的，处罚时也应与在社会上作案的有所区别。

第二条　刑法第二百六十五条规定的"以牟利为目的"，是指为了出售、出租、自用、转让等谋取经济利益的行为。

第三条　盗窃公私财物"数额较大"、"数额巨大"、"数额特别巨大"的标准如下：

（一）个人盗窃公私财物价值人民币五百元至二千元以上的，为"数额较大"。

（二）个人盗窃公私财物价值人民币五千元至二万元以上的，为"数额巨大"。

（三）个人盗窃公私财物价值人民币三万元至十万元以上的，为"数额特别巨大"。

各省、自治区、直辖市高级人民法院可根据本地区经济发展状况，并考虑社会治安状况，在前款规定的数额幅度内，分别确定本地区执行的"数额较大"、"数额巨大"、"数额特别巨大"的标准。

第四条　对于一年内入户盗窃或者在公共场所扒窃三次以上的，应当认定为"多次盗窃"，以盗窃罪定罪处罚。

（十三）盗窃行为给失主造成的损失大于盗窃数额的，损失数额可作为量刑的情节。

第六条　审理盗窃案件，应当根据案件的具体情形认定盗窃罪的情节：

（二）盗窃公私财物虽已达到"数额较大"的起点，但情节轻微，并具有下列情形之一的，可不作为犯罪处理：

1. 已满十六周岁不满十八周岁的未成年人作案的；

2. 全部退赃、退赔的；

3. 主动投案的；

4. 被胁迫参加盗窃活动，没有分赃或者获赃较少的；

5. 其他情节轻微、危害不大的。

（三）盗窃数额达到"数额较大"或者"数额巨大"的起点，并具有下列情形之一的，可以分别认定为"其他严重情节"或者"其他特别严重情节"：

1. 犯罪集团的首要分子或者共同犯罪中情节严重的主犯；

2. 盗窃金融机构的；

3. 流窜作案危害严重的；

4. 累犯；

5. 导致被害人死亡、精神失常或者其他严重后果的；

6. 盗窃救灾、抢险、防汛、优抚、扶贫、移民、救济、医疗款物，造成严重后果的；

7. 盗窃生产资料，严重影响生产的；

8. 造成其他重大损失的。

第十二条 审理盗窃案件，应当注意区分盗窃罪与其他犯罪的界限：

（二）盗窃使用中的电力设备，同时构成盗窃罪和破坏电力设备罪的，择一重罪处罚。

（五）实施盗窃犯罪，造成公私财物损毁的，以盗窃罪从重处罚；又构成其他犯罪的，择一重罪从重罚盗窃公私财物未构成盗窃罪，但因采用破坏性手段造成公私财物损毁数额较大的，以故意毁坏财物罪定罪处罚。盗窃后，为掩盖盗窃罪行或者报复等，故意破坏公私财物构成犯罪的，应当以盗窃罪和构成的其他罪实行数罪并罚。

最高人民检察院关于单位有关人员组织实施盗窃行为如何适用法律问题的批复

高检法释字〔2002〕5号

（2002年7月8日最高人民检察院第九届检察委员会第112次会议通过）

各省、自治区、直辖市人民检察院，军事检察院，新疆生产建设兵团人民检察院：

近来，一些省人民检察院就单位有关人员为谋取单位利益组织实施盗窃行为如何适用法律问题向我院请示。根据刑法有关规定，现批复如下：

单位有关人员为谋取单位利益组织实施盗窃行为，情节严重的，应当依照刑法第二百六十四条的规定以盗窃罪追究直接责任人员的刑事责任。

此复。

最高人民法院关于审理触电人身损害赔偿案件若干问题的解释

法释〔2001〕3号

（2000年11月13日由最高人民法院审判委员会第1137次会议通过）

为正确审理因触电引起的人身损害赔偿案件，保护当事人的合法权益，根据《中华人民共和国民法通则》（以下简称民法通则）、《中华人民共和国电力法》和其他有关法律的规定，结合审判实践经验，对审理此类案件具体应用法律的若干问题解释如下：

第一条 民法通则第一百二十三条所规定的"高压"包括1千伏（kV）及其以上电压等级的高压电；1千伏（kV）以下电压等级为非高压电。

第二条 因高压电造成人身损害的案件，由电力设施产权人依照民法通则第一百二十三条的规定承担民事责任。

但对因高压电引起的人身损害是由多个原因造成的，按照致害人的行为与损害结果之间的原因确定各自的责任。致害人的行为是损害后果发生的主要原因，应当承担主要责任；致害人的行为是损害后果发生的非主要原因，则承担相应的责任。

第三条 因高压电造成他人人身损害有下列情形之一的，电力设施产权人不承担民事责任：

（一）不可抗力；

（二）受害人以触电方式自杀、自伤；

（三）受害人盗窃电能，盗窃、破坏电力设施或者因其他犯罪行为而引起触电事故；

（四）受害人在电力设施保护区从事法律、行政法规所禁止的行为。

第四条　因触电引起的人身损害赔偿范围包括：

（一）医疗费：指医院对因触电造成伤害的当事人进行治疗所收取的费用。医疗费根据治疗医院诊断证明、处方和医药费、住院费的单据确定。

医疗费还应当包括继续治疗费和其他器官功能训练费以及适当的整容费。继续治疗费既可根据案情一次性判决，也可根据治疗需要确定赔偿标准。

费用的计算参照公费医疗的标准。

当事人选择的医院应当是依法成立的、具有相应治疗能力的医院、卫生院、急救站等医疗机构。当事人应当根据受损害的状况和治疗需要就近选择治疗医院。

（二）误工费：有固定收入的，按实际减少的收入计算。没有固定收入或者无收入的，按事故发生地上年度职工平均年工资标准计算。误工时间可以按照医疗机构的证明或者法医鉴定确定；依此无法确定，可以根据受害人的实际损害程度和恢复状况等确定。

（三）住院伙食补助费和营养费：住院伙食补助费应当根据受害人住院或者在外地接受治疗期间的时间，参照事故发生地国家机关一般工作人员的出差伙食补助标准计算。人民法院应当根据受害人的伤残情况、治疗医院的意见决定是否赔偿营养费及其数额。

（四）护理费：受害人住院期间，护理人员有收入的，按照误工费的规定计算；无收入的，按照事故发生地平均生活费计算。也可以参照护工市场价格计算。受害人出院以后，如果需要护理的，凭治疗医院证明，按照伤残等级确定。残疾用具费应一并考虑。

（五）残疾人生活补助费：根据丧失劳动能力的程度或伤残等级，按照事故发生地平均生活费计算。自定残之月起，赔偿二十年。但五十周岁以上的，年龄每增加一岁减少一年，最低不少于十年；七十周岁以上的，按五年计算。

（六）残疾用具费：受害残疾人因日常生活或辅助生产劳动需要必须配制假肢、代步车等辅助器具的，凭医院证明按照国产普通型器具的费用计算。

（七）丧葬费：国家或者地方有关机关有规定的，依该规定；没有规定的，按照办理丧葬实际支出的合理费用计算。

（八）死亡补偿费：按照当地平均生活费计算，补偿二十年。对七十周岁以上的，年龄每增加一岁少计一年，但补偿年限最低不少于十年。

（九）被抚养人生活费：以死者生前或者残者丧失劳动能力前实际抚养的、没有其他生活来源的人为限，按当地居民基本生活费标准计算。被抚养人不满十八周岁的，生活费计算到十八周岁。被抚养人无劳动能力的，生活费计算二十年，但五十周岁以上的，年龄每增加一岁抚养费少计一年，但计算生活费的年限最低不少于十年；被抚养人七十周岁以上的，抚养费只计五年。

（十）交通费：是指救治触电受害人实际必需的合理交通费用，包括必须转院治疗所必需的交通费。

（十一）住宿费：是指受害人因客观原因不能住院也不能住在家里确需就地住宿的费用，其数额参照事故发生地国家机关一般工作人员的出差住宿标准计算。

当事人的亲友参加处理触电事故所需交通费、误工费、住宿费、伙食补助费，参照第一款的有关规定计算，但计算费用的人数不超过三人。

第五条 依照前条规定计算的各种费用，凡实际发生和受害人急需的，应当一次性支付；其他费用，可以根据数额大小、受害人需求程度、当事人的履行能力等因素确定支付时间和方式。如果采用定期金赔偿方式，应当确定每期的赔偿额并要求责任人提供适当的担保。

第六条 因非高压电造成的人身损害赔偿可以参照第四条和第五条的规定处理。

最高人民法院关于审理人身损害赔偿案件
适用法律若干问题的解释（节录）

法释〔2003〕20 号

（2003 年 12 月 4 日最高人民法院审判委员会第 1299 次会议通过）

第二条 受害人对同一损害的发生或者扩大有故意、过失的，依照民法通则第一百三十一条的规定，可以减轻或者免除赔偿义务人的赔偿责任。但侵权人因故意或者重大过失致人损害，受害人只有一般过失的，不减轻赔偿义务人的赔偿责任。

适用民法通则第一百零六条第三款规定确定赔偿义务人的赔偿责任时，受害人有重大过失的，可以减轻赔偿义务人的赔偿责任。

第十六条 下列情形，适用民法通则第一百二十六条的规定，由所有人或者管理人承担赔偿责任，但能够证明自己没有过错的除外：

（一）道路、桥梁、隧道等人工建造的构筑物因维护、管理瑕疵致人损害的；

（二）堆放物品滚落、滑落或者堆放物倒塌致人损害的；

（三）树木倾倒、折断或者果实坠落致人损害的。

前款第（一）项情形，因设计、施工缺陷造成损害的，由所有人、管理人与设计、施工者承担连带责任。

第十七条 受害人遭受人身损害，因就医治疗支出的各项费用以及因误工减少的收入，包括医疗费、误工费、护理费、交通费、住宿费、住院伙食补助费、必要的营养费，赔偿义务人应当予以赔偿。

受害人因伤致残的，其因增加生活上需要所支出的必要费用以及因丧失劳动能力导致的收入损失，包括残疾赔偿金、残疾辅助器具费、被抚养人生活费，以及因康复护理、继续治疗实际发生的必要的康复费、护理费、后续治疗费，赔偿义务人也应当予以赔偿。

受害人死亡的，赔偿义务人除应当根据抢救治疗情况赔偿本条第一款规定的相关费用外，还应当赔偿丧葬费、被抚养人生活费、死亡补偿费以及受害人亲属办理丧葬事宜支出的交通费、住宿费和误工损失等其他合理费用。

第十八条 受害人或者死者近亲属遭受精神损害，赔偿权利人向人民法院请求赔偿精神损害抚慰金的，适用《最高人民法院关于确定民事侵权精神损害赔偿责任若干问题的解释》予以确定。

精神损害抚慰金的请求权，不得让与或者继承。但赔偿义务人已经以书面方式承诺给予金钱赔偿，或者赔偿权利人已经向人民法院起诉的除外。

第十九条 医疗费根据医疗机构出具的医药费、住院费等收款凭证，结合病历和诊断证明等相关证据确定。赔偿义务人对治疗的必要性和合理性有异议的，应当承担相应的举证责任。

医疗费的赔偿数额，按照一审法庭辩论终结前实际发生的数额确定。器官功能恢复训练所必要的康复费、适当的整容费以及其他后续治疗费，赔偿权利人可以待实际发生后另行起诉。但根据医疗证明或者鉴定结论确定必然发生的费用，可以与已经发生的医疗费一并予以赔偿。

第二十条　误工费根据受害人的误工时间和收入状况确定。

误工时间根据受害人接受治疗的医疗机构出具的证明确定。受害人因伤致残持续误工的，误工时间可以计算至定残日前一天。

受害人有固定收入的，误工费按照实际减少的收入计算。受害人无固定收入的，按照其最近三年的平均收入计算；受害人不能举证证明其最近三年的平均收入状况的，可以参照受诉法院所在地相同或者相近行业上一年度职工的平均工资计算。

第二十一条　护理费根据护理人员的收入状况和护理人数、护理期限确定。

护理人员有收入的，参照误工费的规定计算；护理人员没有收入或者雇佣护工的，参照当地护工从事同等级别护理的劳务报酬标准计算。护理人员原则上为一人，但医疗机构或者鉴定机构有明确意见的，可以参照确定护理人员人数。

护理期限应计算至受害人恢复生活自理能力时止。受害人因残疾不能恢复生活自理能力的，可以根据其年龄、健康状况等因素确定合理的护理期限，但最长不超过二十年。

受害人定残后的护理，应当根据其护理依赖程度并结合配制残疾辅助器具的情况确定护理级别。

第二十二条　交通费根据受害人及其必要的陪护人员因就医或者转院治疗实际发生的费用计算。交通费应当以正式票据为凭；有关凭据应当与就医地点、时间、人数、次数相符合。

第二十三条　住院伙食补助费可以参照当地国家机关一般工作人员的出差伙食补助标准予以确定。

受害人确有必要到外地治疗，因客观原因不能住院，受害人本人及其陪护人员实际发生的住宿费和伙食费，其合理部分应予赔偿。

第二十四条　营养费根据受害人伤残情况参照医疗机构的意见确定。

第二十五条　残疾赔偿金根据受害人丧失劳动能力程度或者伤残等级，按照受诉法院所在地上一年度城镇居民人均可支配收入或者农村居民人均纯收入标准，自定残之日起按二十年计算。但六十周岁以上的，年龄每增加一岁减少一年；七十五周岁以上的，按五年计算。

受害人因伤致残但实际收入没有减少，或者伤残等级较轻但造成职业妨害严重影响其劳动就业的，可以对残疾赔偿金作相应调整。

第二十六条　残疾辅助器具费按照普通适用器具的合理费用标准计算。伤情有特殊需要的，可以参照辅助器具配制机构的意见确定相应的合理费用标准。

辅助器具的更换周期和赔偿期限参照配制机构的意见确定。

第二十七条　丧葬费按照受诉法院所在地上一年度职工月平均工资标准，以六个月总额计算。

第二十八条　被抚养人生活费根据抚养人丧失劳动能力程度，按照受诉法院所在地上一年度城镇居民人均消费性支出和农村居民人均年生活消费支出标准计算。被抚养人为未成年人的，计算至十八周岁；被抚养人无劳动能力又无其他生活来源的，计算二十年。但六十周岁以上的，年龄每增加一岁减少一年；七十五周岁以上的，按五年计算。

被抚养人是指受害人依法应当承担抚养义务的未成年人或者丧失劳动能力又无其他生活来源的成年近亲属。被抚养人还有其他抚养人的，赔偿义务人只赔偿受害人依法应当负担的部分。被抚养人有数人的，年赔偿总额累计不超过上一年度城镇居民人均消费性支出额或者农村居民人均年生活消费支出额。

第二十九条　死亡赔偿金按照受诉法院所在地上一年度城镇居民人均可支配收入或者农村居民人均纯收入标准，按二十年计算。但六十周岁以上的，年龄每增加一岁减少一年；七十五周岁以上的，按五年计算。

第三十条　赔偿权利人举证证明其住所地或者经常居住地城镇居民人均可支配收入或者农村居民人均纯收入高于受诉法院所在地标准的，残疾赔偿金或者死亡赔偿金可以按照其住所地或者经常居住地的相关标准计算。

被抚养人生活费的相关计算标准，依照前款原则确定。

参 考 文 献

［1］国家电力公司法律事务部．电力法及配套规定汇编．北京：中国电力出版社，2001.

［2］国家电力公司．电力营销法律法规知识．北京：中国电力出版社，2004.

［3］王利民．民商法研究．北京：法律出版社，2004.

［4］张矜．民事法律运用新解释．北京：中国社会科学出版社，2003.

［5］宋英辉．刑事诉讼原理．北京：法律出版社，2003.

［6］陈卫东．刑事诉讼法学教学参考书．北京：中国人民大学出版社，2004.

［7］崔浩．行政法教程．杭州：浙江大学出版社，2004.

［8］吕振勇．电力法教程．北京：中国电力出版社，1999.

［9］国家电力公司农电工作部．农电法律事务概要．北京：中国电力出版社，2002.

［10］余能斌，马俊驹．现代民法学．武汉：武汉大学出版社，1995.

［11］国家电监会．电力监管条例释义．北京：中国电力出版社，2005.

［12］电力工业部．电力供应与使用条例释义．北京：中国电力出版社，1996.